Marési Dorner

MONDENZEIT

Und andere Geschichten zwischen Traum und Wirklichkeit

Mauer Verlag
Wilfried Kriese
72108 Rottenburg a/N
Buchgestaltung: Wilfried Kriese
Titelbild: nach einem Aquarell von Hans J. Freudmayer
2007
ISBN 978-3-86812-107-0

www.mauerverlag.de

Inhalt

MONDENZEIT

Traum einer Kindheit

Wann habe ich das Lachen verloren, das unbeschwerte Kinderlachen … unbemerkt hat es der Wind von meinen Lippen geblasen, hat es zu Boden geworfen und vom schweren Fuß der Zeit zermalmen lassen.

PROLOG

Bin gestern in den Garten meiner Kindheit gegangen. Rot von Mohn war er und blau von Kornblumen. Ich legte mich ins Gras und blickte den fliehenden Wolken nach, blickte den fliehenden Wolken nach, bis meine Augen müde waren, vom Schauen müde waren. Da begann ich zu träumen, zu träumen – aber, träumte ich denn wirklich, träume ich denn wirklich … Bienen und Hummeln schwirren brummelnd und summend von Blüte zu Blüte und Schmetterlinge tanzen mit den Tropfen des Lichts, den Tropfen des Lichts, das auf mich nieder fließt. Welch ein Licht, welch ein seltsames Licht! Ist's Morgen, ist's Mittag, ist's Abend … Welch ein Licht, welch ein seltsames Licht ist über die Jahre der Kindheit hin gegossen, nicht sonnengolden ist es, vielmehr vom milchigen Schimmer des Mondes, Mondenzeit …

Theresa, ruft die Mutter, Theresa, es ist Zeit, nach Hause zu kommen…

1

Im Herzen des Gartens, umwoben von bläulichen Nebelschleiern, ruht selbstsicher, mit lang gestrecktem Leib, das Haus: ein Stockwerk, Keller, Waschküche, Dachboden, zwei Eingänge, acht Wohnungen, viele Fenster, die neugierig aus den hellen Mauern lugen. Schon von weitem duftet es nach Keksen und frisch gemahlenem Kaffee; Geborgenheit und Schutz will es schenken, das Haus, Geborgenheit und Schutz vor dem Draußen, dem Fremden und Bedrohlichen, gleichzeitig aber birgt es Geheimnisse, die sich in seinen lichtleeren Winkeln und Nischen verstecken, Geheimnisse birgt das Haus, die Thesi nie ergründen wird, nie ergründen will, zu viele Geheimnisse birgt es, zu viele Geheimnisse, die sich, wenn das Nachtschwarze in die Stube fällt, mit dem Lichtleeren aller Winkel und Nischen verbünden. Dann fühlt sich Thesi in dem großen Bett der Eltern zwischen ihren warmen, ruhig atmenden Leibern am wohlsten. Aber selbst dort kann es bedrohlich werden, selbst dort ist Thesi nicht sicher vor den grausigen Bildern, die sich aus dem Dunkel lösen, vor den Ameisen, Spinnen und Käfern, die über Wände und Stubendecke kriechen, vor den winzigen, roten Männchen, den ekeligen Teufelchen, die den Fußboden entlang laufen und zu Thesi ins Bett schlüpfen wollen. Dann, wenn der Morgen wie eine lichte Wolke in die Stube quillt und das Nachtschwarze schluckt, sind auch die grausigen Bilder verzittert, Ameisen, Käfer, Spinnen und Teufelchen haben sich wieder ins Lichtleere verkrochen, und Thesi liegt mit leichtem Atem unter ihrer flauschigen Tuchent und lauscht glückselig dem Vogelgezwitscher im Garten. Die Mutti ist schon aufgestanden, aber Vati liegt noch zusammengerollt und schnarchend neben ihr. Es ist Morgen. Sonntagmorgen. Es gibt nichts Gemütlicheres, als den Sonntagmorgen ... Thesi klettert auf den Tuchentberg, unter dem der Vati verborgen liegt, und lässt nichts unversucht, um den Schlafenden zu wecken – kitzelt seine Fußsohlen, hält ihm die Nase zu und hebt seine Augenlider. Schließlich zieht sie ihm den abgeschnittenen und an einem Ende wie einen Wurstzipfel gedrehten Seidenstrumpf, den er in der Nacht über die Haare gezogen hat, damit sie ihm in der Früh nicht zu Berge stehen, übers Gesicht. Jetzt, jetzt ist er munter, der Vati, und gar nicht gut aufgelegt. Da schlüpft Thesi zu ihm unter die Decke und schmeichelt ihm und streichelt ihn so lange, bis er wieder freundlich ist. Aber, alles hat seinen Preis, jetzt muss er eine Geschichte erzählen. Dazu hat er allerdings gar keine Lust und will die kleine Tochter überlisten. Ich erzähl dir die Geschichte von zwei Hunden, sagt er, der eine heißt Anfang und der andere heißt Hörauf. Anfang hat schwarze Ohren und weiße Pfoten und Hörauf hat weiße Ohren und schwarze Pfoten. Von wem soll ich dir also erzählen, vom Anfang oder vom Hörauf ... Die Hundegeschichte ist keine gute Idee vom Vati, Thesi lässt ihn natürlich immer wieder vom Anfang erzählen und Vati atmet erleichtert auf, als Mutti in die Schlafstube kommt, um ihn an seinen „Kaffeedienst“ zu erinnern. Da schält sich natürlich auch Thesi aus dem Bettgehäuse und folgt dem Vati in die Küche. Ah, der Tisch ist schon gedeckt. Die Sonntagshäferlnundteller gucken Thesi aus ungezählten, kleinen Blümchenaugen freundlich entgegen, und das eigelbe Biskuit duftet unwiderstehlich gut nach Zucker und Marmelade. Mutti hat schon einen Sessel für den Vati zurechtgerückt und für Thesi den kleinen roten Schemel. Hilfsbereit bringt Thesi die Kaffeemühle herbei, die wochentags in der rosafarbenen Küchenkredenz wohnt, und darf auch in die Dose mit den herrlich duftenden Kaffeebohnen greifen, um die Mühle zu füllen. Dafür braucht Thesi viel Zeit, denn es ist ein wunderbares Gefühl, diese kleinen, glatten Leiber mit dem feinen Schlitz mitten am Bäuchlein zu betasten und abzuschnuppern. Ein wenig darf nun auch Thesi die kleine Kurbel auf der Kaffeemühle drehen, aber dann wird die Mutti ungeduldig. Thesi ist einfach zu langsam. So kommen wir ja nie zu unserem Frühstück, meint sie und drückt dem Vati die Kaffeemühle in die Hand. Der aber kurbelt wirklich schnell, ganz schnell, und im Nu duftet der Kaffee fertig gemahlen in der kleinen Holzlade, die Thesi nun herausziehen darf. Flugs steckt sie den Zeigefinger hinein, um danach daran zu riechen. Mmmh – nichts riecht besser, nichts, findet sie und händigt der Mutti nur ungern diese Köstlichkeit aus. In der Zwischenzeit ist Vati ins Badezimmer gegangen. Jetzt ist keine Zeit zu verlieren, Thesi muss dabei sein, wenn er sich rasiert. Ah, da steht er auch schon mit nacktem Oberkörper und Frotteehandtuch um die Schultern vor dem Spiegel und schäumt sich die Backen ein. Das sieht so lustig aus! Nun fährt er mit dem Rasiermesser vom Ohr hinab zum Unterkiefer, dann wieder, hoch zu den Backenknochen und jetzt, zum Kinn und zieht dabei die allerwitzigsten Grimassen. Thesi muss hellauf lachen. Mach’ dich nicht lustig über mich, sonst schneide ich mich noch blutig, brummelt er mit schräg gezogenem Mund, aber Thesi lässt sich nicht abwimmeln und sieht zu, bis seine Backen schaumfrei und glatt sind, und er sich wäscht, um sich danach mit dem scharf riechenden Rasierwasser abzutätscheln. Ah – nun muss er sich zu Thesi nieder bücken, damit sie ihm auf die duftende Backe ein Busserl geben kann. Frühstück ist fertig, ruft jetzt die Mutti aus der Küche. Vati und Thesi lassen sich das nicht zwei Mal sagen und eilen dem herrlichen Kaffee –und Kuchenduft entgegen. Auch Thesis Schwester, Ina, ist mittlerweile aufgestanden. Mit verschlafenem Blick und wirrem Haar lümmelt sie, ohne einen Gutenmorgengruß zu erwidern, am Frühstückstisch und rührt gelangweilt mit einem kleinen Löffel in ihrem Kaffeehäferl. Vati wird wütend, unfreundliche und unfrisierte Leute könne er nicht leiden, meint er, und erst nachdem Ina einigermaßen Ordnung in ihre krausen Locken gebracht und sich zu einem (wenn auch mürrischen) „Guten Morgen" durchgerungen hat, darf sie wieder zum Essen erscheinen. Geh, Thesi, sagt die Mutti, sei doch so lieb und schalt' das Radio ein, jetzt beginnt gerade der "Heinzi". Thesi zögert keinen Augenblick, rutscht von ihrem Sessel und kommt dem Wunsch der Mutti nach, denn der „Heinzi", Heinz Conrads, mit seiner fröhlichen Musik –und Plaudersendung gehört zum Sonntag wie der Kaffee und das eiergelbe Biskuit. „Guten Morgen die Madln, servas die Buam", ruft er jetzt aus dem Stoffbauch des Radiogerätes, und alle freuen sich, dass es den „Heinzi" gibt.

Sonntag ist natürlich Kirchentag, zumindest für Vati, Ina und Thesi, denn Mutti muss ja kochen und hat, wie sie stöhnt, so viel Arbeit. Thesi geht gerne zur Kirche, auch wenn ihr manchmal sehr langweilig ist und Vati all ihr Fragen und Geplauder mit einem ernsten „Pst" abstellt. Ja, auch wenn ihr manchmal langweilig ist, geht Thesi gerne zur Kirche. Sie mag das prächtige Gewand des Pfarrers, die flackernden Kerzen, die sich in den gold schimmernden Leibern der Engel –und Heiligenfiguren spiegeln, mag das Licht, das durch das große, sonnengelbe Fenster in der Kuppel über die Kirchenbänke fließt und ist ganz verliebt in den „Lieben Herrn Jesus", dessen Bild über dem Altar hängt, und der sie mit seinen sanften, braunen Augen so freundlich anblickt, dass ihr ganz warm ums Herz wird. Wenn dann Orgelmusik ertönt, und die ganze Luft von Weihrauchduft durchtränkt ist, fühlt Thesi sich wie im Himmel, fühlt Thesi sich wirklich wie im Himmel.

Nach dem Gottesdienst trifft Vati immer auf Bekannte und Arbeitskollegen. Fremde Menschen sind Thesi gar nicht angenehm. Sie versteckt sich daher hinter Vatis Beinen und hält überhaupt nichts davon, wenn man sie ein reizendes, kleines Mädchen nennt und ihre Wangen tätscheln will. Fremde Menschen sind ihr also ganz und gar nicht angenehm und sie freut sich, wenn sie schließlich nach dem Kirchgang wieder zu Hause ist. Jetzt ist auch das Mittagessen schon fertig, und dampfend steht die Suppe auf dem Tisch. Die Mutti ist eine ganz tolle Köchin, aber Thesi ist sehr heikel und es gibt oft viel Ärger zwischen Mutti und Tochter, wenn es ums Aufessen geht. Sonntags allerdings, sonntags steht immer ein Lieblingsessen für Thesi auf dem Tisch; dieses Mal Frittatensuppe und danach Germknödel mit ganz, ganz viel Powidlmarmelade drinnen und Mohn und Butter darauf, das ist wirklich lecker! Thesi langt kräftig zu und die Mutti freut sich, dass sie sich mit der kleinen Tochter nicht abquälen muss.

An den Sonntagnachmittagen steht immer ein Ausflug auf dem Programm. Ina fährt sehr oft nicht mit. Sie ist ja schon groß, entschuldigt Mutti dann Thesis Schwester, und außerdem muss sie sehr viel für die Schule lernen. An diesem Sonntag aber hat Ina Zeit und Thesi freut sich riesig darüber. Vati holt eine große Wanderkarte aus seinem Sekretär im Wohnzimmer und faltet sie über dem großen Küchentisch aus. Nach längerem Hin und Her entschließen sie sich, zu einer nahe gelegenen Ruine zu wandern. Thesi ist überglücklich. Schon auf dem Weg zur Ruine träumt sie sich in eine andere Welt, und während Ina und die Eltern fröhlich plaudernd vor sich hin schlendern, bleibt sie immer weiter und weiter zurück. Der Wald ist ein Zauberwald und sie, Thesi, ist eine Prinzessin. Sie klemmt einen Stock, den sie am Wegrand findet, zwischen die Beine und stellt sich vor, dass er ein Pferd ist, ein prächtiger Schimmel mit fliehender Mähne und buschigem Schwanz, und in den Händen hält sie silbern glänzende Zügel. Thesi bleibt weiter und weiter zurück. Plötzlich ruft jemand, ein Löwe, Thesi, gib Acht, ein Löwe kommt! Da fällt sie aus ihrer Märchenwelt in kalte Angst hinein und läuft und läuft und läuft, bis sie den Vati erreicht. Du bist wirklich ein Tschapperl, sagt der Vati, woher soll denn in diesem Wald ein Löwe kommen? Es war Ina, die dich ein bisschen schrecken wollte. Thesi bebt wie Espenlaub und ist sehr böse auf die Schwester. Sie ist wirklich sehr böse auf ihre Schwester, die sie ja nicht nur erschreckt, sondern ihr auch den Zauberwald zerstört und den Ritt auf dem Schimmel verdorben hat. Selbst als sie später in dem verwitternden Gemäuer der Burg ankommen und Ina alles wieder gut machen will und der kleinen Schwester von Rittern und Burgfräulein erzählt, ist Thesi immer noch böse, denn der Sturz in die kalte Angst hat alle Märchenbilder zerstört. Für diesen Tag, für diesen einen Tag sind alle Märchenbilder endgültig zerstört.

2

Manchmal steht Thesi schon vor dem Vati auf, der um sieben Uhr in der Früh im Büro sein muss. Sie sitzt dann in ihrem eigenen, kleinen Büro (das sie sich in der Küche eingerichtet hat) mit dem alten, rosafarbenen Waschstockerl als Schreibtisch und dem rot lackierten Schemel als Sessel davor und zeichnet, vor sich einen Stoß Papier und jede Menge Buntstifte. Was wird denn das, will der Vati wissen und tippt mit dem Zeigefinger auf das entstehende Kunstwerk, und Thesi ist enttäuscht, dass er das schlafende Dornröschen im Turm nicht erkennt, gerade er, der ihr doch immer wieder abends dieses Märchen, dieses ihr Lieblingsmärchen erzählt. Aber er hat ja auch nicht genügend Zeit, sich mit Thesis Zeichnung zu beschäftigen, da er zu spät aufgestanden ist und nicht ein Mal mehr sein Frühstück in Ruhe einnehmen kann. Als er dann die Wohnung verlässt, gibt es für Thesi und Mutti nur ein flüchtiges Busserl. Mutti ist aber auch sehr in Eile, denn der wöchentliche Waschtag ist angesagt. Frühstücken ist gar nicht gemütlich, da Thesi spürt, dass Mutti nervös ist und nur darauf wartet, Teller und Häferln wieder abzuwaschen. Für Ina, die noch schläft, richtet sie nur ein Butterbrot. Den Tee muss sie sich heute alleine zubereiten, meint Mutti, wer nicht rechtzeitig aufsteht, muss eben für sich selber sorgen. Thesi freut sich auf den Waschtag, denn zum einen liebt sie den wunderbaren Waschpulvergeruch, und zum anderen darf auch sie Puppenkleider waschen und rumpeln, also, gehörig mit Wasser pritscheln und spritzen. Als sie in die Waschküche kommen, stehen mehrere Schafferln herum und es duftet herrlich nach Henko und

Wasser, denn Mutti hat die Wäsche schon über Nacht eingeweicht, damit sich der Schmutz besser löst. Für meine Mama, die Bussi-Oma, erzählt die Mutti, während sie die Wäsche aus den Schafferln in den Waschtrog leert und mit heißem Wasser dann durchrumpelt, für meine Mama war der Waschtag ja eine Waschnacht, denn, mit uns fünf Kindern hatte sie tagsüber so viel Arbeit, dass zum Waschen eben nur die Nacht geblieben ist. Thesi beginnt nun auch, die Puppenkleider von Dorli, Blonde und Bella in einem kleinen Holztrog mit ihrer Spielzeugrumpel durchzurubbeln. Mutti ächzt und streicht sich mit dem noch trockenen Unterarm eine Haarsträhne aus dem erhitzten Gesicht. Früher, erzählt sie nun weiter und verteilt die Wäsche wieder in den Schafferln, um sie mit heißem Wasser abzuspülen, früher hatten es die Frauen noch viel, viel schwerer als ich. Die Bussi-Oma holte das Wasser noch vom Dorfbrunnen, und die Mina-Oma musste sogar die Wäsche im Fluss waschen, mit kaum zwölf Jahren musste sie schon für die Eltern und die acht Geschwister die Wäsche im kalten Fluss waschen. Thesi stellt sich nun in Gedanken die Mina-Oma vor, ein kleines Mädchen mit langen, braunen Zöpfen, gewiss hatte sie lange, braune Zöpfe mit großen, bunten Haarmaschen daran. Mit nackten Füßen sieht Thesi sie im kalten Flusswasser stehen und mit hoch geschlagenem Rock die Wäsche der Eltern und der acht Geschwister schwemmen. Im Sommer spritzt es lustig, wenn sie die ausgewrungene Wäsche zurück in die Kübel wirft, im Winter aber sind die Finger klamm und die Füße rot von der Kälte, ringsum Eisschollen, ringsum Schnee, die Mina-Oma, ein Mädchen mit kaum zwölf Jahren, mittendrin im Kalten. Thesi, die nicht gerne friert, schaudert bei dieser Vorstellung. So, gib nur deine Wäsche her, fordert Mutti die kleine Tochter auf, und Thesi legt ihre Puppenkleider zu den übrigen fertig gerumpelten Wäschestücken, die nun in einen großen Kessel zum Auskochen geleert werden. Ei, wie das brodelt, schäumt und dampft und duftet … wie in einer Hexenküche, denkt Thesi, und beobachtet neidisch die Mutti, welche mit einem riesigen Kochlöffel die Wäsche umrührt. Wie gerne würde Thesi nun auf ein Stockerl klettern und selbst umrühren, aber das ist verboten. Stell' dir vor, du rutscht aus und purzelst kopfüber in diese Waschpulverbrühe, sagt die Mutti und stupst ihr Mädchen ganz weit weg von dem Kessel. Nach einiger Zeit fischt sie die Wäschestücke mit dem riesigen Kochlöffel wieder heraus und gibt sie, nachdem sie diese erneut gerumpelt und im großen Holzwaschtrog geschwemmt hat, in die Wäscheschleuder; letztere zählt, gemeinsam mit dem großen Waschkessel und dem Waschpulver (das Thesi nur allzu gerne aus der bunten Kartonverpackung stibitzen möchte, um daran zu riechen) zu den Gefahrenquellen in der Waschküche, und wiederum muss Thesi fernab stehen, um zu beobachten, woran sie gerne teilnehmen möchte. Wenn du mit der Hand in die Trommel gerätst, erklärt die Mutti, wird sie dir abgerissen. Thesi kann sich derart Schreckliches gar nicht vorstellen und findet das Rumpeln und Pumpeln der Schleuder, die Mutti festhalten muss, damit sie nicht davon hüpft, einfach lustig. Als deine Schwester noch klein war, erzählt die Mutti, während sie die fertig geschleuderte Wäsche in den bereit gestellten großen Weidenkorb gibt, musste ich noch alles mit der Hand auswringen. Hausfrauenarbeit ist heute wirklich um einiges leichter geworden. Die Mutti bückt sich, hebt den Korb an den beiden seitlich befestigten Griffen hoch und trägt ihn von der Waschküche hinaus in den Garten. Die Sonne hat sich freundlich am Himmel ausgebreitet und nur vereinzelt spazieren Wolkenschäfchen gemütlich über den blitzblauen Horizont. Heute wird die Wäsche gut trocknen, freut sich die Mutti, und spannt zwei Wäscheleinen zwischen den Obstbäumen. Nun darf Thesi endlich wieder fleißig mitarbeiten, der Mutti Kluppen und Wäsche reichen, bis alle Hosen, Hemden und Kleider, auch die Kleider von Dorli, Blonde und Bella, aufgehängt sind und fröhlich von der Leine baumeln. Morgen, weiß Thesi schon aus Erfahrung, morgen werden sie dann die Wäsche wieder abnehmen, diese unbeschreiblich wunderbar nach Wiese, Sonne und Luft duftende Wäsche werden sie wieder abnehmen, in den Korb schlichten und in die Wohnung tragen. Mutti wird ein großes Leintuch über dem Küchentisch ausfalten und zu bügeln beginnen und sie, Thesi, wird auch bügeln, die Puppenkleider von Dorli, Blonde und Bella wird sie bügeln, mit dem kleinen Spielzeugbügeleisen, das noch aus Muttis Kinderzeit stammt, und sie wird Legosteine durch das winzige Metalltürchen in den Bügeleisenbauch schieben, so wie Mutti früher ein Mal den glühenden Stagel in den Bügeleisenbauch geschoben hat. Früher, sinnt Thesi, wie geheimnisvoll anders ist doch dieses Früher …

3

Thesi hat Angst vor dem Krieg, doch immer, wenn sie darüber sprechen möchte ist's ihr, als zuckten die Erwachsenen davor innerlich zurück. Muttis helle Augen scheinen sich sogleich in dunkle Weiten zu verlieren, und wenn sie dann beruhigend ihre kleine, schmale Hand auf Thesis Scheitel legt, meint das Kind ein leichtes Beben zu verspüren. Hab' keine Angst, sagt Mutti schließlich mit unsicherer Stimme, der Krieg ist lang vorbei. Hab' keine Angst, spricht auch Vati, unser Land ist neutral, nie mehr wird auf Gewalt mit Gegengewalt geantwortet werden, denn in durchängsteten Nächten haben die Menschen gelernt, dass Frieden die einzige Lösung ist. Neutral, welch ein Zauberwort. Thesi spürt, dass es ihre kleine Welt vor dem geifernden Blutgespenst schützen will, es wird ihr hell und leicht zumute und der dunkle Angstwurm kriecht wieder aus ihrem Herzen fort. Des Nachts aber ist sie dem Grauen völlig schutzlos ausgeliefert. Schwarzleibige Flugzeuge dröhnen dann durch ihre Träume, platzen auf, zerreißen zu ungezählten, Flammen sprühenden Kugeln, brennen, brennen … Das Zauberwort hat dann keine Macht mehr. Es muss in die Helle des Tages hinein gesprochen werden, damit es wirken kann.

Ja, der Krieg mag wohl lange vorbei sein, dennoch scheint er überall fortzuglosen, in den Herzen der Erwachsenen, in den Gärten und Wäldern … allzeit bereit, wieder aufzulodern.

Thesi geht an Vatis Hand. Kräftig ist diese Hand und lebenswarm. An dieser Hand kann man keine Angst haben. Sie stehen an einer kleinen Waldlichtung, vor ihnen, ein kleines Holzkreuz mit einem verrosteten, durchlöcherten Topf darauf. Das ist ein Stahlhelm, erklärt Vati der kleinen Tochter, die ihn mit staunenden Augen anblickt, er hätte den Kopf des Soldaten, der hier gestorben ist, schützen sollen. Ringsum sind hier Soldaten gestorben, denn in den letzten Kriegstagen und -nächten haben in unseren Wäldern furchtbare Kämpfe getobt. Thesi sieht überall Gräben, die gleich tiefen Fleischwunden auseinander klaffen. Die Gräben hätten das Leben der Soldaten bewahren sollen, setzt Vati fort, doch für die meisten wurden sie zum Grab. Thesi schaudert und klammert sich noch fester an Vatis Hand. Die Angst der Soldaten in den Gräbern senkt sich auf ihr Herz, die Angst vor der tausendäugigen Nacht, die Angst vor der todeslauernden Stille. Hier sind viele Soldaten gestorben, sagt Vati wieder, geliebte Söhne, Brüder, Väter, Ehemänner, zerrissen, aufgerissen für jene, die nie genug bekommen können, zerrissen, aufgerissen für jene, deren Gier nach Ruhm, Geld und Macht, die Herzen blind gemacht hat. Ja, Frauen haben ihre Männer, Söhne und Brüder verloren und Kinder ihre Väter, weil die Menschen auf die große Lüge der Gierigen, auf die Feindlüge, gehorcht haben, und nicht mehr miteinander reden konnten. Die Feindlüge und die Sprachlosigkeit hat sie aufeinander schießen lassen. In den Wäldern hier und überall auf der Welt sind Menschen für die Feindlüge gestorben, Ungezählte sind gestorben, Ungezählte … Und dabei gibt es keine Feinde, Thesi, nur Menschen gibt es, die leben wollen, einfach leben wollen und glücklich sein. Ungezählte, Ungezählte mögen es gewesen sein, die für die Feindlüge gestorben sind, in Thesis Vorstellung aber stirbt jetzt ein Soldat, der eine Soldat, dessen Kopf kein Stahlhelm schützen und dessen Leben kein Graben bewahren konnte. Thesi ist's, als breche er nun vor ihren Augen zusammen. Ganz klein ist die Kugel, welche den schützenden Helm durchschlägt, ganz klein das Loch, das sie aufreißt. Ganz klein hat sich der Tod gemacht. Augen starren sie an, verzweifelte Kinderaugen, und Thesi kann nicht helfen. Augen starren sie an, Kinderaugen, dann, leere Augen, tote Augen. Thesi weint, weint um den Soldaten, weint um das Leben. Da nimmt Vati sie in seine starken Arme und trägt sie nach Hause. Thesi aber kann nicht aufhören zu weinen. Ist nicht auch der Vati im Krieg gewesen, ist nicht auch er Soldat gewesen und hat somit auf die große Lüge der Gierigen gehorcht … Sie presst den Kopf an seine Brust, und er versteht ihre stumme Verzweiflung. Ja, auch ich habe geschossen, um selbst nicht vor ein Kriegsgericht gestellt und erschossen zu werden habe ich geschossen. Aber ich habe ins Leere gezielt, Thesi, sagt er mit beinahe versagender Stimme, ich habe stets nur ins Leere gezielt und gewiss nie einen Menschen getötet, gewiss habe ich nie einen Menschen getötet. Ich habe leben wollen, einfach leben wollen und glücklich sein. Jetzt ist's Thesi, als spräche er zu sich selbst, als spräche er sich selber Mut zu. Ihr Kopf ruht noch immer an seiner Brust, so nahe ist sie ihm, so nahe, und doch so ferne, so unendlich ferne.

In der Nacht liegt Thesi lange wach. Aus dem Dunkel starren sie Augen an, Kinderaugen, dann, Augen der Leere, die Augen des Todes.

4

Tante Stine, Muttis älteste Schwester, ist Schichtarbeiterin in der nahen Besteckfabrik. Ein Mal arbeitet sie von zwei Uhr Nachmittags bis zehn Uhr in der Nacht (Tante Stine nennt das Zweizehnearbeit), dann wieder von sechs Uhr in der Früh bis zwei Uhr Nachmittags (von Tante Stine Sechsezweiarbeit genannt). Zweizehne oder sechsezwei arbeitet sie also in der Fabrik und guckt, ob Messer, Gabeln und Löffeln hübsch glänzen und nicht zerkratzt sind. Nach der Sechsezweiarbeit kommt Tante Stine manchmal auf Besuch. Kaffee gibt es dann für Tante und Mutti, für Thesi Kakao, dazu, einen riesigen Marmorgugelhupf. Nach der Jause sitzen die beiden Frauen dann noch gemütlich plaudernd zusammen, während Thesi ihre Spielsachen ins Wohnzimmer schleppt und (nur scheinbar in ihr Spiel vertieft) die Ohren spitzt, um neugierig ihren Gesprächen zu lauschen, ohnehin meist harmloser Tratsch über Verwandte und Nachbarn. Ein Mal aber, ein Mal wird Thesi Zeugin eines höchst angeregten Wortwechsels zwischen Tante Stine und Mutti. Thesi, die gerade dabei ist, mit aufgestellten Bilderbüchern ein weiteres Zimmer an die Puppenstube anzubauen, hat kurz weggehört, als die Mutti, über deren Lippen kaum je ein unfreundliches Wort kommt, Tante Stine anfaucht, dass sie keine Ahnung von Hausfrauenarbeit habe. Reg' dich doch nicht so auf, Schwester, entgegnet Tante Stine und lächelt dabei überlegen, aber ich frage mich wirklich, was du den lieben langen Vormittag machen wirst, wenn Thesi dann im kommenden Jahr zur Schule geht. Nun wird die Mutti wirklich wütend. Ich werde putzen, bügeln, waschen und kochen wie bisher, liebe Stine, sagt sie mit erhobener Stimme., aber davon hast du ja keine Ahnung, unsere Mama führt dir den Haushalt, kocht für deinen Buben und dein Mann isst in der Werkskantine! Nun wird die Tante puterrot im Gesicht. Du weißt ja nicht, schreit sie die Mutti an, was das bedeutet, tageintagausnachteinnachtaus in der Fabrik zu stehen und das Immergleiche, Immergleiche tun zu müssen! Dann bleib' doch zu Hause, kontert die Mutti. Jetzt wird die Tante Stine erst recht böse, bleib' doch zu Hause, spottet sie, bleib' doch zu Hause – und wo soll das Geld herkommen? – Jetzt ist es ganz still in der Stube. Thesi wagt kaum zu atmen. Plötzlich sagt die Mutti ganz leise, Geld ist doch nicht alles, Stine, Geld ist doch nicht alles, dein Edwin verdient genug, um dich und den

Buben ernähren zu können. Wenn es dir wichtig wäre, bei deinem Buben zu bleiben, so wäre es dir ebenso möglich wie mir, die ich finde, dass Kinder ein Recht auf ihre Mutter haben. Ein Recht auf die Mutter, ein Recht auf die Mutter, ätzt Tante Stine, und du, wo ist dein Recht, du wirst doch nicht allen Ernstes behaupten wollen, dass dieses Heimchenamherddasein die Erfüllung deines Lebens ist. Thesi sieht, wie Mutti verstohlen lächelt. Aber Stine, meint sie, du hast dich doch eben selber über deine Arbeit in der Fabrik beklagt und jetzt, jetzt tust du geradewegs so, als wäre das Kontrollieren von Bestecken die reinste Selbstverwirklichung. Tante Stine ist sichtlich in die Enge getrieben. Ich bin unabhängig, entgegnet sie, und ich muss nicht wie du meinen Mann fragen, wenn ich Geld brauche. Schön für dich, sagt Mutti, aber man muss sich im Leben eben entscheiden, und ich, ich habe mich für das Natürlichste der Welt entschieden, nämlich, meine Kinder selbst groß zu ziehen. Sie sind uns doch nur eine kleine Wegstrecke unseres Lebens geschenkt, nie wieder kehrt diese Zeit zurück, und ich möchte diese Zeit mit ganzem Herzen genießen, es ist einfach wunderbar, sie heranwachsen zu sehen, es ist ganz einfach wunderbar, an ihrem Leben teilhaben zu dürfen. Ob du es nun wahrhaben willst oder nicht, liebe Stine, dieses Heimchenamherdasein, wie du es nennst, macht mich glücklich, macht mich wirklich glücklich. Thesis Augen wandern aufgeregt zwischen Mutti und Tante Stine hin und her. Tante Stine sitzt ganz steif auf dem Sessel und presst ihre Lippen zusammen, bis sie ein böser, bleicher Strich sind. Als ob ich mein Kind nicht liebte, zischt sie jetzt und nippt nervös an ihrem Kaffee. Das hab' ich doch nicht gesagt, erwidert die Mutti, du willst doch mir einreden, dass dein Leben das bessere ist. Tante Stine stellt das Kaffeehäferl energisch auf den Tisch zurück. Ach was, sagt sie, mit dir kann man einfach nicht reden, Efi, du bist ewig gestrig, du bist ganz einfach ewig gestrig. Ui, denkt Thesi, jetzt sind sie bestimmt ganz böse aufeinander. Im selben Augenblick guckt Tante Stine auf ihre Armbanduhr. Ah, es ist schon spät, meint sie, ich muss den Buben abholen. Du, und nichts für ungut, liebe Schwester, wir verstehen uns in diesen Dingen eben nicht. Für den guten Kaffee und den Gugelhupf danke ich dir jedenfalls, gell. Sie wischt sich den Mund mit der großen Stoffserviette ab, die neben ihrem Teller liegt, und wendet sich zum Gehen. Auch die Mutti ist jetzt aufgestanden und begleitet sie zur Türe. Beide Frauen scheinen den bösen Wortwechsel schon wieder vergessen zu haben. Leb' wohl, bis Samstag, verabschiedet ich die Mutti. Bis Samstag, erwidert Tante Stine, küsst Mutti auf die Wange, zieht Thesi schelmisch an den Zöpfen und verschwindet schließlich im Stiegenhaus. Kaum hat Mutti hinter Tante Stine die Türe geschlossen, lehnt sie sich leise aufstöhnend mit dem Rücken dagegen. Bin ich froh, dass die Tante weg ist, meint sie, holt kurz Atem und begibt sich ins Esszimmer, um den Tisch abzuräumen. Thesi hilft natürlich mit, denn das ist eine gute Gelegenheit, mit der Mutti über das Vorgefallene zu plaudern. Bist du jetzt auf die Tante Stine böse, will sie sogleich wissen. Die Mutti schaut Thesi liebevoll an. Ach wo, mein Kleines, so ist die Tante Stine eben, immer eifersüchtig auf mein Leben, aber ich hab' sie trotzdem gerne, und sie mag mich, denke ich, auch. Wir sind ja schließlich und endlich Schwestern. Hast du eigentlich auch ein Mal in einer Fabrik gearbeitet, fragt Thesi. Ja, nickt die Mutti, gleich nach dem Krieg, aber ich habe nicht in einer Besteckfabrik, sondern in einer Wäschefabrik gearbeitet. Thesi stibitzt noch ein Stückchen Kuchen von einem Teller und schiebt es genüsslich in den Mund. Hast du dort gerne gearbeitet, will sie jetzt wissen, während sie noch an dem Kuchenstück kaut. Wenn du hinunter gegessen hast, dann werde ich deine Frage beantworten, mein Kind, du weißt doch, dass man mit vollem Mund nicht sprechen soll, mahnt die Mutti und verlässt mit einem Tablett, voll beladen mit dem schmutzigen Jausengeschirr, das Wohnzimmer in Richtung Küche. Thesi, noch immer kauend, trippelt, die silberne Zuckerdose in den Händen, hinterdrein. Die Mutti setzt sich an den Küchentisch, wischt der kleinen Tochter noch Reste von einem Kakaobart mit einem Taschentuch vom Mund und zieht sie zu sich auf den Schoß. Also, meine Thesi, sagt die Mutti, ich habe in dieser Fabrik nicht gerne gearbeitet, es war einfach langweilig, den ganzen Tag über Wäschestücke zusammenzunähen, aber da mein Papa nach einer schweren Kopfgrippe nicht arbeiten konnte und die Mama für die Familie zu sorgen hatte, war's einfach an mir, Geld zu verdienen, damit wir nicht Hunger litten. Macht Arbeit denn nie Freude, will Thesi wissen. Die Mutti lächelt. Doch, doch, Thesi, Arbeit kann sogar viel Freude machen, wenn man gefunden hat, wonach das Herz sucht. Und, fragt Thesi neugierig, hast du solche Arbeit gefunden? Nun ist Muttis Gesicht ganz entspannt. Ja, sagt sie, ich wollte Kindergärtnerin werden und habe während des Krieges bei einer Arztfamilie als Kindermädchen gearbeitet. Zwei kleine Mädchen hatte ich zu betreuen und zwei kleine Buben. Danach hatte mein Herz gesucht, damals, ich mag ja Kinder so sehr. Wo sind denn die Kinder jetzt, will Thesi wissen. Jetzt sind die Kinder schon erwachsen, antwortet die Mutti. Als ich nach dem Krieg zu meiner eigenen Familie zurückgekehrt bin, habe ich noch Briefe gewechselt mit ihrer Mutter, dann wurde der Abstand zwischen unseren Briefen aber immer größer, bis wir schließlich gar keinen Kontakt mehr zueinander hatten. Schade, sagt Thesi, die gerne mehr über die beiden Buben und Mädchen erfahren hätte. Ja, wirklich schade, seufzt die Mama, aber manchmal ist es im Leben eben so, dass man Menschen, die man eigentlich sehr lieb hatte, aus den Augen verliert. Nach dem Krieg mussten wir um das nackte Überleben kämpfen. Dann lernte ich deinen Vati kennen, und bald danach ist ja die Ina zur Welt gekommen. Und die Ina, die Ina hast du mit in die Fabrik genommen, gell, reimt sich Thesi die Dinge zusammen. Da lacht die Mutti hell auf. Nein, Thesi, natürlich nicht, dein Opa bekam eine Rente und dein Vati verdiente als Dolmetscher bei den Amerikanern so viel, dass ich von der Arbeit zu Hause bleiben konnte. Die Zeiten waren zwar noch immer schlecht, und das Essen war so knapp, dass wir ein Mal wöchentlich am Gemeindeamt nur eine gewisse Anzahl von Lebensmittelmarken erhielten, mit denen wir dann für eine Woche auskommen mussten, aber wir mussten nicht mehr hungern, wir mussten nicht mehr hungern. Hast du dann jemals wieder gearbeitet, will Thesi wissen. Natürlich, erwidert die Mutti, immer habe ich gearbeitet, bis zum heutigen Tag arbeite ich, und es ist die Arbeit, nach der mein Herz immer suchte. Die Mutti umarmt die kleine Tochter und Thesi blickt in ihre Augen. Hellgrau sind sie und sanft, so sanft. Nicht nur die Arme halten Thesi umschlungen, auch diese Augen, diese wunderbaren Augen. Glückselig birgt sie ihr Gesicht an Muttis Brust. Ich liebe dich, pocht Muttis Herz, ich liebe dich, meine süße, kleine Thesi.

5

An jedem Samstagnachmittag fährt Thesi mit ihren Eltern und Ina zur Bussi-Oma in die Burg; warum das Haus, in dem die Oma wohnt, „Burg“

heißt, obwohl es doch eigentlich nur ein ganz gewöhnliches, einstöckiges Haus ist, das keinen Burggraben besitzt, weder Türme noch Zinnen hat und auch keine fröhlich flatternden Fähnchen, warum also dieses ganz gewöhnliche Haus „Burg" heißt, weiß niemand zu erklären, aber alleine die Tatsache, dass es so genannt wird, weckt in Thesi die Erinnerung an all das, was sie in den Sagen und Märchen über Burgen bisher erfahren hat. Wahrscheinlich ist das Haus eine verwunschene Burg, und, wenn des Nachts alle schlafen, ist es wieder eine Burg mit Burggraben, Türmen, Zinnen und fröhlich flatternden Fähnchen, phantasiert Thesi und sieht in Gedanken schöne Burgfräulein in wallenden Gewändern durch die Gänge der Burg wandeln, sieht stolze Ritter in silbern blinkenden Rüstungen, hört, wie sie klirrend die Sporen aneinander schlagen … Pferde wiehern im Hof und Hunde bellen, und in der rauchschwarzen Küche rühren dicke Köche mit riesengroßen Kochlöffeln in riesengroßen Töpfen goldfarbenen Hirsebrei … Ja, wenn des Nachts alle schlafen, dann ist es so, dann ist es ganz gewiss so, denkt Thesi. Ein Ort aber in der Burg ist nicht verwunschen, ein Ort in der Burg ist am Tage so, wie er auch in der Nacht ist – das Klo. Das Klo ist am Tage so, wie es in der Nacht ist, dessen ist sich Thesi ganz sicher. Es ist nicht (wie bei den Eltern) in der Wohnung untergebracht, sondern man muss über den Hof gehen, um hin zu gelangen. Es steht abseits auf einem einsamen Platz und hat ein ausgesägtes Holzherzchen in der Türe. Wenn Thesi aufs Klo muss, traut sie sich nicht, alleine zu gehen; zum einen wegen der Burggeister, die ihr unterwegs vielleicht doch auflauern könnten und zum anderen, weil das Kloloch unendlich tief ist und sie Angst hat, hineinzuplumpsen. Es heißt ja auch Plumpsklo. Wenn Thesi also aufs Klo muss, braucht sie jemanden, der sie begleitet und hält. So ist es also mit dem nicht verwunschenen Klo und der verwunschenen Burg.

An jedem Samstag nun ist Familientreffen in der Burg. Es wimmelt in Omas kleiner Küche nur so von Onkeln, Tanten, Cousinen und Cousins. Dies war schon zu Opas Lebzeiten so, sagt die Mutti, er wollte wenigstens ein Mal in der Woche die ganze Familie um sich versammeln. Auch Thesi mag diese Familientreffen; der große Küchentisch scheint sich unter der süßen Last von Keksen, Kuchen und Limonaden schier zu biegen, Geschichten fliegen hin und her und Thesi, das Nesthäkchen der Familie, rutscht von Schoß zu Schoß, um nur ja keine Neuigkeiten zu versäumen. Am liebsten aber sitzt Thesi auf Omas Schoß, steckt genüsslich schnuppernd die Nase in den duftenden, frisch gestärkten Schürzenlatz oder spielt mit der glitzernden Schmetterlingsbrosche auf Omas Kragen. Dieses Mal ist es auch von aller größter Wichtigkeit, gerade auf Omas Schoß zu sitzen, denn Oma hat Post bekommen, Post von Bert, ihrem jüngsten Sohn, Post von dem, der vor vielen Jahren, vor so vielen Jahren, sein Zuhause bei Nacht und Nebel verlassen hat, bei Nacht und Nebel verschwunden ist, um bei der französischen Fremdenlegion Soldat zu werden. Omas Jüngsten kennt Thesi natürlich nur von einem Foto; es zeigt einen feschen, freundlich lächelnden jungen Mann mit Käppi, Uniform und einem großen Schäferhund. Er schießt nicht auf andere Menschen, denkt Thesi, ein so freundlich lächelnder Onkel schießt nicht auf andere Menschen. Vielleicht kümmert er sich um die Hunde, die es in der Fremdenlegion gibt, es muss ja auch jemanden geben, der sich um die Hunde in der Fremdenlegion kümmert, der sie füttert und mit ihnen spazieren geht. Thesi kann nicht verstehen, wenn in der Familie gar nicht so freundlich über den jungen Onkel gesprochen wird und spitzt sehr die Ohren, wenn die Onkelgeschichte wieder aufgewärmt wird. Wie ein Verbrecher sei er verschwunden, damals, habe, beinahe selber noch ein Kind mit seinen achtzehn Jahren, Frau und Kind in Stich gelassen, na ja, vielleicht doch nicht sein Kind, wer weiß, wer weiß, niemand weiß eigentlich etwas Genaues … jedenfalls, die Eltern habe er verlassen, bei Nacht und Nebel, bei Nacht und Nebel sei er verschwunden, habe nichts mehr von sich hören lassen, so viele Jahre nichts mehr von sich hören lassen, was dem Vater Jahre seines Lebens gekostet habe, nun hat Oma also wieder Post bekommen, Post von Bert, ihrem jüngsten Sohn, Post, nach langen, langen Monaten des Wartens. Oma wedelt (Freudentränen in den Augen) mit einem Brief, auf dem eine Karte klebt. Aus Dschibuti hat er geschrieben, ruft die Oma, aus Dschibuti. Dschibuti? Keiner kennt Dschibuti. Das ist wohl irgendwo in Afrika, meint der Vati. Jedenfalls ist es weit weg. Jedenfalls ist es weit weg, echot Thesis Herz. Dschibuti, das klingt ja wie aus einem Märchen, das klingt nach in heißer Sonne liegenden, weißen Steinpalästen und nach Prinzessinnen in langen, beinahe durchsichtigen, weich den Körper umfließenden Gewändern, nach Prinzessinnen mit goldenen Kettchen um die Fußgelenke und an den Ohren bunt schillernden, bei jeder Bewegung leise singenden Edelsteinen … die

Karte auf dem Brief sieht dazu vergleichsweise ziemlich langweilig aus – Hügel, ungezählte Hügel aus Sand, gelbem Sand, einzig und allein die Bäume, einzig und allein die Bäume muten Thesi angenehm fremdartig an. Es sind Palmen, erklärt die Oma der Enkeltochter und beginnt den Text des Briefes vorzulesen:

„Meine Lieben", liest die Oma und ihre Stimme klingt so zart, so zerbrechlich. Mit einem Male sind alle still, mucksmäuschenstill … „Meine Lieben! Recht herzliche Grüße aus der Ferne sendet euch Bert! Hoffentlich geht es euch gut. Ich bin so weit gesund, nur mein Bein ist ein bisschen verletzt und daher befinde ich mich (weil hier alles so schwer heilt) schon seit acht Tagen in der Krankenstation – deshalb habe ich jetzt auch ein wenig Zeit zum Schreiben. Das Wetter ist sehr schlecht, da es am Tage so heiß ist und in der Nacht eiskalt. Zudem regnet es auch viel. Meine Lieben, ihr braucht keine Angst zu haben, dass mir etwas zustößt, denn ich hatte bisher immer Glück und werde es immer haben. Darum, wenn ihr längere Zeit keine Post von mir erhaltet, braucht ihr euch nicht zu sorgen, ich habe eben wenig Zeit für mich. Seid mir bitte nicht böse, ich weiß sehr gut, wie das ist, wenn man auf jemanden wartet, und er kommt nicht. Leider könnt ihr mich nicht verstehen, aber, glaubt mit, ich habe mir alles durch den Kopf gehen lassen und keinen anderen Ausweg gesehen. Eines kann ich nur sagen, dass ich lieber bei euch zu Hause wäre, aber leider kann man nicht alles im Vorhinein sehen und spüren. Ich habe nicht gewusst, wie sehr ich an dir hänge, liebe Mutter … nun schließe ich mein Schreiben, denn meine Kameraden warten auf mich.

Viele liebe Grüße von Bert.

P.S.: Viele Küsse für all meine Nichten und Neffen von ihrem Onkel."

Bei den letzten Worten ist Omas Stimme ganz leise geworden. Immer dieses Warten jammert sie dann, immer dieses furchtbare, zermürbende Warten und kein Ende in Sicht … Nie schreibt er, wann er kommen wird, nie schreibt er, ob er überhaupt je kommen wird. Die Hand, in der sie den Brief hält, sinkt nun matt hinunter und ruht wie leblos neben Thesi im Schoß. Ganz weit weg scheint die Oma zu sein, ganz weit weg, vielleicht in Dschibuti, vielleicht … Doch da bricht wieder allgemeines Stimmengewirr aus; die Oma kehrt wieder zurück und reicht den Brief weiter. Thesi aber ist schon sehr müde und ihr Kopf sinkt schwer an Omas Brust. Willst ein bisschen in meinem Bett schlafen, fragt die

Oma. Thesi nickt, und ob sie will; sie mag das große Bett der Oma und den leicht süßlichen Omageruch, von dem die ganze Schlafstube erfüllt ist. Angenehm kühl ist es da und sehr, sehr finster. Das Finstere aber macht Thesi gar nichts, denn die Oma lässt die Tür einen Spalt weit offen und bleibt bei Thesi. Nun schüttelt sie die schwere Tuchent auf, sodass sich jetzt alle Federn, die sich zuvor im unteren Teil angesammelt hatten, gleichmäßig in der Tuchent verteilen und wohlig warm um Thesis kleinen Körper schmiegen. Tik-tak, murmelt der große, silberne Wecker auf Omas Nachtkästchen und die Ziffern leuchten geheimnisvoll auf seinem hellen Gesicht. Die Oma weiß, wie sehr die kleine Enkeltochter den Wecker mag und reicht ihn ihr. Tik-tak murmelt er nun an ihrem Ohr, tik-tak, und alsbald ist Thesi fest eingeschlafen. Thesi erwacht kurz, als Vati sie in eine karierte, flauschige Decke hüllt, aus dem Auto lädt und in die Wohnung trägt. Als er sie in ihr Bett hinein legt, sieht sie noch, wie ihr die kugelrunden Augen ihres Teddybären freundlich zuzwinkern und schläft sogleich zufrieden weiter.

6

Der erste Schnee fällt meistens zu Allerheiligen; in diesem Jahr kommt er allerdings schon viel früher. Tage zuvor schon haben die Krähen, am Himmel tanzend, den Schnee erwartet und Thesis Herz tanzte und wartete mit ihnen. Nun sieht sie den Schnee gleich einem dicken Wollvorhang vom Wald her näher ziehen. Schon riecht die Luft kalt, und die ersten, winzigen Schneekügelchen purzeln zur Erde herab. Sie sind beinahe durchsichtig, Hauch, und zuerst kann nur Thesi sie im matten Schein der Straßenlaterne erkennen. Schließlich aber werden sie größer und dicker und für alle sichtbar. Aufgeregt läuft Thesi von Fenster zu Fenster, kann sich an dem Winterwunder gar nicht satt sehen. Am nächsten Morgen, als Thesi schnell die Tuchent abstrampelt und mit bloßen Füßen über den kalten Linoleumboden hin zum Fenster tappt, ist die Welt verzaubert, in einen einzigen, glitzernden Schneepalast verzaubert. Thesi schiebt einen Stuhl zum Fenster und klettert auf das Fensterbrett, um das Wunder noch genauer betrachten zu können. Die Nase platt an die Fensterscheibe gedrückt, steht sie nun in ihrem dünnen Nachthemd und spürt gar nicht die Kälte in ihren Körper kriechen. Noch immer schneit es, ganz dicke Flocken schneit es, und Thesi sehnt sich danach, sie auf der Haut zu spüren. Da hüpft sie flugs vom Fensterbrett und läuft vom Schlafzimmer hinaus in den Vorraum, wo sich das ganze Nachtschwarze der Wohnung zurückgezogen und zu einem kalten Block gestaut zu haben scheint. Mit klopfendem Herzen zwängt sie sich durch das klebrige Dunkel und erreicht schließlich, am ganzen Körper bebend, die Tür zu Inas Zimmer. Schnell die Türschnalle hinunter gedrückt und eingetreten. Thesi atmet erleichtert auf. Wohlige Wärme umfängt sie und von der Küche her schlägt ihr der süße Duft von heißer Milch entgegen. Schnuppernd hält sie ihr Näschen hoch und freut sich auf den Morgenkakao, den Mutti ganz gewiss schon für sie zubereitet hat. Zuerst aber schleicht sie sich auf den Zehenspitzen ans Bett der schlafenden Schwester. Im Halbdunkel sieht sie den Kopf mit dem kurz gelockten, weizenblonden Haar auf dem weißen Polster ruhen. Vom Gesicht ist nicht viel zu sehen, denn Ina hat sich die Bettdecke bis hinauf zur Nasenspitze gezogen. Thesi beugt sich nun ganz nahe zu ihrer Schwester hinab; seit Peterle, ihr kleiner Wellensittich, eines Morgens am Boden seines Käfigs regungslos schlief und nicht mehr aufwachte, so sehr sie ihn auch lockte und rief, bangt Thesi um alle Schlafenden. Da sie aber beobachtet, wie sich die Bettdecke gleichmäßig unter Inas Atemzügen hebt und senkt, wendet sie sich beruhigt ab und folgt auf leisen Sohlen dem süßen Duft aus der Küche. Behutsam schiebt sie den bunt gewürfelten Vorhang, der die Küche vom Zimmer der Schwester trennt, etwas zur Seite, trippelt zur Mutti, die am Herd steht, und schlüpft unter ihre große, so köstlich nach Waschpulver duftende Schürze. Hier verweilt Thesi lange, wonniglich lange, bis es sie drängt, die Schürzengeborgenheit wieder zu verlassen, um mit Mutti ihr Glück zu teilen, ihr wunderbares Schneeflockenglück. Ja, auch Mutti freut sich über den Winterzauber, versteht Thesis Sehnsucht, draußen, inmitten des Wunderbaren sein zu wollen, doch, noch sei es dafür zu dunkel, meint sie, und zu kalt und gefrühstückt habe Thesi schließlich auch noch nicht. Thesi setzt sich also an den großen Tisch und Mutti räumt ab, was noch von Vatis Frühstück zurück geblieben ist. Der kleinen Tochter aber bringt sie ein großes Häferl mit Kakao und ein Butterbrot mit ganz viel Erdbeermarmelade darauf. Durch den kleinen, mit hellrotem Stoff überzogenen Lampenschirm fließt das Licht sanft in den Dämmer der Stube und Thesi fühlt sich unendlich wohl und geborgen. Wie gut, dass der Tisch am Fenster steht, so kann Thesi dem fröhlichen Schneetreiben zusehen und gleichzeitig Wärme und Süße von Kakao und Marmeladebrot genießen. Jetzt ist es auch für Ina, die einen weiten Schulweg hat, an der Zeit, aufzustehen. Mehrmals verschwindet Mutti hinter dem bunt gewürfelten Vorhang, um ihre Große zu wecken, doch alles Zureden nützt nicht, Ina verkriecht sich nur noch tiefer in ihr Bettgehäuse. Schließlich muss ihr die Mutti die Decke wegziehen. Das findet Thesi, die mit einem Auge hinter dem Vorhang hervor lugt, natürlich besonders lustig und muss kichern. Ina aber wird böse und wirft mit dem Polster nach der kleinen Schwester. Da verschwindet Thesi eilendes wieder an ihren Fensterplatz und wendet sich den Schneeflocken zu. Ina mag das Schneetreiben gar nicht leiden, sie liebt die trockene Hitze des Sommers. Mit schlafwirrem Haar und mürrischem Gesicht sitzt sie nun der kleinen Schwester gegenüber und schlürft gelangweilt ihren heißen Tee. Brot und Marmelade lässt sie unberührt stehen, da sie, wie sie seufzend bemerkt, ohnehin viel zu dick sei. Mutti seufzt gleichfalls, denn davon habe sie noch nichts bemerkt. Später, als Ina sich bereits auf den Schulweg gemacht hat, meint Mutti, während sie damit beschäftigt ist, das Frühstücksgeschirr abzuwaschen, dass Mädchen in der Pubertät eben schwierig seien. Sie hat es mehr zu sich selbst, denn zu Thesi gesagt, aber Thesi wird sofort hellhörig und möchte natürlich wissen, was dieses Wort zu bedeuten hat. Mutti unterbricht kurz das Abwaschgeklapper und wendet sich der kleinen Tochter zu. Pubertät, erklärt sie, ist jene Zeit, in der Kinder erwachsen werden. Thesi macht große Augen, aber Mutti setzt schon wieder ihre Arbeit fort, und Thesi bleibt, mit Muttis Worten im Herzen, völlig alleine zurück. Ina wird also erwachsen, erwachsen wie die Eltern, aber was bedeutet es, erwachsen zu sein, sinnt Thesi, morgens zur Arbeit gehen, wie Vati, und Kohlen aus dem finsteren Keller tragen, wie Mutti, wenn sie, Thesi sich noch wohlig in ihr warmes Bett kuscheln kann, keine Zeit haben zum Spielen, das bedeutet erwachsen werden, und nicht spüren, dass es dem Teddybären weh tut, wenn man ihn am Ohr nimmt. Erwachsenwerden ist nicht erstrebenswert, denkt Thesi, ganz und gar nicht erstrebenswert ist es, und die große Schwester beginnt ihr leid zu tun. Sie jedenfalls, Thesi, beschließt, nie erwachsen zu werden, niemals, und damit ist das Kapitel Pubertät und

Erwachsenwerden für sie auch schon abgeschlossen. Fröhlich schleppt sie einen großen Karton mit bunten Legosteinen heran und stülpt ihn (mit viel Lärm) über dem Tisch aus. Jetzt, da der Winter gekommen ist, gilt es, einen warmen Stall für die kleinen Plastiktiere zu bauen, für die Schweinchen, Kühe und Kälber, die Hühner und den bunten Hahn, für die Pferde und den kleinen Hund. So liegen nun die Legosteine vor ihr, rote, blaue, weiße, gelbe, schwarze und durchsichtige Legosteine in allen nur erdenklichen Formen liegen vor ihr, welch ein wunderbarer, glänzender Schatz. Thesi mag es, mit beiden Händen darin zu wühlen, dann wieder, mit geschlossenen Augen Stück um Stück zu betasten, zu beschnuppern und – zu schmecken. Letzteres muss allerdings im Verborgenen geschehen, da Mutti Angst hat, die kleine Tochter könnte sich verschlucken und daran ersticken. Sie kann Muttis Sorgen ja ganz und gar nicht teilen, denn sie, Thesi, ist sehr vorsichtig und gehört bestimmt nicht zu jenen Kindern, die sich an Legosteinen verschlucken. Als sie aber nun einen Legostein in den Mund steckt, hält sie einen Augenblick inne und muss an die vielen Kindergräber denken, diese winzigen Gräber mit den kleinen, weiß beschleiften Kränzen, diese Gräber all jener Kinder, die sich allesamt an Legosteinen zu Tode verschluckt haben. Kaum aber schmeckt Thesi das süßliche Plastik, sind all ihre Bedenken zerstreut, und genüsslich schiebt sie den Legostein mit der Zunge von einer Backe in die andere. Dieses Mal aber währt der Genuss nicht lange, denn Mutti wendet sich völlig unvermutet um, und Thesi muss den Legostein schnell in die Hand verschwinden lassen. Thesi, sagt die Mutti, wenn du möchtest, kannst du jetzt in den Hof gehen. Und ob Thesi möchte. Legosteine und sämtliche Bauvorhaben sind im Nu vergessen. Sie rutscht vom Sessel und läuft ins Badezimmer. Hurtig ist das Gesicht gewaschen und schnell sind die Zähne geputzt. Das ist aber Katzenwäsche, rügt die Mutti und bürstet ihrem zappeligen Mädchen das lange Haar, um es danach zu zwei Zöpfen zu bändigen. Thesi zetert dabei nur wenig und lässt sich, damit nur ja keine kostbare Zeit verloren geht, beinahe widerstandslos die verhasste Wollmütze aufsetzen. Dann ist es so weit, Thesi läuft zur Türe hinaus, die wenigen Stufen hinab und ist auch schon mitten im Winterzauber. Glückselig breitet sie die Arme aus, wendet ihr Gesicht dem Himmel zu und spürt die kleinen Schneesterne kalt und spitz auf ihrer Haut. Ganz still ist es, nur das leise Singen der zur

Erde tanzenden Schneeflocken ist zu hören. Thesi träumt, träumt, ist eine Schneeprinzessin in diesem Wintermärchen. Erst als die Kälte sich bis in ihre dicken Fäustlinge hinein geschlichen hat, durch die warmen Socken gekrochen ist und Thesis Finger und Zehen beißt, erwacht sie aus ihrem Wintermärchen. Gleich hüpft sie durch den duftigen Schnee, rechtes Bein, rechtes Bein, beide Beine, rechtes Bein, rechtes Bein, beide Beine … und zieht voll Vergnügen die erste Menschenspur. Tierspuren gibt es ja schon viele. Immer wieder hält Thesi im Hüpfen inne, um ihnen zu folgen; da, wie mit einem feinen Stift in den Schnee gezeichnet, schon wieder verwehend, zarte Spuren zarter Vögel, dort, feiste Abdrükke von großen Pfoten mit dicken, runden Zehen … sie stammen gewiss von Michi, dem schwarzweißen Nachbarskater, denkt Thesi, dann, ganz nahe dem Gebüsch bei der großen Wiese, kleine Hufspuren … Ach, wie aufregend und wunderschön ist diese Welt! Thesi dreht sich wie ein Kreisel, rundum, rundum, bis alles sich mit ihr dreht und sie sich in den Schnee fallen lassen muss. Beine und Arme breitet sie ganz weit aus und fühlt sich wie in einem kalten Wattebett. Mittlerweile hat es zu schneien aufgehört. Thesi entdeckt, dass der weiße Wollemantel, in den sich der Himmel gehüllt hat, sich zu immer zarteren Wolkenschleiern ausdünnt, aus denen die matt schimmernde Sonnenscheibe sich mehr und mehr hervor schiebt. Thesi setzt sich auf und kann plötzlich am Wiesenrand den Wald sehen, der sich eben noch im Nebel verborgen gehalten hat. Nun stehen die Bäume mit ihren dunklen Leibern entblößt da und ihre Häupter neigen sich unter schweren Schneekronen. Da – Thesi springt erschrocken hoch – die Sonne hat sich durch die Wolkenschleier genagt und schon wirft sie ihre gelben Strahlen verschwenderisch über Wald und Wiese. Thesi muss an die Schneemännergeschichte denken, die ihr die Eltern immer wieder vorlesen – die Sonne frisst darin die lieben, dikken Kerle gierig auf, nur eine Familie kann in einem Eispalast tief drinnen im Wald überleben. Lange aber währt der Groll nicht, denn alsbald beginnt ein wundersames Glitzern und Schimmern: die Sonne verzaubert die Schneesternchen in funkelnde Edelsteine! Immer wieder Freudenschreie jauchzend, stiebt Thesi durch das wunderbare Glitzerfunkelland. Es ist Muttis Stimme, die sie aus dieser Wonne weckt. Lange mag sie wohl schon gerufen haben, doch erst jetzt kommen ihre Worte im Herzen der Tochter an. Es ist bereits Mittag geworden, sagt Mutti, und das Essen steht auf dem Tisch. Nur widerwillig folgt Thesi ihr ins Haus. Am Nachmittag aber ist das Glitzerfunkelwunder vorbei. Der Schnee schaut müde aus und klebt träge an Thesis Schuhen. Es ist zu früh, dass es Winter werden kann, meint Mutti, die Sonne ist ja noch viel zu stark. Mutti soll Recht behalten. In den folgenden Tagen leckt die Sonne allen Schnee mit ihrer großen, heißen Zunge weg. Thesi ist untröstlich.

7

In der Nacht vor Allerheiligen schneit es endlich wieder, wenngleich nicht so viel wie beim ersten Mal, aber Thesi sich freut, freut sich, als am Morgen die Welt wie unter einer feinen Zuckerschicht verborgen liegt. Nur scheu guckt die Sonne für einen kurzen Augenblick aus einem winzigen Nebelfenster, und als Thesi am Vormittag mit den Eltern und Ina auf den Friedhof geht, hat sie sich schon längst wieder hinter einem dicken Wolkenvorhang verkrochen. Thesi macht das gar nichts, denn sie mag die nebelverhangenen, kalten Tage viel lieber, als die sommerblauen, warmen.
Das große, schwarze Tor, das die Welt der Lebenden von jener der Toten trennt, steht weit offen, und Thesi sucht (als sie die Schwelle überschreiten) die schützende, lebenswarme Hand Muttis. Ganz still ist es hier, nur das heisere Kroak-kroak der Krähen, die über den verschneiten Gräbern kreisen, und das Knirschen der Schritte auf den Kieswegen ist zu hören. Hin und wieder Menschen, Menschen, die wie flüchtige Schatten zwischen den Gräberreihen hindurchhuschen. Die kalte Schneeluft hat sich mit dem leicht süßlichen Geruch von Reseden, welkenden Blumen und totem Laub voll gesogen, und Thesi hält schnuppernd die Nase hoch. Wie seltsam ist diese Welt, wie seltsam und fremd, es ist, als berührten Himmel und Erde einander. Mutti hat Thesi erzählt, dass die Seelen der Toten beim Lieben Gott im Himmel weiterleben und nur ihre Körper in den Gräbern liegen, Thesi aber kann dieses Zweigeteiltsein ganz und gar nicht verstehen. Irgendwann, sagt Mutti, irgendwann werden auch ihre Körper beim Lieben Gott sein. Warum die Körper nicht sofort mit der Seele in den Himmel fliegen dürfen, sondern in einem dunklen, kalten Grab warten müssen, darauf weiß auch die Mutti keine Antwort, ja, auch

sie versteht dieses Zweigeteiltsein nicht. Thesi schaudert und stellt sich die Toten vor, wie sie mit leeren Augen in blassen Gesichtern und mageren, unter der Brust gefalteten Händen in der kalten Novembererde frieren und auf den Himmel warten. Da muss Thesi an Heini denken, Bussi-Omas kleinen Bruder, dem, wie die Oma ein Mal erzählt hat, mit kaum zwei Jahren beim Anblick des Christbaums, aus Freude über die vielen Lichter, das Herzlein gesprungen sei. Er hat kein Grab mehr, sagt die Mutti, das ist schon viel zu lange her, auch Uroma und Uropa haben kein Grab mehr. Da jauchzt Thesi auf, denn das Warten hat sichtlich ein Ende, die Körper von Heini und den Urgroßeltern jedenfalls brauchen kein Grab mehr, sind schon zu ihren Seelen in den Himmel geflogen. Die Mutti schaut die kleine Tochter mit staunenden Augen an, und dann merkt Thesi, wie ihre Augen scheinbar erleichtert aufleuchten. Ja, sagt sie, so mag es sein, Thesi, ja, so wird es ganz gewiss wohl sein. Thesis Herz ist wieder licht und leicht und nun kann das von ihr heiß ersehnte Geschichtenerzählen beginnen, denn ein Friedhof ist für sie ein Geschichtenbuch; wenngleich Thesi diese Geschichten schon oft und oft gehört hat, so wird sie dennoch nimmer müde, sie wieder und wieder zu hören. Mutti beginnt nun vom Bussi-Opa zu erzählen. Er sei schon vor vielen Jahren gestorben, nach einer Wahlsendung im Radio sei er gestorben, aus Aufregung darüber, dass seine Partei verloren hatte. Seine Partei, das sei die sozialistische Partei gewesen, die sozialistische Partei habe viel für die armen Leute getan, damals, und viele arme Leute, wie der Opa, seien daher Sozialisten gewesen. Der Bussi-Opa ist also schon viele Jahre tot und Thesi kennt ihn nur von einem Bildchen im Photoalbum, das sie so gerne gemeinsam mit der Mutti durchblättert. Ganz alleine steht er da, der Opa, vor wilden Hecken und Sträuchern steht er. Ein Trachtenanzug schlottert um seinen sichtlich mageren Körper und aus dem eng geknöpften Hemdkragen kriecht ein dünner Hals, auf dem ein schmaler Glatzkopf sitzt. Nach seiner Kopfgrippe hat er alle Haare verloren, erklärt die Mutti der kleinen Tochter und bekommt feuchte Augen. Aber unter der Nase hat er wenigstens noch ein paar Haare, versucht Thesi die Mutti aufzumuntern und tippt mit dem Finger auf Opas kleinen Oberlippenbart. Ja, seufzt die Mutti, unter der Nase hat er wenigstens noch ein paar Haare. Jetzt stehen sie vor Opas Grab und Mutti erzählt, dass seine Mutter, Katharina, mit ihren Eltern auf der Suche nach

Arbeit aus dem Böhmischen eingewandert und schließlich in einer Weberei untergekommen ist. Sie hat sich dann in den Augustin, den Sohn reicher Tischlereibesitzer aus der Klausen, verliebt. Die waren natürlich ganz und gar nicht mit der schlechten Partie einverstanden, die Katharina in ihren Augen für den Augustin, das einzige Kind, den Erben, war, selbst dann nicht, als der kleine August, dein Opa, zur Welt kam. Erst nach ein paar Jahren, nachdem der Augustin jung verstorben war, hätten sie den kleinen August gerne groß gezogen, aber bevor es so weit gekommen ist, sind auch sie gestorben. Natürlich hätte Thesi gerne über die näheren Umstände der vielen Tode erfahren, aber davon weiß die Mutti nichts zu berichten. Die Katharina habe sich darüber ausgeschwiegen, sei böse gewesen auf jene, die ihr den Liebsten nicht gegönnt, die Heirat verhindert und ihr so ein lediges Kind beschert hatten. Ein lediges Kind, fragt Thesi, was ist denn das. Ein lediges Kind ist das Kind einer unverheirateten Frau, erklärt die Mutti und damals bedeutete es eine große Schande für eine Frau, ein lediges Kind zu haben. Darum hat die Katharina ihren kleinen August auch bei ihren Eltern gelassen, um nicht andauernd an die unglückliche Liebe und die Schande erinnert zu werden. Sie hat sich nie um ihr Kind gekümmert. Ihr ganzes Leben hat sie sich nicht um ihr Kind gekümmert, selbst dann nicht, als sie sich verheiratete und der Mann den August als Sohn annahm. Den ganzen Ärger über ihre enttäuschte Liebe hat sie an ihrem Kind ausgelassen. Nach dem Tode der Großeltern, August war gerade erst sechs Jahre alt geworden, hatte er die einzigen Menschen verloren, die ihn je liebten. So wuchs er völlig ungeliebt auf und musste schon mit vierzehn Jahren von zu Hause weg gehen, um seinen Unterhalt zu verdienen, arbeitete als Kellner, dann wieder, als Werkzeugmacher. Mit seiner Frau, Gretel, deiner Oma, ist er dann endlich glücklich geworden, aber leicht, liebe Thesi, leicht ist für deine Oma das Leben an seiner Seite nicht gewesen, denn Menschen, die in ihrem Leben zu wenig Liebe erfahren haben, leiden ständig unter der Angst, dass man ihnen das bisschen Liebe, das sie endlich bekommen, wieder wegnehmen könnte. Man nennt das Eifersucht. Dein Opa war sehr eifersüchtig. Dennoch aber war er ein guter Mensch, ein sehr guter Mensch war er. Mutti hat jetzt wieder feuchte Augen und bückt sich schnell zu dem kleinen Laternchen neben dem Grabstein hinunter, um eine Kerze anzuzünden. Die Bussi-Oma war noch nicht da, sagt die Mutti und blickt auf ihre Armbanduhr, sitzt wahrscheinlich noch vor ihrem Radio und hört den Gottesdienst. Ja, gewiss sitzt sie jetzt vor ihrem Radio und hört den Gottesdienst, wiederholt die Mutti, hört den Gottesdienst, so wie sie es an allen Sonn –und Feiertagen tut. Thesi hat die Oma schon ein Mal bei ihrem Radiogottesdienst überrascht. In ihrem schönsten Kleid ist sie in dem großen Ohrensessel gesessen, die Hände im Schoß gefaltet, die Augen geschlossen, still, ganz still. Flugs hat sich da Thesi aus der Stube geschlichen, um die Oma nicht zu stören, um die Oma nur ja nicht zu stören. Nur eine Gräberreihe weiter befindet sich das Grab von Wernher, Tante Stines und Onkel Edwins Erstgeborenem. Thesi darf eine kleine Kerze in die Grablaterne stellen. Es ist ihr besonders lieb, dieses kleine Glashäuschen, in dem die Kerzen wohnen. Behutsam schiebt sie den zierlichen, schwarzen Riegel zur Seite, und leise knarrend geht das Türchen auf. Da stellt sie das Kerzerl hinein und sperrt danach das Türchen wieder zu. Nun schaut sie das Bild auf dem großen, dunklen Grabstein an, das Bild von Wernher, diesem kleinen Buben mit dem kurzen, sorgfältig zur Seite gescheitelten Haar; er lächelt ihr freundlich zu und scheint überhaupt nicht über seinen frühen Tod bekümmert zu sein, Wernher, ihr Cousin, Tante Stines und Onkel Edwins Erstgeborener. Unter einen russischen Lastkraftwagen ist er gelaufen, erzählt die Mama, 1945 ist er unter einen russischen Lastkraftwagen gelaufen. Mit kaum fünf Jahren. Er war sofort tot. Thesi klammert sich fest an Muttis Hand. Sie sind nun beide still, sehr still. Die Wernhergeschichte ist wirklich traurig, so traurig, wie eben alle Friedhofgeschichten sind. Will Thesi heute auch noch die Katringeschichte hören und die Onkel Gustigeschichte, die Mutti sieht Thesi fragend an. Thesi weiß nicht so recht, ob sie dazu noch Mut hat, aber als sie über den knirschenden Kies zu Katrins Grab gehen, hat sie schon wieder Mut gefasst und will die Katringeschichte hören, die Geschichte von Onkel Xandis und Tante Riekes kleinem Mädchen, das sie, Thesi, noch gekannt hat, die fröhliche Katrin mit den frechen, hellen Kringellocken. Kurz vor Weihnachten ist sie krank geworden, erzählt die Mutti, so krank ist sie geworden, dass man sie in ein Spital nach Wien hat bringen wollen, aber Katrin ist schon während der Fahrt im Rettungsauto gestorben. Wie heißt die Krankheit, an der Katrin gestorben ist, will Thesi wissen, die sich das seltsame Wort nicht merken kann. An den Fraisen, erwidert die Mutti, an den Fraisen ist sie gestorben. Fraisen, wiederholt nun Thesi und dehnt dabei die Buchstaben in die Länge. Das Fieber klettert in die Höhe, Schaum tritt vor den Mund, man verliert das Bewusstsein und stirbt, das hat Thesi sich gemerkt. Sie stehen nun vor Katrins kleinem Grab. Es sieht aus wie ein kleines Bett mit einer duftigen Schneetuchent. In dem Laternchen auf dem Grabsockel brennt bereits eine Kerze. Meine Schwester ist schon bei ihrem kleinen Mädchen gewesen, sagt Mutti. Thesi löst sich von Muttis Hand, um den kleinen Engel zu berühren, der neben dem Grabstein kniet. So hat Katrin ausgesehen, glaubt Thesi sich erinnern zu können, während sie behutsam die Konturen des Engelantlitzes mit ihrem Zeigefinger nachzeichnet, genauso hat Katrin ausgesehen, freche Kringellöckchen, große Augen, Stupsnäschen. Plötzlich ist Thesi sehr kalt, und sie greift wieder nach Muttis Hand. Wie gut, dass alle da sind, Mutti, Vati, Ina. Komm, lass uns gehen, sagt Vati zur Mutti, wir müssen ja auch noch zum Grab deines Bruders, und Thesi friert schon. Am Weg zum Onkel Gustigrab will Thesi auch seine Geschichte hören. Tischler war er, berichtet die Mutti, Tisch, Bettbank und Sessel in unserem Wohnzimmer waren sein Hochzeitsgeschenk für deinen Vati und mich. Später aber ist er Eisenbahner geworden, weil er in diesem Beruf mehr verdient hat, als mit der Tischlerei. Jetzt sind sie beim Onkel Gustigrab angelangt. Tante Minni, seine Frau, und Ela, das kleine Töchterchen, haben bereits ein Kerzlein angezündet. Kein Engel, kein Bild. Beim Verschieben der Waggons ist er gestorben, erzählt die Mutti, dabei ist der Verschub gar nicht seine Arbeit gewesen, hat's für seine Kollegen getan, die gemütlich beim Kartenspiel zusammen saßen, aus Hilfsbereitschaft hat er's getan. Nacht war's, finstere Nacht, hat den Sandhaufen nicht gesehen, ist auf den Sandhaufen gesprungen, ist abgerutscht, unter den Waggon gerutscht. Stunden später erst hat man ihn gefunden. Ein bisschen Leben war noch in ihm, zu wenig, um weiter zu leben. Er verstarb noch am Unfallort, mein Bruder, mein lieber, junger Bruder. Die Mutti ist nun den Tränen nahe, und bleich ist sie, als wäre sie selber tot. Bange zieht Thesi an Muttis Hand und ist erleichtert, als Mutti sie nun wieder freundlich anblickt. Mir ist kalt, Mutti, jammert Thesi, schrecklich kalt ist mir. Ja, schrecklich kalt ist Thesi und gar keinen Mut hat sie mehr, gar keinen Mut: nun sind zu viele Tote in ihrem Herzen. Lass' das Kind jetzt mit den alten Geschichten in Ruhe, sagt Vati, der das gemerkt hat, zur Mutti und hebt die kleine Tochter hoch. Da legt sie den Kopf an seine Schulter und lässt sich nur allzu gerne von ihm, der jetzt mit langem, ausholendem Schritt zum Friedhofstor geht, aus diesem kalten Totenreich bringen. Kaum aber sind sie über die Schwelle, löst Thesi sich aus Vatis Umarmung und sekkiert Ina so lange, bis sie mit ihr Nachlaufen spielt. Thesi hat ja solche Lust auf Leben, solche Lust auf Leben!

8

In diesem Jahr freut Thesi sich ganz besonders auf den Heiligen Abend. Schon Anfang Dezember hat sie einen kleinen Briefumschlag gebastelt und eine Zeichnung von ihrem Herzenswunsch hinein gesteckt: einen winzigkleinen Hund mit frechen, großen Stehohren und einem kurzen, semmelblonden Fellchen. Thesi hat solch ein Hündchen vor einiger Zeit in einem nahe gelegenen Garten entdeckt. Willst du ihn haben, hatte eine rundliche, ältere Frau, freundlich gefragt und ihn Thesi zum Halten und Streicheln über den Gartenzaun hin gereicht. Thesi hatte den drolligen Winzling an ihr Herz gedrückt und ihre kleinen Finger in das wollweiche Pelzchen gegraben; ach, so lange schon hatte sie sich ein Hündchen gewünscht, wie gerne hätte sie ja gesagt. Aber Thesi durfte nicht ja sagen, die Eltern erlaubten keinen Hund, mochte die kleine Tochter auch noch so weinen und betteln. Schau, Thesi versuchte Mutti immer wieder zu erklären, unsere Wohnung ist viel zu klein, und außerdem machen Hunde so viel schmutzig und kaputt. Nun aber dieser Brief ans Christkind. Wenn das Christkind selbst das Hündchen unter den Christbaum setzt, würden die Eltern es ganz gewiss behalten, dessen ist sich Thesi sicher. Ina beschriftet den Briefumschlag für die kleine Schwester: „An das Christkind von Thesi“ steht nun in Inas schönster Handschrift darauf. Vor dem Zubettgehen legt Thesi den Brief auf das Fenstersims, dann hüpft sie vergnügt zum Bett, schlüpft unter die warme Tuchent und wartet auf Mutti, um mit ihr das Abendgebet zu sprechen. Müde bin ich, geh’ zur Ruh, schließe beide Augen zu, Vater lass die Augen dein über meinem Bettchen sein, beten sie gemeinsam, und kaum hat Mutti ihr ein Kreuzzeichen mit dem Daumen auf die Stirn gezeichnet und das Gutenachtbusserl gegeben, ist Thesi auch schon eingeschlafen. Am

nächsten Morgen gilt ihr erster Blick natürlich dem Brief – und: er ist tatsächlich nicht mehr da. Das Christkind hat ihn also abgeholt und wird Thesis Wunsch erfüllen.
Am vierten Dezember, dem Barbaratag, geht die Mutti mit Thesi an der Hand hinaus in den Garten, um vom Kirschbaum einige Zweiglein abzuschneiden. Als sie dann wieder in der warmen Stube sind, und die Mutti die Zweige in einer blau schimmernden, schlanken Vase anordnet, erzählt sie ihrem kleinen Mädchen die Geschichte von der Heiligen Barbara, welche (da sie Christin war) von ihrem eigenen heidnischen Vater getötet worden sei. In der Nacht vor ihrem Tod habe sie in ihrer engen, finsteren Gefängniszelle sehr geweint. Da sei durch drei winzige Mauerritzen ein silberner Lichtstrahl in die Dunkelheit gesickert, und ein Kirschzweig, den sie sich mit in die Zelle genommen hatte und der vordem dürr und leblos schien, sei in voller Blüte gestanden. Da wusste Barbara, dass der Liebe Gott sie nicht vergessen hatte und sie in seinem Himmel erwarten würde. Siehst du. Thesi, beendet nun Mutti ihre Geschichte, so stellen wir auch heute noch, zum Andenken an Barbaras Geburtstag für den Himmel, Kirschzweiglein in eine Vase, und wenn sie bis zum Heiligen Abend blühen, bedeutet das Glück und Segen für uns. Thesi (trunken von dieser Himmelgeschichte) seufzt tief. Dann befühlt sie ehrfurchtsvoll die braunen, harten Kügelchen an den Zweigen, in denen die Blüten dem Weihnachtsfest entgegenträumen.
Am nächsten Tag, dem Nikolausabend, beginnt es wieder zu schneien. Am Nachmittag gehen die Eltern mit Thesi in den Wald, und das kleine Mädchen entdeckt zwischen zarten, verwehenden Huf- und Pfotenabdrücken immer wieder Spuren, die Sankt Nikolaus hinterlassen zu haben scheint: hier und dort ein Nüsslein, ein Mal sogar eine Mandarine … Thesi jauchzt und dreht sich im Kreis. So gelangen sie zum Hexenhäuschen an der großen Waldeslichtung. Es ist schon tief verschneit, nur der kleine Bach gluckst noch fröhlich und frei daran vorbei. Ob denn der Nikolaus auch zu der Hexe kommt, will Thesi wissen. Natürlich, sagt der Vati, aber er bringt natürlich auch eine Rute mit. Vielleicht aber ist die Hexe dann gar nicht zu Hause; sie ist ja stets fort, Thesi hat sie noch nie zu Gesicht bekommen. Mag sein, dass sie sich so gut versteckt, meint die Mutti. Oder, sie kann sich durchsichtig machen, sinnt Thesi, wozu ist sie denn schließlich eine Hexe. Nachdem Thesi neugierig rund um das

Häuschen gelaufen ist und bei jedem Fenster hinein geguckt hat, und nichts zu sehen ist, als das Dunkel der Stube, ist es Zeit für den Heimweg, denn Sankt Nikolaus darf man nicht warten lassen. Diesmal aber lässt der Nikolaus auf sich warten. Thesi ist schon so aufgeregt. Träge kriecht der Zeiger der Uhr über das Ziffernblatt. Ganz finster ist es jetzt draußen und immer wieder läuft Thesi von Fenster zu Fenster, drückt sich die Nase an den Scheiben platt und sieht doch nur den Schnee im Dunkeln schimmern, vom Nikolaus aber ist keine Spur. Vielleicht hat er sich im Wald verirrt, bangt Thesi und ihr Herz schlägt schnell und ängstlich gegen die Rippen. Der Nikolaus hat sich natürlich nicht verirrt. Plötzlich hört Thesi ein Pochen an der Türe, und im Nu hört sie Nüsse und Kohlen ins Vorzimmer prasseln. Der Nikolaus, der Nikolaus ist da, jubelt Thesi und will ihm eilends entgegenlaufen. Er aber ist schon wieder weg, zu eilig hat er's, da er ja noch so viele Mädchen und Buben beschenken muss. Die Enttäuschung über das rasche Entschwinden von Sankt Nikolaus währt allerdings nicht lange, denn schon hat sie zwei große, rote Papiersäcke entdeckt, die der Nikolaus zurückgelassen hat – einen für sie und einen für Ina. Voller Vorfreude trägt Thesi ihren Sack in die Küche und leert ihn auf dem großen Küchentisch aus; was da alles herauspurzelt: rotbackige Äpfel, duftende Mandarinen, jede Menge Erdnüsse, ein Säckchen mit Lebkuchen, ein Kipferlkrampus und eine kleine Schachtel mit Datteln – die einzige Gabe, über die sich Thesi nicht freut, doch es scheint eine fixe Idee vom Nikolaus zu sein, dass ihr Datteln munden müssten; auch letztes Jahr hat er sie damit beschenkt. Thesi aber weiß jemanden, der eine riesige Freude an Datteln hat: der Vati … und tatsächlich, er öffnet sofort die Schachtel und steckt genüsslich eine Dattel nach der anderen in den Mund. So hat also der Nikolaus auch den Vati beschenkt.

Jedes Öffnen eines weiteren Türchens am Adventkalender bringt nun Thesi dem ersehnten Glück (ihrem Hündchen) näher. So eifrig ist Thesi bestimmt noch nie beim Bravsein gewesen, das Christkind soll mit ihr ganz zufrieden sein. Die Wohnung duftet nach Zimt und Vanille, und in den Küchenkasterln stapeln sich bunte Dosen, randvoll mit den köstlichsten Keksen, die Mutti (mit Thesis Hilfe natürlich) gebacken hat. Auch hier ist Bravsein angesagt; Thesi stibitzt nur ganz selten ein Kipferl oder Keksеrl. Mehrmals am Tag befühlt Thesi nun die dicken, harten Bäuch-

lein der schlafenden Kirschblüten, und kurz vor Weihnachten beginnen sie, eins ums andere, aufzuplatzen, bis sie (gerade noch rechtzeitig) am dreiundzwanzigsten Dezember in voller Blüte stehen. Ina übt noch ein letztes Mal die Weihnachtlieder am Klavier, und als das Lied „Morgen Kinder wird's was geben" erklingt, stimmt Thesi lauthals ein und klatscht vor lauter Freude in die Hände. Abends, im Bett, blättert sie in ihrem Weihnachtsbilderbuch, das von den Abenteuern eines kleinen, frechen Sternenbübleins erzählt, das auf die Erde fällt und die wunderbarsten Abenteuer erlebt, bis es der Erzengel Gabriel wieder in den Himmel zurück bringt. Thesis Augenlider werden jetzt so schwer, dass sie von selber zufallen und Thesi mit dem Bilderbuch in der Hand einschläft.
„Ein Mal werden wir noch wach, heissa dann ist Weihnachtstag…" Thesi ist ganz früh aufgewacht und kann es kaum mehr erwarten, dass es Abend wird. Das Weihnachtszimmer ist schon zugesperrt und Thesi hört, wie's drinnen geheimnisvoll knistert und raschelt. Es ist verboten, vor der Bescherung ins Weihnachtszimmer zu gucken. Thesi ist aber schon so neugierig, stellt sich auf die Zehenspitzen und späht durch das Schlüsselloch hinein – und da sieht sie auch schon den Lichterbaum in seiner glitzernden Pracht stehen. Thesi erschrickt und läuft schnell davon. In der Küche hört sie Mutti mit dem Geschirr klappern und Thesi, die mit Bravsein wieder alles gut machen möchte, will helfen. Die Mutti aber schickt die kleine Tochter weg, sie stehe ihr ja doch nur im Wege und es sei noch so viel für den Heiligen Abend vorzubereiten. Ina wiederum dreht für den Christbaum Zuckerln in weißes Fransenpapier zu Zelterln und will auch von Thesi nichts wissen, weil sie dabei ungestört Musik hören will. Und Vati, wo ist der Vati, ist er denn ins Büro gegangen? Nein, nein, wo denkst du hin, brummelt Ina verächtlich, dann setzt sie ein breites (ein wenig herablassendes) Lächeln auf und meint, dass er wohl dem Christkind helfe. Dem Christkind? Thesi kann's kaum fassen, Vati ist also beim Christkind im Weihnachtszimmer! Wenn das so ist, kann sie ihn ja später befragen, wie das Christkind aussieht, ob es durch das geschlossene Fenster komme und wie es dem Christkind und dem Nikolaus möglich sei, alle Kinder an einem einzigen Abend zu beschenken. Thesi dreht sich auf den Fersen um, schiebt den Schemel zum warmen Ofen, der friedlich in der Ecke vor sich hin knistert und knackst und vertieft sich wieder in ihr Weihnachtsbilderbuch.

Mittags gibt es Braterdäpfel mit Butter, die mag Thesi ganz besonders gerne. Während des gesamten Essens möchte sie den Vati nach seinen Erlebnissen im Weihnachtszimmer befragen, doch er weicht ihren Fragen geschickt aus und wirft Mutti immer wieder einen viel sagenden Blick zu, Mutti ist dafür aber gar nicht empfänglich. Sie hat kaum etwas von dem Essen angerührt und klappert bald wieder hektisch mit dem Geschirr in der Abwasch. Nach dem Essen möchte Thesi mit ihren Legosteinen spielen, doch Mutti erlaubt solche „Unordnung" am Heiligen Abend nicht. Auch in den Hof darf Thesi nicht, denn sie würde danach nur Schmutz in Muttis sauber geputzte Wohnung tragen. Und zur Tante Kagi gehen, der lieben Nachbarin, die einen Stock höher wohnt, lässt die Mutti auch nicht zu, denn die wolle sicher auch ihre Ruhe haben. Thesi ist unglücklich. So sehr hat sie sich auf diesen Tag gefreut, doch jetzt sind alle unleidlich und haben keine Zeit für sie. Thesi holt sich den Pezibären aus dem Bett, rückt einen Sessel ans Fenster, klettert aufs Fensterbrett und guckt sehnsüchtig nach draußen. Es ist kein neuer Schnee gefallen, und die Bäume und Sträucher haben bereits ihre weißen Häubchen verloren. Eine Krähe wandert über die verschneite Wiese und sucht nach Nahrung, indem sie immer wieder mit ihrem dunklen Schnabel im Schnee stochert. Hin und wieder stößt sie ein müdes Kra-kra aus, wandert weiter. Thesi schließt die Augen und versucht, sich eine Geschichte auszudenken, doch das will nicht gelingen, sie ist viel zu aufgeregt. Bald, flüstert Thesi, bald bin ich nicht mehr alleine, wenn mein kleiner Hund erst bei mir ist, werde ich nie mehr alleine sein.
Langsam beginnt es dunkel zu werden. Thesi kauert noch immer am Fensterbrett, als Mutti die Türe öffnet. Ach, da bist du ja, sagt sie, ich hätte mir denken können, dass du wieder am Fenster sitzt und Löcher in die Luft starrst. Komm jetzt, wir müssen noch geschwind zum Friedhof fahren. Zum Friedhof fahren? Ei ja, das lässt sich Thesi nicht zwei Mal sagen. Sie muss ja nachsehen, ob schon wieder einige Gräber verschwunden sind. Außerdem erinnert sich Thesi noch gerne an den weihnachtlichen Friedhofbesuch im vergangenen Jahr, an den blinkenden Sternenhimmel und die ungezählten Lichter, im Nachtschwarz des Friedhofs in ihren roten Mäntelchen an den Gräbern tanzend. Hurtig rutscht Thesi vom Fensterbrett und läuft hinter Mutti nach, die schon das Festtagsgewand für die kleine Tochter vorbereitet hat: das dunkelrote Samtkleid-

chen mit dem großen, weißen Spitzenkragen, das unter der Brust in viele, viele Fältchen gelegt ist und sich beim Drehen fröhlich bauscht, dann, die feinen, weißen Strümpfe und, schließlich, die knöchelhohen Schuhe aus glänzendem, schwarzem Lackleder. Flink ist alles angezogen, und mit einigen Bürstenstrichen über das lange, honigblonde Haar, das Thesi heute ausnahmsweise offen tragen darf, zaubert Mutti aus ihrem kleinen Mädchen eine kleine Weihnachtsprinzessin. Auch Ina ist schon fertig angezogen. Thesi sieht, dass sie sich Wangen und Lippen rot bemalt hat und findet die große Schwester wunderschön. Im Auto ist es bitterkalt. Thesi klettert auf die Rückbank, und Ina setzt sich zu ihr, Thesi spürt die Zähne vor Kälte aufeinander schlagen und klatscht in die klammen Hände, um sie zu wärmen. Dann haucht sie an die Fensterscheiben und malt mit dem Zeigefinger Blätter und Blumen an das nun milchig weiß beschlagene Glas. So vergeht die Autofahrt zu dem nur wenige Kilometer entfernten Friedhof recht schnell.
Auch heuer ist der Himmel sternenklar und an den meisten Gräbern flackern bereits die Kerzen, dennoch ist's Thesi plötzlich, als schlage das Nachtschwarze des Friedhofs wie nasskalte Flügel über ihr zusammen. Und dann, die schreckliche Enttäuschung … alle Gräber sind noch da. Nicht weinen, tröstet Mutti, die Seelen feiern Weihnachten mit dem Lieben Gott und den Englein im Himmel. Thesi kann das ganz und gar nicht trösten, friert mit den Toten, die von allen verlassen, ja, selbst von ihrer Seele verlassen, in der kalten Erde ruhen. Thesi hat genug vom Friedhof, von dieser seltsamen Welt der Toten, von diesen Zweigeteilten, denen sie ja doch nicht helfen kann, und drängt nach Hause, ja, zieht Mutti gleichsam hinter sich her, um nur ja ganz schnell wieder in der ihr vertrauten Welt zu sein. Da nimmt Vati die kleine Tochter in den Arm. Nicht traurig sein, sagt auch er, und, als ob er Gedanken lesen könnte, die Gräber sind leer. Alle Toten sind im Himmel. Ganz, fragt Thesi, mit Körper und Seele? Ganz, antwortet der Vati bestimmt, mit Körper und Seele. Aber warum, will Thesi (nun völlig verwirrt) wissen, warum besuchen wird dann ihre Gräber? Wir besuchen ihre Gräber, weil wir Lebenden einen Ort für unsere Erinnerung brauchen, für unseren Schmerz und für unsere Trauer. Die Gräber sind also nicht für die Toten wichtig, sondern für uns Lebende, sagt der Vati und drückt Thesi ganz fest an sich. Die Gräber sind nicht für die Toten wichtig, wiederholt Thesi stau-

nend, sondern für uns Lebende … Ja, wenn das so ist, jubelt sie auf, dann ist ja alles gut, alle sind beim Lieben Gott, nicht nur die Urgroßeltern und Heini, sondern auch der Bussi-Opa, Wernher, Katrin und Onkel Gusti, alle, alle! Genauso ist es, bestätigt der Vati.
Mutti hat es jetzt schon sehr eilig, da ja die allerletzten Vorbereitungen noch zu treffen sind. So verfrachtet Vati alle ganz schnell ins Auto und flugs sind sie auch schon zu Hause. Auch Vati hat es sehr eilig, er muss ja noch die Großeltern und Bussi-Oma zur Bescherung holen. Nun ist Thesi aber wirklich schon ganz zappelig. Kannst du auch noch dein Gedicht, will die Mutti wissen, und Thesi muss, während die Mutti noch die letzten Brötchen streicht, Theodor Storms „Knecht Ruprecht“ aufsagen, den sie dann unter dem Christbaum vortragen soll. Das ist zu viel für Thesi, und sie bleibt immer wieder stecken. Endlich läutet es an der Türe, Vati ist mit den Großeltern und der Bussi-Oma zurückgekommen. Die Oma ist wirklich eine richtige Bussi-Oma und herzt und drückt ihre Enkelkinder. Die Großeltern sind anders, und Thesi weiß nicht so recht, ob sie das Herumgebussel überhaupt wollen. Der Großvater brummelt ein verlegenes Hmhm und hängt Hut und Mantel an die Garderobe, während die Großmütter eifrig miteinander zu plaudern beginnen. Thesi aber wuselt aufgeregt zwischen den Erwachsenen herum und wartet nur noch darauf, dass das Weihnachtsglöckchen erklingt. Immer wieder legt sie ihr Ohr lauschend an die Türe des Weihnachtszimmers, doch es ist lediglich ein geheimnisvolles Knistern, Knacksen und Rascheln zu hören. Plötzlich kommt die Mutti aus der Küche, legt den Zeigefinger an die Lippen und sagt, pst, Thesi, hast du das gehört …?- Thesi legt lauschend den Kopf in den Nacken und – jetzt hört es auch sie: ganz zart erklingt das Glöckchen vom Weihnachtszimmer her! Zuerst steht Thesi ganz starr vor Entzücken und Aufregung, doch dann (als der feine Glokkenton noch ein Mal ertönt)erwacht Thesi aus ihrer freudigen Erstarrung und läuft zum Weihnachtszimmer. Die Tür steht bloß einen Spalt weit offen, und Thesi wagt vorerst nur, mit einem Auge vorsichtig hinein ins Zimmer zu gucken – ach, welch ein Zauber, welch Weihnachtszauber tut sich da vor ihren Augen auf … umwogt von dem süßen Duft von Tannennadeln, Zuckerringerln und Schokolade, steht der riesige Weihnachtsbaum in der Mitte des Zimmers und erstrahlt in hellem Lichterglanz. Nun nimmt die Mutti ihre kleine Tochter an der Hand und geht

mit ihr ins Zimmer hinein. Eng an Muttis Beine geschmiegt, steht Thesi lange in staunendem Entzücken und erwacht erst dann wieder daraus, als Ina sich ans Klavier setzt und mit dem Lied „Stille Nacht, heilige Nacht“ ihr Weihnachtskonzert beginnt. Alle stimmen fröhlich in Inas Gesang ein, nur die Bussi-Oma singt nicht mit, und Thesi ist's, als schimmerten ihre Augen tränenfeucht. Da erschrickt Thesi, worüber mag die Oma wohl an einem so wunderbaren Abend traurig sein? Nun schweift Thesis Blick von der Oma wieder zum Christbaum hin … wohin hat das Christkind denn nur das Hündchen versteckt? Thesi spürt ihr Herz kräftig gegen die Rippen schlagen … herrliche Dinge sieht sie unter dem Baum – einen großen, braunen Teddybären, eine Wiege für Dorli, ihre Babypuppe, und so viele Bilderbücher, aber, nach dem Hündchen halten ihre Augen vergeblich Ausschau – hat denn das Christkind auf Thesis Herzenswunsch vergessen? Für einen kurzen Augenblick ist's ihr, als bebe ein kalter Schatten über ihrem Herzen, doch im selben Moment neigt sich Mutti zu ihr hinab und flüstert, Thesi, jetzt bist du dran, und schon schiebt sie die kleine Tochter vor den Lichterbaum und Thesi beginnt brav den „Knecht Ruprecht“ aufzusagen. Erstaunlicherweise (denn all ihre Gedanken sind ja bei dem Hündchen) gelingt der Vortrag; die Erwachsenen sind hellauf begeistert, und es gibt (natürlich) wieder viele Busserln. Thesi aber kann nun nichts mehr halten, und sie beginnt nach dem Hündchen zu suchen. Sie spürt ihre Wangen wie im Fieber glühen, kann es nicht mehr erwarten, das ersehnte Tierchen an sich zu drücken. Schließlich aber wächst die dumpfe Ahnung zur schmerzenden Gewissheit, das Christkind hat auf Thesis Herzenswunsch vergessen, vielleicht aber ist es auch böse, weil Thesi durch das Schlüsselloch ins Weihnachtszimmer geguckt hat, und hat das Hündchen wieder mit sich genommen. Wie benommen lässt Thesi sich neben dem großen Bären zu Boden gleiten, schließt die Augen und spürt die Tränen heiß über die Wangen brennen. Plötzlich ist die Mutti da und nimmt ihr kleines Mädchen in ihre weichen, duftenden Arme. Thesi sagt sie, sei nicht traurig, das Christkind weiß, dass kleine Hunde viel kaputt und schmutzig machen, deshalb hat es deinen Wunsch nicht erfüllen können. Thesi wird's kalt in den wärmenden Armen der Mutti; so steht es also um das Christkind – es hält zu den Erwachsenen und verrät ihnen auch noch die Geheimnisse der Kinder … Thesis Enttäuschung ist unermesslich. Wild schluchzend reißt sie sich aus Muttis Armen, läuft weg, läuft ins Schlafzimmer und wirft sich (am ganzen Körper bebend) auf ihr Bett, wo sie sich, den Pezibären im Arm, unter der großen Tuchent verkriecht. Lange, so lange weint Thesi in dem schützenden, warmen Dunkel. Immer wieder hört sie die Stimme eines Erwachsenen, die sie in die lichte Geselligkeit der Familie locken will, Thesi aber ist auf alle böse, vor allem aber ist sie auf das Christkind böse, ja, vor allem auf das Christkind … Wieder geht die Türe auf (neugierig späht Thesi mit einem Auge aus der Tuchent hervor), zuerst nur einen Spalt breit, dann ein bisschen weiter und weiter, und im matten Lichtschimmer, der nun aus dem Vorraum hereinfällt, sieht Thesi eine kleine Gestalt ins Zimmer huschen – es ist die Bussi-Oma. Schnell zieht sich Thesi den Tuchentzipfel wieder übers Gesicht, aber die alte Frau hat sie bereits entdeckt und – kriecht zu ihr unter die Decke! Thesi bebt, aber einen Herzschlag später schon spürt sie die wohlige Wärme, die von dem zarten Körper ausgeht und Thesi kuschelt sich an sie. Die Oma sagt nicht, sei nicht traurig, Thesi, die Oma sagt vorerst gar nichts, sondern ist einfach da, und Thesi fühlt sich in dieser Wortlosigkeit verstanden. Sie erinnert sich an den Tränenschimmer in Omas Augen. Ja, die Oma weiß, was Traurigsein bedeutet. Thesi kuschelt sich noch dichter an sie. So liegen sie geraume Zeit, bis die Oma mit einem Male mit gedämpfter Stimme zu sprechen beginnt. Ich weiß, du bist auf das Christkind böse, sagt sie in die Stille hinein, aber, glaub' mir, das Christkind trifft keine Schuld. Thesi will entrüstet widersprechen, doch die Oma legt ihr den Zeigefinger an die Lippen. Scht, Thesi, sagt sie, das Christkind trifft wirklich keine Schuld. Es hat mir aber kein Hündchen gebracht, obwohl ich es mir so gewünscht habe, trotzt Thesi. Die Oma streichelt der kleinen Enkeltochter zärtlich übers Haar. Ich weiß, ich weiß, sagt sie, aber horch mir ein bisschen zu, dann verrate ich dir ein wunderbares Geheimnis: damit das Christkind Herzenswünsche erfüllen kann, braucht es Menschen, die ihm dabei helfen, braucht es menschliche Herzen und menschliche Hände. Stimmt, unterbricht Thesi, der Vati hat ja heute auch dem Christkind im Weihnachtszimmer geholfen … Die Oma schweigt kurz. Du hast Recht, Thesi, sagt sie dann, er war beim Christkind im Weihnachtszimmer, oder, sagen wir besser, das Christkind war bei ihm im Weihnachtszimmer. Bei ihm, in seinem Herzen war es. Aber dort ist es ja immer. Nur können es die Menschen zu Weihnachten, an seinem Geburtstag, besser spüren, können es besser spüren, weil sie daran denken. Im Herzen wohnt das Christkind, staunt Thesi und macht kugelrunde Augen … Ja, im Herzen, wohnt es, meine Kleine, in deinem Herzen und in dem meinen. Auch in Muttis und Inas Herz, unterbricht Thesi aufgeregt, Auch in Muttis und Inas Herz, bestätigt die Oma. Und wie ist's mit Kagis Herz, ist's auch dort, will Thesi weiter wissen … Ja, auch in Kagis Herz wohnt es. Es wohnt in allen Menschen. Und Tieren, fragt Thesi. Und Tieren, verspricht die Oma. Thesi schweigt beinahe atemlos, dann beginnt sie zu verstehen und, als hätte die Oma die Gedanken der kleinen Enkeltochter erraten, sagt sie, siehst du, Thesi, wenn das Christkind den Menschen eine Freude bereiten will, dann braucht es Menschen, die ihm zuhorchen. Ganz feine Ohren braucht es, denn es hat auch eine ganz feine Stimme. So haben also Mutti und Vati nicht hingehorcht, stellt Thesi fest. Doch, mein Kleines, sie haben hingehorcht, aber sie haben nicht verstanden, wie wichtig dir dein Wunsch ist. Sie haben hingehorcht, denn sie haben dir ja Freude bereiten wollen mit dem großen, braunen Bären, der Puppenwiege und den vielen, vielen Bilderbüchern. Thesi ist jetzt ganz still und auch die Oma sagt kein Wort, nur ihr leiser, ruhiger Atem ist zu hören. Thesi stellt sich jetzt ihr eigenes Herz vor. Vorsichtig legt sie die Hand an jene Stelle, an der sie es vermutet. Ja, tatsächlich, hier ist es, in der Mitte ihrer Brust. Tok-tok-tok schlägt es in sanften Wellen an die Rippen, das Herz, ihr Herz. Ein wunderbarer Ort muss es sein, hell und strahlend, ein kleiner Kristallpalast. Und das Christkind muss auch ganz klein sein, sonst würde es ja nicht hineinpassen. Wie aber, durchfährt es Thesi plötzlich, wie aber kann das Christkind in ihrem Herzen und gleichzeitig in all den vielen anderen Herzen gleichzeitig sein … Ja, diese eine Frage, diese eine Frage muss ihr die Oma noch beantworten – die Oma aber drückt Thesi still an sich und sagt leise, ich weiß es nicht, ich weiß es nicht, meine Kleine, aber ich spüre, dass es so ist, das Christkind ist in allen Herzen gleichzeitig. Thesi wird wieder ruhig. Wenn die Oma spürt, dass es so ist, dann ist es auch so. Thesi legt jetzt ihr Ohr an Omas Herz, das mit kräftigem Tok-tok-tok ihre Worte bestätigt. Thesi denkt an den kleinen Kristallpalast, der unter Omas Brust erglänzt, denkt an den Kristallpalast, der in ihrem eigenen Herzen erglänzt, denkt an das Christkind, das darin wohnt. Spricht es jetzt nicht ganz leise, oder singt es gar, ja, es singt mit seiner silberhellen Stimme und Thesi schläft darüber glückselig ein, schläft ein in ihrem festlichen, dunkelroten Samtkleidchen mit dem großen, weißen Spitzenkragen, das unter der Brust in viele, viele Fältchen gelegt ist und sich beim Drehen fröhlich bauscht, schläft ein in den feinen, weißen Strümpfchen, und das lange, honigblonde Haar fällt gelöst über ihre Schultern.

9

Die Weihnachtszeit erlebt Thesi wie einen einzigen, wunderbaren, lichten Traum und sie fühlt sich gleichsam in eine Wolke der Geborgenheit gehüllt. Jeden Tag grüßt der Lichterbaum sie aufs Neue mit seinem freundlichen Dasein, seinem Duft und seiner glitzernden Schönheit. Papa geht nicht zur Arbeit und Ina muss nicht zur Schule. Die Bussi-Oma ist auch da und plötzlich haben alle ganz, ganz viel Zeit für sie, Thesi … die Eltern zum Spazierengehen, Rodeln und Schifahren, Ina zum Spielen (sie baut die schönsten Legohäuser der Welt) und Oma zum Geschichtenerzählen. Ja, vor allem die Geschichten der Bussi-Oma haben es ihr angetan. Die Bussi-Oma weiß viele Geschichten, denn sie ist schon sehr alt; darum hat sie auch (wie alle sehr alten Menschen) schneeweißes Haar. Bevor sie zu Bett geht, rollt sie es mit vielen, kleinen Metallröhrchen auf, damit es sich dann am nächsten Tag zu jenen ungezählten, fröhlichen Zuckerkringeln wellt, die Thesi so gerne mag und in die sie oft und oft einen ihrer Finger hineinsteckt. Früher ein Mal, hat Thesi von Mutti erfahren, früher ein Mal hatte Oma langes, dunkelblondes Haar gehabt, das sie im Nacken zu einem Knoten geschlungen trug. Dann, in den Zwanzigerjahren, sei der Bubikopf aufgekommen, und auch die Oma habe sich die Haare schneiden lassen, schließlich seien die kurzen Haare auch praktischer gewesen (letzteres kann Thesi nur allzu gut verstehen, wenn sie an das Zerren und Reißen beim Strählen ihres eigenen, langen Haares denkt). Ob nun langes oder kurzes Haar, die Bussi-Oma schaut einfach lieb aus. Wieder und wieder sucht Thesi hinter dem faltigen Omagesicht jenes junge, schöne Mädchen, das sie ein Mal gewesen sein soll und findet es schließlich in den klaren, hellgrauen Augen, in die es sich vor vielen, vielen Jahren zurückgezogen haben muss. Oma, schmeichelt jetzt Thesi, und klettert auf den Schoß der alten Frau, Oma, liebes Omalein, erzähl' mir von damals. Damals … die Oma lächelt still und drückt Thesi, die auf ihren Schoß geklettert ist, an sich. Ja, was soll ich dir denn erzählen, fragt sie. Von deiner Mama, erwidert Thesi, erzähl' mir von deiner Mama. Da nickt die Oma, Thesi legt den Kopf an ihr Herz und hört, wie die Oma mit ihrer warmen, guten Stimme zu sprechen beginnt. Weißt du, sagt sie, ich kann dir eigentlich nicht viel von ihr erzählen, denn, als sie gestorben ist, war ich selber erst acht Jahre alt. An ihre Hände kann ich mich aber noch sehr gut erinnern, weiß waren sie und zart, viel zu zart für all die schwere Arbeit, die sie tagein tagaus für uns verrichten hatte müssen, du weißt ja, wir waren fünf Kinder, oder nein, dann, später, waren wir nur mehr zu viert, der Heini, mein kleiner Bruder, ist ja unter dem Christbaum gestorben, die Christbäume sind zu dieser Zeit erst aufgekommen und es war zum ersten Mal, dass wir einen Christbaum hatten … die Oma hält kurz inne und sagt mehr zu sich selbst, denn zu Thesi, der Heilige Abend ist, obwohl er auch der Geburtstag von meinem Papa ist, oft sehr traurig für mich gewesen. Mein anderer Bruder, der Anton, ist ebenfalls am Heiligen Abend gestorben. Das war 1945, nach dem Großen Krieg. Wir hatten alle wenig zu essen und waren sehr geschwächt, vor allem der Anton. Er war ja immer schon dünn gewesen, der Anton, aber das Fieber, das Fieber hat das bisschen Leben, das noch in dem Anton war, endgültig ausgebrannt. Ach, er hat auch zu Lebzeiten viel Schlimmes erleben müssen, mein Bruder… Thesi spitzt die Ohren, die Anton-Geschichte ist ihr neu – aber schon erzählt die Oma. Der Anton war Kommunist – Kommunist, unterbricht Thesi, was ist das, ein Kommunist … die Oma denkt kurz nach, aber schon weiß sie eine Erklärung für dieses seltsame Wort … Kommunist, antwortet sie, Kommunist ist jemand, der sich dafür einsetzt, dass es allen Menschen gleich gut geht (Thesis Augen beginnen zu leuchten, Kommunist möchte sie auch gerne ein Mal werden), aber, setzt die Oma fort, der das Leuchten in Thesis Augen nicht entgangen ist, er würde dafür auch kämpfen. Kämpfen … die Freude in Thesis Augen verlischt, kämpfen bedeutet ja Krieg; aber dann geht es den Menschen ja erst recht schlecht, sagt Thesi. Ja, sagt die Oma, dann geht es den Menschen erst recht schlecht (nun will Thesi doch kein Kommunist mehr werden). Der Anton war also Kommunist, setzt die Oma fort, und weil das in jenen Tagen in unserem Land verboten war, musste er aus Österreich auswandern und ist nach Frankreich gezogen. Dort hat er seine Frau, Florence, kennen gelernt. Ein hübsches, anmutiges Mädchen soll sie gewesen sein, und der Anton hat sie sehr lieb gehabt. Die beiden haben geheiratet, und bald danach ist auch ein Kindlein unterwegs gewesen. Kurz nach seiner Geburt aber hat Florence Fieber bekommen, das Kindbettfieber bekommen, und ist daran gestorben. Das Kindlein, ein kleines Mädchen, ist kaum einen Tag später der Mutter nachgestorben. Thesi will natürlich wissen, wie das kleine Mädchen geheißen hat. Die Oma zuckt die Schultern, sie weiß es nicht. Ich denke, dass es noch gar keinen Namen hatte, sagt sie dann, es war ja noch so klein. Thesi ist verblüfft, ein Kind ohne Namen, das ist für sie unvorstellbar, doch, nach einer kleinen Schrecksekunde will Thesi die Anton-Geschichte natürlich zu Ende hören, und die Oma erzählt mit leiser und geheimnisvoller Stimme von der schönen Florence, die man (mit dem kleinen Kindlein im Arm) in ihrem Brautkleid und ohne Schuhe beerdigt hat. Ohne Schuhe, haucht Thesi beinahe atemlos, warum hat man sie denn ohne Schuhe beerdigt … (Thesi krallt unwillkürlich die Zehen an, da sie allein der Gedanke, barfuß in einem kalten Sarg liegen zu müssen, frösteln lässt) … tja, Thesi, erwidert die Oma, man sagt, dass Tote keine Ruhe finden und umhergehen, wenn man ihnen die Schuhe anlässt. Brrr, sagt Thesi und stellt sich die vielen Toten vor, denen man vergessen hat, die Schuhe auszuziehen, wie sie aus den Gräbern steigen und herumgeistern. Da streicht ihr aber schon die Oma zärtlich über die Wange, geh, du Tschapperl, beschwichtigt sie, das ist ja nur ein Märchen. Thesi ist zwar ganz und ´gar nicht beruhigt (denn man weiß ja nie, was im Reich der Toten, in dieser anderen Welt, alles möglich ist), dennoch siegt ihre Neugierde. Und der Anton, fragt sie daher weiter, der Anton, erwidert die Oma, der Anton ist zurück nach Österreich gegangen, denn Politik war ihm nicht mehr wichtig. Lachen habe ich ihn auch nie wieder gesehen, nie wieder. Das ist eine sehr traurige Geschichte, sagt Thesi. Oma nickt und ihre Schultern scheinen ein bisschen nach vorne zu sinken. Thesi gibt aber noch immer keine Ruhe. Gell, Omi, sagt sie, deine Mama hat dann bestimmt ganz viel um den Anton, die Florence und das kleine Mädchen weinen müssen. Die Oma zuckt bei Thesis Frage ein bisschen zusammen, und ihr Blick scheint aus ganz weiter Ferne zu kommen. Meine Mama, echot sie geistesabwesend … ja, deine Mama, wiederholt Thesi und guckt auffordernd in Omas helle Augen. Meine Mama, erwidert endlich die Oma, meine Mama war ja damals schon lange tot. Sie hat auch den Franzi nicht mehr sterben sehen. Der Franzi war mein jüngster Bruder, weißt du, Thesi, er war so ein lieber, fröhlicher Kerl. Alle haben ihn gerne gehabt, auch seine Zöglinge haben ihn gern gehabt, die jungen Soldaten, er war ja Erzieher in der Kadettenschule in unserem Dorf. Dann hat er rote Rosen auf den Wangen bekommen und ist immer schwächer geworden. Rote Rosen, staunt Thesi … na ja, eigentlich waren es rote Flecken, die wie aufblühende Rosen aussahen, erklärt die Oma. Und dann, fragt Thesi, ja dann, erzählt die Oma, ist der Franzi nach kurzer Zeit gestorben. Es war die galoppierende Schwindsucht, die ihn hinweggerafft hat. Viele Menschen sind damals an dieser bösartigen Krankheit gestorben, viele junge Menschen. Der Franzi war erst zweiundzwanzig … Thesi hat noch immer nicht genug von den Damals-Geschichten, aber sie traut sich nicht weiter zu fragen, denn die Oma hat plötzlich wieder diesen seltsam-abwesenden Blick und ist so still. Da fängt aber die Oma mit einem Male von sich aus zu sprechen an, und ihre großen, hellen Augen ruhen jetzt wieder freundlich auf der kleinen Enkeltochter. Thesi, sagt sie, da hab' ich so viel geplaudert, aber von meiner Mama, deiner Urgroßmutter, habe ich dir nichts erzählt, gell … Thesi nickt und freut sich, dass das Geschichtenerzählen nun weiter geht. Na ja, mein Kind, ich hab' dir ja gesagt, dass ich nicht viel von ihr weiß, aber von dem bisschen, das mir noch in Erinnerung geblieben ist, will ich dir gerne berichten. Thesi schlingt dankbar ihre Arme um den Nacken der Oma und küsst sie auf die Wange. Dann legt sie wieder ihren Kopf an Omas Schulter und lauscht ihren Worten. Meine Mama, war noch sehr jung, gerade erst neunzehn, als sie den Ferdinand, meinen Vater, geheiratet hat. Sie war, wie auch die Mutter von deinem Bussi-Opa, auf den schönen Namen Katharina getauft, alle haben sie aber einfach nur Kathi gerufen. Sie soll sehr hübsch und liebenswürdig gewesen sein, das hat mir der Vater oft und oft erzählt. Er hat sie sehr, sehr gerne gehabt und hat nach ihrem Tod auch nimmer geheiratet, selbst dann nicht, als wir (mutterlosen Kinder) ihn angebettelt haben, uns doch wieder eine Mama heim zu bringen. Weißt du, wenn ich die Augen schließe, dann sehe ich in meinem Herzen ein Bild von der Mama; ich habe keine Ahnung, ob sie wirklich so ausgesehen hat, aber aus den erinnernden Erzählungen des Vaters und aus meinen eigenen Erinnerungen ist es eben so entstanden. Wenn ich also das Bild in mir drinnen anschaue, dann sehe ich eine kleine, zarte Frau mit hellem Haar, das sie tagsüber zu einem strengen Knoten im Nacken frisiert trug, in der Nacht aber zu zwei Zöpfen geflochten hatte, die bis hinab zu ihren Hüften fielen. Manchmal habe ich das Haar meiner Mama bürsten dürfen, dann schwebte es wie eine lichte Wolke um ihr schmales Antlitz. Die Oma hält kurz inne und hat die Augen tatsächlich geschlossen. Thesi schließt nun auch die Augen und stellt sich vor, wie sie selber das flaumige Haar der Urgroßmutter bürstet und spürt, wie es dann weich und duftend über ihre Hände fließt. Plötzlich lacht die Oma. Warum lachst du, fragt Thesi erstaunt. Ich muss lachen, denn sie hatte eine ebenso fürwitzige Stupsnase wie deine Mutti; das weiß ich darum so genau, weil ich es damals so lustig fand, mit dem Zeigefinger hinzutippen. Jetzt muss Thesi schmunzeln – genau das macht ja auch sie so gerne mit der Nase der Mutti. Thesi betrachtet nun eingehend die Nase der Oma und findet sie recht komisch; klein und rund sitzt sie in dem lieben Omagesicht und erinnert Thesi an einen Erdapfel. Dann befühlt Thesi die eigene Nase. Nein, deine Nase sieht ganz anders aus, sagt die Oma. Vielleicht … wie ein Erdapfel, fragt Thesi ängstlich. Na ja, nicht ganz so, erwidert die Oma schmunzelnd, eher wie ein … Knopf. Wie ein Knopf, ruft Thesi entsetzt aus. Schon, schon, meint die Oma, noch immer schmunzelnd, aber ein sehr, sehr lieber Knopf. Thesi ist ein bisschen beruhigt. Die Oma wird wieder etwas ernster. Übrigens, Thesi, Augen hat sie wie du gehabt, groß und vergissmeinnichtblau, stellt die Oma fest. Wirklich, fragt Thesi und freut sich. Wirklich, bestätigt die Oma. Nun muss Thesi die Geschichte von Urgroßmutters Tod hören. Es geschah nach dem verheerenden Hochwasser im Frühling des Jahres 1899, erzählt die Oma, der wild gewordene Fluss hatte die Brücke weg gerissen, und wer ans andere Ufer wollte, musste durch das noch immer hüfthohe, schmutzige Wasser. So schürzte auch meine Mama ihren langen Rock, um den Fluss an einer nicht mehr so reißenden Stelle zu überqueren. Noch am selben Tag aber begann sie sich elend zu fühlen und musste sich zu Bett legen. Sie ist nicht mehr aufgestanden, und nach kaum einer Woche war sie tot. Eine Blutvergiftung hatte ihrem jungen Leben (sie war erst achtundzwanzig) ein Ende gesetzt, vier kleinen Kindern die Mutter geraubt und einem Mann die geliebte Frau. Die Oma hält inne. Sie hat jetzt Tränen in den

Augen und streicht Thesi mit bebender Hand übers Haar. Im selben Augenblick kommt die Mutti zur Tür herein. Thesi, tadelt sie, quälst du die Oma noch immer mit deinem Geschichtenhörenwollen, merkst du denn nicht, dass sie schon ganz müde ist. Thesi hat davon nichts gemerkt, aber sie ist jetzt froh über das Kommen der Mutti; mit ihrem jungen, frischen Gesicht und ihrer kräftigen Stimme bringt sie wieder Leben in die düstere Welt, die sich in Thesis Herzen aufgetan hat. Ja, für heute hat Thesi genug von den Damalsgeschichten, Thesi möchte wieder fröhlich sein und lachen. So gibt sie der Oma ein Busserl auf die Wange, haucht ein „Dankeschön" und rutscht von Omas Knien. Die Oma schaut jetzt wirklich müde aus. Wir lassen dich ein bisschen allein, damit du dich ausruhen kannst, sagt die Mutti zur Oma, nimmt Thesis Hand, und geht mit ihr aus dem Zimmer. Thesi dreht sich an der Türe noch ein Mal um; wie winzig doch die Oma in dem großen Fauteuil aussieht, den Kopf hat sie müde zur Seite gelegt, und ihre Lippen umspielt ein trauriges Lächeln. Thesi winkt der Oma zum Abschied zu, und die Oma winkt mit einer kraftlosen Handbewegung zurück. So, sagt die Mutti und zieht die Türe sachte zu, jetzt lassen wir die Oma ein bisschen schlafen und du, du darfst mit dem Vati zum Schifahren gehen. Da jauchzt Thesi hell auf, und im Nu ist sie auch schon fertig angezogen. Nur beim Zuschnüren der Schischuhe muss die Mutti mithelfen, denn mit diesem schrecklichen Bändergewirr kommt Thesi nie zurecht und Maschen binden kann sie auch noch nicht. Fesch bist, lobt der Vati, als er (fertig angezogen) zur Türe herein kommt. Du auch, gibt Thesi das Kompliment lachend zurück. Jetzt aber schnell hinaus aus der guten Stube, drängt die Mama, sonst fangt ihr noch zu schwitzen an, und draußen dann verkühlt ihr euch. Das braucht sie den beiden nicht zwei Mal zu sagen. Flugs sind sie aus dem Haus. Der Vati hat schon die Schier hinten auf dem Gepäcksträger montiert und seine schwarzen Haganschi gucken wie lustige Hasenohren über das kugelrunde Dach des VW-Käfers. Thesi streicht zärtlich über die schlanken Leiber ihrer kleinen Redmaster, dann, husch ins Auto, und die Fahrt geht los Wenngleich die Schipiste nur ein paar Kilometer von zu Hause entfernt ist, hat Thesi dennoch genug Zeit, um über die Damalsgeschichten nachzudenken, und plötzlich ist's ihr, als gäbe es in der Familie mehr Tote, als Lebende und (dieser Gedanke entsetzt und fasziniert sie zugleich) als übten diese Toten eine geheimnisvolle Macht über die Lebenden aus. Später, als Thesi neben dem Vati im Scherenschritt den in der Sonne glitzernden Schihang hinaufkeucht, sind die dunklen Gedanken beinahe vergessen, und dann, als sie im Schuss die Piste hinabbraust, kann Thesi endlich wieder frei atmen. Du fährst ja wie Toni Sailer, bewundert Vati die kleine Tochter, und die Quaste seiner bunten Schihaube wackelt bei jeder Bewegung. Das sieht so lustig aus! Thesi muss lachen, lachen, purzelt in den Schnee. Das ist ja ein prächtiger Schisalat, kommentiert der Vati fröhlich Thesis Sturz, dann hilft er ihr auf und klopft mit seinen großen Händen den Schnee von Thesis Anorak und Schihose. Los, sagt der Vati, nur ja keine Müdigkeit vorschützen. Du weißt ja, Thesi, nur Übung macht den Meister. Und schon geht's im Scherenschritt wieder den Hang hinauf. Es wird schon dunkel, als Thesi und Vati nach Hause kommen. Thesi ist völlig durchfroren und Mutti steckt die kleine Tochter gleich in die Badewanne. Danach gibt's dampfenden Zimttee (oder, wie Thesi ihn nennt, Glüh"wein"), und Thesi, in eine warme Decke gehüllt, schlürft genussvoll. In dieser Nacht schläft Thesi tief und traumleer.

10

Sammetpfotenschritte macht die Zeit hin zum Sylvestertag. Noch immer duftet die Wohnung nach Tannennadeln und Näschereien. Oft und oft stibitzt Thesi Zuckerkringeln und Patiencebäckerei vom Christbaum und hat keinen Appetit mehr, wenn das Mittagessen dampfend auf dem Tisch steht. Mutti, die normalerweise darauf drängt, dass gegessen wird, was auf dem Tisch kommt, schimpft zwar, lässt aber Thesi dann doch gewähren; es ist eben Weihnachtszeit und alle spüren die Liebe, welche das Christkind zu den Menschen hat. Noch immer wird Thesi nicht müde, die Weihnachtslieder zu singen, und Ina muss die kleine Schwester dabei auf dem Klavier begleiten. Die Nächte sind jetzt bitterkalt und klar, und wenn Thesi den Sterne funkelnden Himmel betrachtet weiß sie, dass irgendwo in dem Glitzermeer das Sternenbüblein wohnt und ihr fröhlich zuzwinkert. Die heiligen Nächte nennt Mutti diese Zeit. Man ahnt, sagt sie, dass mehr zwischen Erde und Himmel ist, als man denkt, und Thesi ahnt, dass mehr zwischen Erde und Himmel ist, als die Mutti denkt. Sammetpfotenschritte macht die Zeit, aber schließlich ist er da, der Sylvestertag. Thesi hat ihn mit besonderer Spannung erwartet, da sie in diesem Jahr zum ersten Mal aufbleiben darf und sich vorgenommen hat, den dicken Michi zu belauschen; Mutti hat ihr nämlich erzählt, dass in der Sylvesternacht die Tiere sprechen können. Noch aber ist es nicht so weit. Noch ist für die Eltern viel zu tun, ehe Thesi mit ihnen und Ina hinauf zu Kagi darf, bei der die Feier stattfinden soll. Mutti hat versprochen, verschiedene Brotaufstriche und eine Schüssel mit gebakkenen „Mäusen" mitzunehmen. Schon duftet die Küche nach heißem Fett und Thesi guckt sehnsüchtig zum Topf, in den die Mutti mit einem Suppenlöffel den Hefeteig einlegt und in dem schon einige dieser „Tiere" vor sich hin brutzeln. Nur allzu gerne hätte sie sich das Küchenstokkerl geholt und zugesehen, aber Mutti erlaubt es nicht, das Fett könne herausspritzen und Thesi verbrennen. Du darfst dafür dann die fertigen Mäuse mit Zucker bestreuen und zur Kagi bringen, vertröstet Mutti die kleine Tochter. Jetzt kommt auch der Vati in die Küche, denn er möchte Popcorn herstellen. Mutti buxiert ihn aber schnell wieder hinaus, so viele Leute in der Küche machen mich nervös, sagt sie, du musst eben warten, bis ich fertig bin. Mit Thesi im Schlepptau trollt sich der Vati aus der Küche. Möchtest du ein kleines Spielchen wagen, wendet er sich mit fragendem Blick an die Tochter. Und ob Thesi möchte! Flugs läuft sie zur Wohnzimmerkredenz und holt das Fang-den-Hut-Spiel heraus. Da gesellt sich auch Ina zu ihnen und hurtig vergeht die Zeit, bis sie wieder zur Mutti in die Küche dürfen. Das Popcornherstellen habe ich während der Kriegsgefangenschaft in Amerika gelernt, erzählt der Vati, während man im Topf die gelben Körner aufspringen hört. Thesi kann es kaum erwarten, bis das Popgeräusch aus ist, Vati den Deckel hochhebt und die aufgeplatzten Körner in einen riesigen Weiling schüttet, wo sie weiß und duftend und vor Thesis Zugriff ungeschützt ruhen. Oh Thesi, Thesi, hoffentlich wird dir nicht schlecht, stöhnt die Mutti, und die großen, stacheligen Lockenwickler auf ihrem Kopf wackeln. Thesi nennt sie Stachelmöpse und wundert sich stets aufs Neue, wie Mutti sie wieder aus ihrem Haar bekommt. Aber, wenn Mutti besonders hübsch sein möchte, rollt sie ihr Haar auf eben diese Stachelmöpse, und es hat sich niemals noch einer auf Dauer darin verkrochen. Die stachelmopsgeschmückte Mutti also zetert mit Thesi, dann mit Vati, denn sie meint, überall fettige Fingerabdrücke zu entdecken. Thesi und Vati bleibt nur mehr der resignierende Rückzug aus der Küche. Am späten Nachmittag, als die Küche geputzt ist, die Stachelmöpse aus Muttis Haar entfernt sind und ihr feines Haar sich in weichen Locken um ihr liebes Gesicht schmiegt, ist Mutti wieder heiter und gelöst und in friedlicher Eintracht geht's einen Stock höher zu Kagi. Alle Nachbarn sind gekommen, ausgenommen der alte Herr Professor, der zu müde ist. Die Wohnung ist mit bunten Lampions und Girlanden geschmückt, alle sind gut gelaunt, und manche sind sogar verkleidet. Kagi hat sich rote Herzchen auf die Wangen gemalt und selbst der dicke Michi hat ein winziges, stanitzelförmiges Hütchen auf dem Kopf. Er scheint darüber allerdings nicht sehr glücklich zu sein und versucht es immer wieder mit seinen Vorderpfoten abzustreifen. Das sieht überaus possierlich aus und Thesi muss darüber herzlich lachen. Schließlich gibt der dicke Michi auf und zieht sich auf einen weichen Polster in der Bettbankecke zurück. Neben ihm ist Thesis Platz für diesen Abend, für diese Nacht, für diese lange Nacht. Ja, Thesi wird diese Nacht lange. Viele Scherze der Erwachsenen kann sie nicht verstehen, und sie hat große Mühe, sich wach zu halten. Einzig und allein das Bleigießen belebt wieder ihre Sinne. Onkel Lois, Kagis Mann, stellt eine große Schüssel mit kaltem Wasser auf den Tisch und einer nach dem anderen beginnt, Blei, das in einem Löffel über einer Kerzenflamme flüssig gemacht wird, in das Wasser zu gießen – die dabei entstehenden Formen sollen Auskunft über die Zukunft geben … und, Thesi gießt … ein Kipferl, nein, einen kleinen Mond …! Thesi dreht und wendet ihn, legt ihn an ihre Wange, fühlt die Kühle des Metalls, umschließt ihn ganz mit ihren Händen, will ihn nicht loslassen, nicht loslassen will sie diesen Mond, diesen ihren kleinen Mond, schläft mit ihm ein. Der dicke Michi an ihrer Seite. Ja, Thesi ist eingeschlafen, mit gebackenen „Mäusen", Popcorn und Kuchen in ihrem Bäuchlein ist sie eingeschlafen. Aus dem Radio ertönen die Glockenschläge der Pummerin aus dem Stephansdom und die Melodie des Donauwalzers, Thesi hört sie nicht mehr, sie hört auch nicht mehr das fröhliche Klirren der Sektgläser und kann auch nicht mehr den dicken Michi belauschen. Irgendwann muss irgendjemand sie hinunter in ihr Bett getragen haben, denn dort erwacht sie, als die kalte Wintersonne die Schlafstube mit ihrem klaren Licht flutet. Unbemerkt von Thesi also ist der erste Tag des neuen Jahres angekommen. Thesi ist traurig. Am späten Vormittag entdeckt sie dann den dicken Michi, der zusammengerollt auf dem Sims des Gangfensters liegt und sie schläfrig aus seinen Bernsteinaugen anblickt. Nächstes Jahr, sagen diese Augen, nächstes Jahr werden wir einander viel zu erzählen haben. Thesi streichelt über sein weiches Fell und ist plötzlich gar nicht mehr traurig. Wo aber ist mein kleiner Mond, durchfährt es Thesi plötzlich, wo aber ist mein kleiner Mond …? –

11

Die Weihnachtszeit geht viel zu schnell vorbei, und nach dem Dreikönigstag muss Vati wieder zur Arbeit und Ina zur Schule. Auch der Christbaum muss Abschied nehmen. Im vergangenen Jahr hat Thesi nicht verstanden, warum das Christkind den Baum nicht so geheimnisvoll wie es ihn am Heiligen Abend gebracht hat, ebenso geheimnisvoll wieder zu sich in den Himmel holte, sondern es vielmehr zuließ, dass die Mutti ihm all seine Schmuckherrlichkeit abnahm, aus dem Fenster stieß und zum Mistkübel stellte, von wo ihn am nächsten Tag der Mistbauer abholte und auf die Müllhalde brachte. Auch den Bäumen der anderen Familien im Haus erging es nicht anders. Heuer weiß Thesi, dass das Christkind auf die Mutti angewiesen ist, aber Thesi mag betteln wie sie will, Mutti möge doch den Baum zurück in den Wald zu seinen Baumgeschwistern tragen, sie kann sie dazu einfach nicht überreden. Der Baum ist tot und spürt nichts mehr, ist Mutti überzeugt, es wäre vergebliche Mühe. Thesi weiß es allerdings besser, der Baum duftet ja, er lebt. Die Mutti aber bleibt dabei, und bald steht der Baum wieder gemeinsam mit seinen Leidensgenossen beim Mistkübel. Thesi streichelt ihn über und über, streichelt auch die anderen Bäumchen über und über. Am Abend, vor dem Schlafengehen, als sie aus dem Fenster guckt, grüßt der Baum noch ein Mal traurig zu ihr hinüber, und Thesi grüßt mit einer matten Handbewegung zurück. Am Morgen aber, am nächsten Morgen, ist er nicht mehr da. Keines der Bäumchen ist mehr da. Jetzt weint Thesi, jetzt stürzt sie endgültig aus ihrem Weihnachtshimmel. Die anderen aber können Thesis Kummer nicht verstehen. Mutti und Ina beginnen bereits am Nachmittag die Wohnung mit Faschingsgirlanden und Lampions zu schmücken, gönnen Thesi keine Trauerzeit, und Thesi fällt mitten in den schrillen Fasching hinein. Ja, Thesi kann sich an den schrillen Fasching nicht gewöhnen. Wird sie sich denn je an den schrillen Fasching gewöhnen können, hat er doch den Christbaum, die Stille, den Himmel aus der Wohnung vertrieben … Ist Weihnachten denn verloren, verloren, wie der kleine Mond … Thesi sitzt mit angezogenen Beinen am Fensterbrett und blickt hinaus in den tief verschneiten Garten. Dann schließt sie die Augen und denkt an ihr Herz, an den kleinen Kristallpalast, in dem das Christkind wohnt. In mir ist immer Weihnachten, pocht Thesis Herz, immer ist in mir Weihnachten. Da ist Thesi mit einem Male unendlich glücklich. Sie öffnet wieder ihre Augen, sieht den tief verschneiten Garten und denkt, jeden Tag ist Weihnachten und jauchzt, jeden Tag ist Weihnachten, jeden Tag ist Weihnachten …!

12

Die Tage werden langsam wieder heller, und die Sonnenstrahlen wärmer, kräftiger, nagen immer neue und größere Löcher in den Schnee, der nun nicht mehr weiß und duftig, sondern schmutzig und schwer ist. Es macht jetzt keinen Spaß mehr, den kleinen Hügel vor dem Haus hinabzurodeln, denn der Schnee klumpt an den Kufen des Schlittens, und Hose, Anorak und Schuhe sind stets nass. Thesi beginnt sich nach Wärme, Wiesengrün und Blumenbunt zu sehnen. Aber das dauert noch, wir haben ja erst Februar, seufzt Mutti, die den kalten, klebrigen Wasserschnee auch nicht mag. Die Februartage aber vergehen wie im Fluge. Da Thesis Eltern die einzigen im Hause sind, die einen Fernsehapparat besitzen, kommen jetzt oft die Nachbarn, um Schirennen anzusehen. Thesi freut sich über das gesellige Zusammensein und die mitgebrachten Näschereien. Sie freut sich auch darüber, ein Mal etwas anderes im Fernsehen anschauen zu dürfen, als das Kasperltheater am Mittwochnachmittag. Den Toni Sailer, diesen siegreichen Tiroler Schifahrer, den alle den „Schwarzen Blitz aus Kitz“ nennen, mag Thesi natürlich auch besonders gerne, und sie drückt ihm immer ganz fest die Daumen. Nach dem Schirennen gibt’s dann, als wären sie alle eben selbst die Piste hinabgesaust, heißen Tee.
Irgendwann in diesem Februar findet auch Inas erster Schulball statt.

Ina, deren kurze Locken vom Haarschneider zu einer kunstvollen Frisur angeordnet worden sind, hält am Nachmittag, um die komplizierten Lockenpracht nicht zu zerstören, im Sitzen ihren Schönheitsschlaf. Das findet Thesi sehr lustig, darf aber nicht lachen und darf auch nicht sprechen, ja, muss ganz leise sein, muss schier auf Zehenspitzen herumgehen, um die schlafende Schönheit nicht zu stören. Wie froh ist sie, als Vati sie nach dem Abendessen zu den Großeltern bringt. Es ist zum ersten Mal für Thesi, dass sie nicht zu Hause übernachtet, und sie ist daher sehr aufgeregt. Mutti hat eine kleine Reisetasche gepackt, Zahnbürste, Kamm, Unterwäsche, Nachthemd, frische Strümpfe und ein sauberes Kleidchen für den nächsten Tag, und Thesi packt noch ihre Notwendigkeiten dazu … den Pezibären, die Blonde, ihre kleinen Bauernhoftiere und das Heinzelmännchenbilderbuch. Vati lacht, du bleibst doch nur eine Nacht, meine Thesi, morgen Vormittag hole ich dich ja schon wieder ab. Aber Thesi lässt sich nicht beirren. Was sie braucht, braucht sie eben. So, und jetzt die Tasche zugezippt und Lebewohl gesagt, der Mutti und Butzi, dem Wellensittich (Ina schläft natürlich immer noch). Das tut jetzt schon ein bisschen weh, aber nur ein bisschen weh tut das.
Die Großeltern warten schon vor dem großen Tor, und der Vati geht auch gar nicht mehr mit hinein in die Stube, er muss sich schließlich auch noch fesch machen für Inas Ball. Nun ist Thesi alleine mit Großmutter und Großvater. Der kleine Großvater nimmt Thesis Tasche, und die Großmutter, die ihren Mann um mindestens eine Haupteslänge überragt, nimmt Thesi an der Hand. Das tut Thesi sehr wohl, denn der Hof, den sie nun überqueren müssen, ist groß und angefüllt mit dunkler Nachtschwärze. Großmutters Hand tut wirklich wohl. Da, jetzt schimmert schon der weiße Kies im schwachen Lichtschein auf, der aus der kleinen Wohnstube hinaus in den Hof fällt. Der Großvater drückt mit dem Ellenbogen an die braun lackierte Holztüre, die auch gleich leise knarrend aufgeht, und erleichtert spaziert Thesis an Großmutters Hand in die wohlig warme Stube hinein. Es ist eine ärmliche, winzige Wohnung, in der die Großeltern zu Hause sind: eine Wohnküche mit einem schmalen Fensterchen hinaus in den Hof, davor, Großvaters ausladender Schreibtisch, in der Mitte des Raumes, ein riesiger, rechteckiger Esstisch, darum gruppiert, vier wuchtige, weiß lackierte Holzsessel, an der Wand dahinter, eine Ottomane mit einem weinroten Stoffüberwurf, darüber, ein

großer Wandteppich mit einer darauf gestickten lieblichen Blumenlandschaft. Eine gleichfalls weiß lackierte Kredenz seitlich, und das Waschbankerl und ein heimelig knisternder Herd an der gegenüberliegenden Wand vervollständigen die bescheidene Ausstattung der Küche. Gleich neben der Eingangstüre befindet sich eine kleine Türe, durch die man ins Kabinett gelangt, in dem das wuchtige Ehebett der Großeltern steht, davor eine Ottomane sowie, seitlich davon an den Wänden, je ein riesiger Wäschekasten und, vor einem Fenster, das in den Hof guckt, ein kleines Tischchen mit zwei Holzstühlen davor. In der Zimmerecke neben der Tür aber steht Großvaters ganzer Stolz, ein hoher Kasten mit verglasten Türen, der voll gestopft mit Büchern ist. Die Möbel im Kabinett sind in dunklem Braun gehalten, und Thesi hat ständig das Gefühl, zu frieren, mag der kleine Eisenofen in der Ecke sich auch noch so abmühen, den kleinen Raum zu erwärmen. Thesi schnuppert genüsslich, denn es riecht angenehm muffig, ein wenig wie in Muttis Keller. Das komme von den feuchten Wänden, hat Vati ihr ein Mal auf ihre Frage hin erklärt, die ganze Wohnung sei feucht. Ja, es ist eine ärmliche, winzige Wohnung, in der Vatis Eltern zu Hause sind. Sie sind nicht so arm, wie's dir scheinen mag, meine Thesi, hat Vati ein anderes Mal der kleinen Tochter beruhigt. Ja, sie sind tatsächlich nicht so arm, wie's scheint, echote daraufhin die Mutti, aber der Großvater ist einfach stur. Stur, fragte Thesi mit großen Augen und verstand gar nichts. Ja, stur, wiederholte die Mutti mit Nachdruck. Stimmt gar nicht, konterte der Vati, mein Vater hat nur einen stark ausgeprägten Gerechtigkeitssinn, und kann es nicht ertragen, besser als arme Leute zu wohnen. Aha, dachte Thesi, so steht also die Sache, und es kam ihr der Anton in den Sinn, der Anton, der dafür hatte kämpfen wollen, dass es allen Menschen gleich gut geht. Ach ja, der Anton, sagte der Vati, der Anton war Kommunist. Und Großvater, fragte Thesi ängstlich, ist der Großvater auch Kommunist? Nein, erwiderte der Vati, er denkt ähnlich wie der Anton, doch er ist kein Kommunist, sondern Sozialist. Sozialist, wiederholt Thesi, und erinnert sich daran, was Mutti über den Bussi-Opa erzählt hat. Ja, der Bussi-Opa war auch Sozialist, bestätigt Vati. Der Großvater würde nie kämpfen, gell, Vati, fragte Thesi noch ein Mal nach. Der Großvater und kämpfen, lachte Vati auf, der kann doch keiner Fliege etwas zu Leide tun! Nun war Thesi ganz beruhigt. So stand also die Sache. So steht also die Sache. Die Großeltern wohnen in dieser ärmlichen, winzigen Wohnung, weil es der Großvater nicht ertragen kann, besser als arme Leute zu wohnen. Und Thesi, kann sie es ertragen? Thesi, kann sie es ertragen, besser als arme Leute zu wohnen …? Na, du mein Mädchen, wo bist du denn mit deinen Gedanken, fragt die Großmutter in Thesis Grübeleigespinst hinein. Thesi weiß nicht, was sie antworten soll, aber die Großmutter erwartet sich auch gar keine Antwort. Du hast schon zu Abend gegessen, Thesi, hat dein Vati mir erzählt. Hast du auch wirklich keinen Hunger, fragt die Großmutter. Thesi schüttelt den Kopf. Sie hat wirklich keinen Hunger. Und, fragt die Großmutter weiter, was ist mit Näschereien? Ich war am Nachmittag bei Frau Krasal und habe dir Schokokeksis und Blockmalzzuckerln gekauft, die hast du doch so gerne, stimmt's? Stimmt! Thesi mag Süßigkeiten, vor allem aber die Schokokeksis und Blockmalzzuckerln von der Frau Krasal mag sie. Frau Krasal ist die Hausfrau und besitzt im selben Haus, straßenseitig, einen Greißlerladen. Die Großmutter aber braucht nur über den Hof zu gehen und ein paar Stiegen hinauf, und schon ist sie an der Schokokeksi –und Blockmalzquelle. Ja, Frau Krasal hat die besten Schokokeksis und Blockmalzzuckerln! Großmutter bringt nun einen großen Teller mit all den Leckereien und Thesi langt kräftig zu. Heute geht's ohne Zähneputzen nicht, gell, meint die Großmutter, nachdem beinahe alle Süßigkeiten vom Teller in Thesis Bauch hinein verschwunden sind. Nein, heute geht's ohne Zähneputzen wirklich nicht. Thesi sieht, wie die Großmutter einen großen Topf mit Wasser wärmt, damit Thesi sich damit nachher waschen und Zähneputzen kann. Zu Hause dreht man einfach an zwei Wasserhähnen so lange, bis das Wasser angenehm warm in die Waschmuschel rinnt. Sehr bequem hat's die Großmutter nicht, denkt Thesi. Die Großmutter aber scheint Thesis Gedanken zu erraten. Sehr bequem ist das nicht, stimmt's, sagt sie, aber weißt du, Thesi, mir macht das gar nichts, ich bin's nicht anders gewöhnt. Jedenfalls ist das Leben viel bequemer als früher, da wir das Wasser noch in den schweren Kübeln vom Dorfbrunnen holen mussten. Ah, ja, jetzt fällt Thesi wieder ein, was ihr die Mutti ein Mal am Waschtag von der Großmutter erzählt hat. Die Waschtage am Fluss, seufzt die Oma, ja, die waren sehr schwer für mich, da hat deine Mutti Recht. Aber diese Zeiten sind lange vorbei, lange, lange vorbei, und mir geht es gut, glaub' mir Thesi, es geht mir so gut, wie noch nie in meinem ganzen Leben zuvor. Thesi will ihr glauben.

Thesi will der Großmutter glauben.
In dieser Nacht schläft Thesi zum ersten Mal alleine in einem Zimmer, denn die Großmutter findet, dass es im Kabinett zu kalt sei und richtet der kleinen Enkeltochter daher die Ottomane in der Küche zum Schlafen her. Unter die Ottomane aber stellt sie den großen Nachttopf, damit Thesi, wenn sie aufs Klo muss, nicht über den nachtschwarzen Hof laufen muss. Niemals möchte Thesi über den nachtschwarzen Hof zum Klo laufen, auch nicht an der Hand der Großmutter. Das Klo befindet sich irgendwo in den dunklen Schuppen, die sich an der gegenüberliegenden Hofmauer befinden. Noch nie hat Thesi sich in die Nähe der dunklen Schuppen gewagt, noch nie. Sie sehen grimmig aus und gefährlich, sehr gefährlich. Thesi ist daher glücklich über den großen Nachttopf, der unter der Ottomane steht. So ist also eine Gefahr gebannt, aber, als das Herdfeuer verlischt und die Stimmen der Großeltern im Kabinett verstummen, und nur hin und wieder die Bettstatt unter dem Gewicht der beiden ächzt, ist es ganz still um Thesi, ganz still. Thesi meint, Schritte im Kies zu hören, dann, ein Knarren der Schuppentüren, dann wieder, Schritte im Kies, und, vielleicht, auch Stimmen, ganz leise Stimmen, all das eingegossen in diese schwarze, unheimliche Stille. Thesi steckt schutzsuchend den Kopf unter den großen Kopfpolster und zieht auch noch die Tuchent darüber. So, jetzt hört sie keine Stille mehr. Ausgesperrt ist diese schwarze, unheimliche Stille, in die Schritte, Knarren und Stimmen eingegossen sind, und schließlich schläft Thesi ein. Als sie frühmorgens wieder ihre Nase aus der Tuchent steckt, klappert die Großmutter bereits mit dem Frühstücksgeschirr, und auf dem Herd köchelt schon das Grießkoch. Na, Thesi, hast du gut geschlafen, will die Großmutter wissen, als sie die aufgewachte Enkeltochter entdeckt. Ja, Thesi hat gut geschlafen, Thesi hat herrlich geschlafen. Aber jetzt hält sie nichts mehr im Bett. Der Großvater ist auch schon auf und sitzt an seinem Schreibtisch. Der Großvater ist schon lange auf, sagt die Großmutter, er war bereits im Wald und jetzt sitzt er und schreibt an seinen Geschichten. Der Großvater nickt freundlich zu Thesi hinüber und wünscht ihr einen guten Morgen, dann wendet er sich wieder seiner Schreibarbeit zu, und Thesi betrachtet seine großen, schwieligen Hände (so ein kleiner Großvater und so große Hände, staunt Thesi), wie sie über die blanke Seite gleiten und mit dem Tintenblei flink kleinwinzige Buchstaben aneinan-

derreihen. Dann betrachtet sie sein Profil, die hohe Stirn unter dem dichten, grauen Haar, die buschigen, dunklen Augenbrauen, die große Hakennase, die hoch gezwirbelten Schnurrbartspitzen. Thesis Betrachtung wird von Großmutter unterbrochen, die das dampfende Grießkoch bringt. Genüsslich schaufelt Thesi (nachdem sie sich ganz viel Zuckerkakao darüber gestreut hat) den süßen Brei in sich hinein. Der Großvater hat schon gegessen, weißt du, erläutert die Großmutter auf Thesis Rückfrage hin, noch bevor er in den Wald gegangen ist, hat er gegessen, noch bevor ich aufgestanden bin. Er braucht ja nicht viel, eine Scheibe Vollkornbrot, ein kleines Doserl Sardinen und dazu noch ein Häferl Kräutertee, das genügt ihm. Und die Großmutter? Die Großmutter braucht auch nicht viel. Alte Leute haben nicht so viel Hunger, meint sie, setzt sich dann aber zu Thesi und löffelt aus einem kleinen, rotweiß getüpfelten Blechhäferl Milchkaffee mit viel Haut und eingebröckelten Semmeln. Thesi findet das ekelig, aber der Großmutter schmeckt es, Hauptsache, der Großmutter schmeckt es. Nach dem Frühstück rutscht Thesi von ihrem Sessel und klettert auf Großvaters Schoß. Jetzt will sie endlich wissen, welche Geschichten der Großvater schreibt. Hausgeschichten, antwortet der Großvater, und blickt Thesi freundlich durch seine Hornbrille hindurch an. Blaue Augen hat der Großvater, große, blaue Augen. Große, blaue Augen, die gewiss schon viel gesehen haben. Darum weiß der Großvater auch viel zu erzählen. Aber, was meint er nun mit Hausgeschichten? – Unser Dorf hat viele Häuser, erklärt er daher der kleinen Enkeltochter, und jedes Haus hat seine Geschichte, und ich, ich schreib sie auf, damit sie nicht vergessen wird. Thesi findet das sehr interessant. Euer Haus, Großvater, hat auch euer Haus eine Geschichte, fragt Thesi neugierig. Der Großvater nickt, natürlich habe das Haus eine Geschichte, es habe sogar viele Geschichten, aber die eine Geschichte, die sich vor gar nicht allzu langer Zeit zugetragen habe, die wolle er ihr nun erzählen. Thesi freut sich, schlingt ihre Arme um Großvaters Hals und gibt ihm ein Busserl. Hm, hm, brummelt der Großvater und ist recht verlegen, aber dann beginnt er mit seiner Geschichte: ein Mal, erzählt er, ein Mal war dieses Haus, in dem wir jetzt wohnen, ein Bauernhof. Lange, lange Zeit war es ein Bauernhof gewesen. Dort, wo jetzt die Greißlerei ist und die Wohnung unserer Hausfrau, dort lebten einst die Bauersleute. Da aber, wo wir wohnen, waren einmal Pferde untergebracht und Kühe und in den Schuppen Schweine, Hasen und Hühner - und Ziegen, unterbricht Thesi fragend – der Opa denkt nach, dann ist er sich sicher, ja, Thesi, bestätigt er, auch Ziegen gab's. Vielleicht auch Schafe. Einen großen Schäferhund hatten sie jedenfalls, den kannte ich noch, er hieß Rolf und hatte seine Hütte im Hof, dort, wo man heute noch nach draußen in den Garten gelangt. Der Garten aber, Thesi, in dem ich meine Kräuter anpflanzen darf und ein bisschen Gemüse, der Garten, war damals ein großer Acker, auf dem die Bauern Erdäpfel und Getreide anbauten. Thesi ist begeistert von den Schilderungen des Großvaters. Es ist wunderbar, sich gackernde Hühner vorzustellen und Hasen, Schweine, Ziegen, Schafe, Pferde und Rolf, den großen Schäferhund. Plötzlich muss Thesi an die nächtliche Stille denken, an diese unheimliche Stille, in die das Knarren der Schuppentüren, die Schritte im Kies und leise Stimmen eingegossen sind, und sie sehnt sich nach dem Damals, dem fröhlichen Leben auf dem Bauernhof. So fröhlich ist das Leben auf einem Bauernhof gar nicht, dämpft der Großvater Thesis bunte Vorstellungen, vielmehr war's Mühsal und Beschwer. Ich weiß, wovon ich rede, bin ja selber ein Bauernbub gewesen und hab' von klein auf mithelfen müssen. Aber das ist wieder eine andere Geschichte, davon erzähle ich dir ein anderes Mal. Heute noch, will Thesi wissen, ja, vielleicht heute noch, brummelt der Großvater. Thesis Backen beginnen vor Begeisterung schier zu glühen, und sie drängt den Großvater, weiter zu erzählen. Wo denn die Bauersleute, all die Tiere und der große Acker, auf dem Erdäpfel und Getreide gediehen und der jetzt, abgesehen von Großvaters Kräuter –und Gemüsebeeten, brach liege, denn hingekommen seien, will sie wissen. Es war der Krieg, der große, bittere Krieg, der allem ein Ende bereitet hat, antwortet der Großvater. Thesi schaudert. Krieg. Wieder beißt sich dieses Wort in ihr Herz. Sie stellt sich vor, wie Soldaten eines fernen Landes in den Bauernhof stürmen, die Tiere aus den Ställen treiben und töten. Die Tiere töten? Nein, diesen Gedanken will sie nicht zulassen, will sich nicht mehr vorstellen, als einen Hof mit verzweifelt herumlaufenden Tieren und mit Gewehren wild herum fuchtelnden Soldaten. Mehr kann sie sich nicht vorstellen. Mehr hätte sie sich auch gar nicht vorstellen müssen. Denn, so erzählt der Großvater weiter, der Krieg, von dem ich spreche, spülte keine fremden Soldaten ins Land, so wie der große Krieg, der danach kam, der Krieg, von dem ich spreche, wurde in anderen Ländern ausgetragen, wenngleich diese Länder damals zu dem unseren gehörten. Der einzige Feind im eigenen Land war damals der Hunger, Thesi, und er war, glaube mir, ein schrecklicher Feind. Es gab Zeiten, da musste man mit einem halben Laib Brot in der Woche auskommen. - So sind die Tiere also an Hunger gestorben, folgert Thesi. Der Großvater sieht Thesi nachdenklich an, dann spürt er, welche Worte die kleine Enkeltochter braucht. Er rückt seine Hornbrille auf der großen Nase zurecht und fährt schließlich fort, ich denke, Thesi, dass sie an … Altersschwäche gestorben sind. Aber, lass mich erzählen, wie alles gekommen ist. Weißt du, ich kann mich noch sehr gut an die Bauersleute in guten Tagen erinnern, der Bauer, groß und stämmig, mit schwarzem, dichtem Haar, das sich wie ein glänzender Helm um sein kantiges Gesicht legte, die hoch fliegenden Backenknochen stets wie von frischem Wind gerötet, seine Frau, zart und klein, mit freundlichen, wasserblauen Augen unter hellen Brauen und mit rotblondem Kraushaar, das sich keck unter dem Kopftuch hervorkringelte. Sie war aus Mähren zugezogen, das damals noch zu Österreich gehörte, und verdiente sich, bis zu ihrer Heirat, den Lebensunterhalt in der nahen Weberei. Als sie zu ihm zog, war sein Vater schon lange tot, nur seine alte Mutter lebte noch auf dem Hof. Lange Jahre hatten sie sich ein Kind gewünscht und kriegten doch keines, kriegten doch keines, so lange die alte Frau lebte, die ja nichts mehr ersehnte, als einen Erben. Dann starb sie, und ein Jahr später kam der Simon zur Welt. Er sollte das einzige Kind bleiben: zu einem feschen Burschen wuchs er heran, groß und stattlich wie der Vater mit dem rotblonden Kraushaar und den wasserblauen Augen der Mutter. Er war eine Herzensfreude für seine Eltern. Aber der Krieg, dieser große, bittere Krieg, warf seine kalte Todeswelle über das kleine Menschenglück, riss den Jungen von ihnen, so wie er damals tausende Jungen von ihren Eltern riss. Kaum siebzehnjährig spülte ihn die Todeswelle an die Front, dorthin, wo Mann gegen Mann kämpfte, kaum siebzehnjährig spülte ihn die Todeswelle des Krieges in die Fluten des Isonzo. Gestorben ist er in dieser unsinnigen Menschenschlachterei, gestorben für die Lüge, die menschenalte Lüge. Josef, unterbricht nun die Großmutter (die schon lange einen Stuhl herangerückt hat und neben Thesi sitzt) den Wortfluss ihres Mannes, Josef, ich glaube, das Mädel kennt sich nicht mehr aus. Du musst schon erklären, dass der Isonzo ein Fluss in Norditalien ist und was du unter der menschenalten Lüge verstehst. Hmhm, brummelt der Großvater und rückt wieder mit seinen großen Händen die Brille auf der Nase zurecht, die menschenalte Lüge ist die Feindlüge, mit der die Mächtigen dieser Welt die Wehrlosen in den Krieg hetzen, um das Vaterland zu verteidigen, und doch geht's ihnen immer nur um eines, noch mehr Reichtum anzuhäufen, viel mehr Reichtum, als sie je selber verbrauchen können. Für diese grässliche Lüge also ist der Simon gestorben, der Simon, der die Herzensfreude seiner Eltern war, ist für diese grässliche Lüge gestorben. Seine Eltern aber, seine Eltern haben seinen Tod nicht verkraften können, nie haben sie seinen Tod verkraften können. Es machte ihnen keine Freude mehr, den Hof zu bewirtschaften. Nach und nach starben die Tiere an Altersschwäche, und die Bauersleute kauften keine neuen mehr zu, den Acker wollten sie nicht mehr bebauen und alles begann zu verfallen. Nur mehr selten sah man die beiden und dann, gar nicht mehr. Irgendwann, irgendwann fand man sie tot in ihren Betten, verhungert fand man sie in ihren Betten, sie, die man ein Mal die Brotbauern genannt hatte, weil sie immer mit den Armen des Dorfes geteilt hatten und nie, niemals jemanden haben hungrig weggehen lassen, ausgerechnet sie fand man verhungert in ihren Betten. Sie hatten nicht mehr die Kraft gehabt, aufzustehen. So hatte dieser große, bittere Krieg, diese Todeswelle, diese grässliche Lüge, auch sie getötet. Nach ihrem Tod wurde das Haus an eine ganz entfernte Verwandte übergeben. – An Frau Krasal, rät Thesi, stimmt, bestätigt der Großvater, an Frau Krasal. Ihr Mann war ein sehr wohlhabender Geschäftsmann in Wien gewesen. Nach seinem frühen Tod verwendete sie all ihre Habe, um dieses Haus so herzurichten, wie es heute ist. Thesi ist sehr ergriffen von dieser Hausgeschichte. Es ist still in der Stube, und Thesi schaut sich in ihrem Herzen noch ein Mal all die Bilder an, die der Großvater mit seiner Erzählung hervorgezaubert hat. Dann ist sie wieder beim großen, bitteren Krieg, will wissen, ob auch der Großvater dort gewesen ist. Ja, auch der Großvater ist dort gewesen, aber nicht an der Front, dort, wo Mann gegen Mann kämpft, nicht an der Front, sonst wäre auch er gestorben. Gestorben wie Simon und all die anderen, ungezählten, ungezählten Männer und Burschen, die nun in fremder Erde ruhen, unter Schneelawinen, am Flussgrund. – Und die Frauen und Mädchen, Großvater, sind sie nicht in den Krieg gehetzt worden, will Thesi wissen. Die Mädchen und Frauen sind nicht in den Krieg gehetzt worden, erwidert der Großvater, Krieg ist Männersache, immer schon ist Krieg Männersache gewesen. Und unsere Sache ist das Kinderkriegen, gell, Josef, mischt sich die Großmutter ein, Kinder kriegen, damit sie losziehen und für ihr Land sterben, nein, für die Mächtigen sterben, die nicht genug bekommen können, und weinen dürfen wir, weinen, weinen. Hmhm, brummelt der Großvater, so ist es, so ist es leider. Aber, warum Großvater, sag mir, warum seid ihr hingegangen in diesen Krieg, in diesen bitteren Krieg, du, der Simon und all die anderen, will Thesi wissen. Der Großvater ist sehr nachdenklich geworden und nimmt die Brille von der Nase. Wir sind nicht gefragt worden, Thesi, ob wir wollen, sagt er dann, wir sind einfach nicht gefragt worden. Die Mächtigen nennen das Wehrpflicht. Die Mächtigen nennen das Wehrpflicht, wenn sie die Wehrlosen mit der Feindlüge in den Krieg zwingen, wenn sie die Wehrlosen in den Krieg zwingen, für sie zu kämpfen. Zieht in den Krieg, drohen sie, andernfalls werdet ihr erschossen. Sind das viele, die Mächtigen, fragt Thesi ängstlich. Hmhm, brummelt der Großvater, eigentlich sind es nicht viele, die Wehrlosen sind in der Überzahl. Thesi ist nun beinahe atemlos. Aber, wie ist es dann möglich, Großvater, Großvater, sag' mir, wie es möglich ist, dass die Wenigen über die Vielen bestimmen …? – Der Großvater lehnt sich zurück und schließt die Augen. Ja, wie ist es möglich, murmelt er. Dann öffnet er wieder die Augen und sieht die kleine Enkeltochter mit seinem klaren, blauen Augen an. Vielleicht, sagt er, vielleicht wollen die Leute die große Lüge glauben, vielleicht wollen die Menschen betrogen sein, ja, ich glaube, die Menschen wollen betrogen sein … In diesem Augenblick klopft es draußen an der Türe, und gleich darauf steht der Vati in der Stube. Er öffnet weit seine Arme und Thesi lässt sich von ihm umarmen und herzen und umarmt und herzt ihn ihrerseits so, als hätte sie ihn schon seit Jahren nicht mehr gesehen. Na, hast du auch schon gepackt, will der Vati nach diesem Freudentaumel wissen. Thesi hat natürlich noch nicht gepackt, denn sie will ja noch gar nicht nach Hause fahren, der Opa muss ihr ja noch von seiner Bauernbubenzeit erzählen. Du bist unersättlich, kommentiert der Vati, aber wir können nicht länger bleiben. Du weißt ja, um zwölf Uhr steht das Mittagessen auf dem Tisch, und wer zu spät kommt, mit dem schimpft die Mutti. Aber die Bauernbubengeschichte erzählt dir der Großvater ganz gewiss ein anderes Mal. Thesi wirft einen forschenden Blick auf den Großvater – und der nickt, ja, er nickt ihr zu und brummelt, ganz gewiss, ganz gewiss, Thesi, erzähl' ich dir die Bauernbubengeschichte ein anderes Mal. Plötzlich stutzt er und bedeutet ihr mit dem Zeigefinger, zu ihm zu kommen. Als Thesi neugierig vor ihm steht, beugt er sich zu ihr hinab und flüstert ihr etwas ins Ohr. Dann streichelt er über ihren Scheitel und sagt, merk' dir das, Thesi, merke dir, was ich dir eben gesagt habe. In der Zwischenzeit hat Großmutter Thesis Tasche gepackt. Obenauf sitzen der Pezibär und die Blonde, und die bunten Zipferln von Zuckerln und Keksrollen gucken auch hervor. Nachdem sie sich von den Großeltern verabschiedet haben, und Thesi an Vatis Hand über den knirschenden Kies geht, will Vati wissen, was der Großvater denn erzählt habe. Von der Brotbauern hat er erzählt, antwortet Thesi, von den Brotbauern und ihrem Sohn, dem Simon, der in dem großen, bitteren Krieg gestorben ist. Aha, sagt der Vati, von den Brotbauern hat er dir erzählt. Ja, meine Thesi, das waren wirklich gute Menschen. Aber Kommunisten waren sie nicht, oder, unterbricht Thesi ängstlich. Du mit deinen Kommunisten, Thesi, stöhnt der Vati, hör' doch damit auf, die Menschen immer in irgendwelche Schubladen einzuordnen, so entsteht das Feinddenken, so wird die Feindlüge möglich und bringt so viel Leid über die Welt. Was einzig und allein zählt ist, dass man gut zu den Menschen ist und sie glücklich macht, und nicht, wo man dazugehört. Zurück, zu den Brotbauern, wenn du's genau wissen willst, fromme Leute waren es. Aber das verschweigt der Großvater gerne, weil er Menschen, die in die Kirche gehen nicht besonders mag. Thesi erbebt, mag uns der Großvater auch nicht besonders, Vati, fragt sie erschrocken, wir gehen ja auch zur Kirche. Er mag uns sogar sehr, Thesi, erwidert der Vati, aber es wäre ihm gewiss lieber, wir gingen nicht hin. Weißt du, mein Kind, er findet, dass, manche Menschen, die zur Kirche gehen, zu sehr zu den Reichen, den Gierigen und Mächtigen halten und zu wenig zu den Armen. Und, stimmt das, forscht Thesi. Na ja, erwidert der Vati zögernd, sicher stimmt das auch, vor allem früher, als der Großvater noch ein junger Mann war, hat das sogar sehr gestimmt, aber man darf dabei doch nicht jene vergessen, die auf Seiten der Armen standen und stehen. Sie sind nur leiser, so wie die Brotbauern. Also, gute Menschen gibt es überall, und mit den bösen verhält es sich ebenso. Wichtig ist es, selber Gutes zu tun, ob man nun schwarz, weiß, getüpfelt oder ich weiß nicht was ist.

Auf ein Mal fällt Thesi ein, was ihr der Großvater ins Ohr geflüstert hat, sie muss es nun unbedingt dem Vati mitteilen. Du, Vati, der Großvater hat mir ein Sprüchlein gesagt. Ah, erwidert der Vati neugierig, ich lausche. „Viel Glück bringt und Segen: Streu' Rosen der Nächstenliebe ins irdische Getriebe“, rezitiert Thesi. Der Vati hält im Gehen inne und schaut sie still und freundlich an. Genau das ist es, worauf es ankommt im Leben, meine Tochter, spricht er dann, genau darauf kommt es an. Vergiss Großvaters Worte nie, vergiss sie niemals.

13

Der Winter ist alt geworden in diesen Tagen. Zwar lauert er noch frühmorgens kalt und schwer über dem Garten, doch er muss abdanken, das ist gewiss. Schon lächelt die frühlingsjunge Sonne sein frostiges Verharrenwollen weg und den Vögeln will nach dem langen Winterschweigen die Brust schier bersten. Das zunächst scheue Zizipe-zizipe und Twiethtwieth einzelner gefiederter Sänger im Geäst der Bäume schwillt von Tag zu Tag an, schwillt alsbald zu jenem Jubelkonzert an, das die schönste Musik in Thesis Ohren ist. Weit wird ihr dabei ums Herz, ganz weit, frühlingsweit. Auch die ersten Blumen beginnen mutig ihre Köpfchen aus der wintermüden Wiese zu schieben, die Schneeglöckchen zuerst, dann, die Primeln und Maasliebchen. Nur noch selten findet sich ein schattenverlorenes Schneefleckchen im Garten. Ja, alt ist der Winter geworden in diesen Tagen, und er muss abdanken, das ist gewiss. Thesi spürt es in ihrem frühlingsweiten Herzen.

Auf dem Wohnzimmertisch entdeckt Thesi eine große, leere Vase. Sie wartet auf die Palmkätzchen, die wir heute in der Kirche weihen lassen werden, sagt die Mutti. Ach ja, die Palmkätzchen … Thesi erinnert sich, dass sie vor ein paar Tagen mit den Eltern hinab zum Fluss spaziert ist, erinnert sich an den Weidenbaum, der mit dunklem Fuß am kalten Ufer gestanden war. Nur widerwillig hatte er sich die Äste mit den silbergrauen Kätzchen daran brechen lassen, wand sie in Vatis Händen hin und her und musste schließlich doch nachgeben. Thesi hatte der Weidenbaum sehr Leid getan, aber Vati meinte dazu nur, geh, du Tschapperl. Jetzt also sollen die Kätzchen der Weide geweiht werden. Dies ist so wichtig, dass selbst Mutti mit in die Kirche geht. Sie bindet die Zweige mit einem roten Bändchen zusammen und legt sie Thesi in den Arm. Behutsam musst du sein, sagt die Mutti, denn die Kätzchen fallen leicht ab. Natürlich ist Thesi behutsam, das ist sie dem Weidenbaum schuldig. Sie trägt die Zweige wie eine Puppe in ihrem Arm und streichelt hin und wieder zärtlich über die pelzigen Kerlchen. Ob man sie auch abbusserln kann? Man kann sie auch abbusserln; sammetweich fühlen sie sich auf den Lippen an und duften leicht süßlich.

Auf dem baumüberschatteten Platz am Ende der Allee, die hinauf zur Kirche führt, hat man einen Altar errichtet, der von Ministranten umsäumt ist. Viele Menschen sind gekommen, viel mehr Menschen, als an anderen Sonntagen, und Vati hebt Thesi auf seine Schultern, da sie (berechtigte) Angst hat, der Pfarrer könnte sie in dem Beingewirr der großen Leute übersehen und Ihre Kätzchen nicht weihen. Nun kommt der Pfarrer auch schon näher und senkt immer wieder eine große, an einem Stiel befindliche goldene Kugel in eine ebenso goldene, mit Weihwasser gefüllte Schale, um danach mit der weihwassernassen Kugel die hoch gehaltenen Palmzweige zu besprengen. Thesi ist sehr, sehr aufgeregt und streckt die Kätzchen ganz weit dem Pfarrer entgegen. Und dann ist es so weit; der Pfarrer hebt die Kugel, und schon spritzt das Weihwasser auf die Zweiglein, aber, nicht nur auf die Zweiglein, auch auf Thesi und den Vati. Das ist lustig! Thesi wischt sich die Tropfen vom Gesicht. Sie muss an den Weidenbaum denken. Er wäre sicherlich glücklich, wenn er wüsste, dass seine Kätzchen nun geweiht sind. Sie wird es ihm erzählen. Das nächste Mal, wenn sie mit den Eltern wieder hinab zum Fluss spaziert, wird sie es ihm erzählen.

Abends dann, als es schon ganz dunkel ist, steht Thesi mit dem Vati beim geöffneten Fenster und guckt entzückt zum sterneglitzernden Himmel empor. Inmitten all dieser Sterneglitzerpracht hängt, gleich einem goldgelben Lampion, der Mond. Noch sieht er ein bisschen mager aus, der gute Mond, meint Vati, aber er wird jetzt rasch dicker werden und, wenn er dann kugelrund ist, Thesi, dann feiern wir bald Ostern. Ostern, wiederholt Thesi andächtig, und es ist ihr, als bringe dieses Wort ein feines Glöckchen in ihrem Herzen zum Singen. Sie schiebt ihre kleine Hand in Vatis große Hand und steht ganz still, ganz still steht sie und schaut immerzu gen Himmel und lauscht immerzu dem feinen Glöckchen in ihrem Herzen. Aber, singt das Glöckchen denn wirklich nur in ihrem Herzen, singt es nicht auch vom Himmel herab … Ja, es singt auch vom Himmel herab. Horch, Vati, flüstert Thesi und ist vor Entzücken beinahe atemlos, horch, die Sterne singen, sie singen wie feine Glöckchen. Ja, flüstert der Vati, die Sterne singen tatsächlich, ich höre es auch. Er nimmt Thesi hoch und wiegt sie in seinen Armen. Thesi spürt, wie sie müde wird, unendlich müde wird. Da legt der Vati sie ins Bett und deckt sie warm zu. Den Vorhang aber lässt er offen, weit offen, und die Sterne glitzern und singen Thesi in den Schlaf.

Die Mutti scheint von der Glockenhelle dieser Tage nicht viel zu spüren, denn Großputz ist angesagt, damit am Ostersonntag alles hübsch und ordentlich ist; Fenster putzen muss sie und Vorhänge waschen, Teppiche klopfen und Böden schrubben, Möbel abstauben und Betten überziehen und vieles, vieles mehr. Für die kleine Tochter bleibt da kaum Zeit, und Thesi flüchtet in Inas kleine Kuschelecke und, wenn's auch dort ungemütlich wird, weil die Mutti mit Besen und Staubtuch erscheint, zu Kagi. Da der eigene Sohn schon erwachsen ist und längst nicht mehr zu Hause wohnt, freut sich Kagi immer sehr über Thesis Besuche, die Abwechslung in ihr Leben bringen. Thesi spürt, Kagi mag Kinder über alles, über alles mag Kagi Kinder. Natürlich hat auch sie vor Ostern viel zu tun, aber sie nimmt es gelassener als Mutti, die nervös wird, wenn die kleine Tochter sie stets umkreist und mit ungezählten Fragen löchert. Kagi freut sich, wenn Thesi bei der Arbeit mithilft und findet gar nicht, dass Thesi nur im Wege steht. Thesi darf nun Salat waschen und Erdäpfel schälen und es macht der Kagi gar nichts aus, wenn die Küchenkasterln mit Wasser bespritzt sind. Auch nähen darf Thesi, hat ein eigenes kleines Stofffleckerl, auf dem sei eifrig herumstichelt, Faden und Nadel holt sie sich natürlich aus der großen, hölzernen Nähschachtel, die man etagenweise aufkappen kann und in der die wunderbarsten Schätze nur darauf warten, geborgen zu werden ... Nähgarn und Stopfwolle in allen nur erdenklichen Farben, Zwirn in verschiedenen Stärken, ein winziges, rosarotes, gehäkeltes Pölsterchen, aus dem die bunten Glasknöpfe der Stecknadeln gucken und die schmalen Ohren der Nähnadeln, dann, die Stopfliesl mit dem lustigen Gesicht, mit der Thesi schon ganz, ganz lange Wollschnüre hergestellt hat, schließlich, ein Holzschwammerl zum Stopfen, ein paar Fingerhüte in verschiedenen Größen und viele, viele

Knöpfe. Die Knopflade mag Thesi am allerliebsten. Es ist ein Genuss, darin zu wühlen, dann wieder, die Knöpfe einzeln zu befühlen, zu beschnuppern und (gegebenenfalls, wenn Kagi sehr in ihre Näherei vertieft ist) zu schmecken. Manchmal leert Thesi einfach alle Knöpfe aus, dann liegen sie in ihrer Farbenpracht und Formenvielfalt vor ihr, kleine Knöpfe, große Knöpfe, vierlöchrig oder zweilöchrig oder, mit unter dem Hütchen verborgenen Löchern, Stoffknöpfe, Glasknöpfe, Hornknöpfe und Holzknöpfe … lustige Gesellen sind diese Knöpfe, man kann sie hüpfen und kreiseln lassen, stapeln, sortieren und zu Figuren legen. Über dem Knöpfespiel vergisst Thesi gar oft ihr Nähfleckerl, und sie taucht aus ihrem Knöpfeglück erst wieder auf, wenn Kagi sie bittet, den Zwirn einzufädeln. Kagi sieht ja schon schlecht und ist sehr froh, wenn Thesi flugs mit dem Zwirn durch das Nadelöhr findet. Kagi näht mit kurzem Faden, Thesi mit langem, sehr langem, denn sie findet es recht mühsam, am Fadenende einen Knoten zu knüpfen, der nicht durch das Gewebe rutscht. Langes Fädchen, faules Mädchen, reimt Kagi. Glaubst, Kagi, dass der Osterhase deswegen böse sein wird, fragt Thesi. Kagi muss schmunzeln. Kaum, sagt sie, aber du wirst böse sein, wenn der Faden zu schlingen beginnt. Das Fadenschlingen aber wartet Thesi erst gar nicht ab, findet, dass sie genug genäht hat und reicht Kagi das Stoffffleckerl zum Vernähen. Vielleicht ist die Mutti auch schon mit dem Putzen fertig. Kann schon sein, meint Kagi, schau' halt ein Mal nach, andernfalls kommst eben wieder. Ja, andernfalls komm' ich eben wieder, gell, vergewissert sich Thesi, busserlt die Kagi ab und ist auch schon bei der Tür draußen. Die Mutti ist tatsächlich schon mit dem Putzen fertig und freut sich, dass die kleine Tochter wieder da ist. Mmh, schnuppert Thesi, ich rieche Kakao. Du riechst recht, sagt die Mutti, guter, süßer Kakao wartet auf dich.

Thesi ahnt, dass nun auch die Mutti die feinen Glöckchen zu hören beginnt. Man ist jetzt auch angewiesen auf die feinen Glöckchen, denn es muss in diesen Tagen ganz still sein, kein Radio darf gespielt werden, man darf auch nicht Klavier spielen, singen oder pfeifen. Nur die Vöglein draußen im Garten und der Butzi in seinem Käfig (und darüber ist Thesi sehr froh) halten sich nicht an die verordnete Stille. Selbst die großen Kirchenglocken sind nicht zu hören. Sie sind nach Rom geflogen, erklärt Ina der kleinen Schwester, am Gründonnerstag fliegen sie immer zum großen Kirchenglockentreffen nach Rom. Sind dort alle Glocken der Welt, will Thesi wissen. Ja, alle Glocken der Welt sind dort, nickt Ina bestätigend. Ui, dort muss es aber laut sein, gell, meint Thesi. Aber Ina weiß es besser, gar nicht laut ist es in Rom, denn, aus Trauer darüber, dass der liebe Herr Jesus gestorben ist, läuten auch die Glocken in Rom nicht, sagt sie. Jetzt will Thesi natürlich wissen, ob Ina die Glocken hat wegfliegen sehen. Ina schaut spitzbübisch drein, nein sie habe die Glokken nicht wegfliegen sehen, es geschähe ja mitten in der Nacht, wenn alle schlafen. Und, wenn sie zurückkommen, Ina, werden wir sie dann sehen, fragt Thesi. Nein, auch dann nicht, denke ich, erwidert Ina, denn es wird wieder so sein, dass sie mitten in der Nacht fliegen. Ich werde aufbleiben und aufpassen, sagt Thesi. Dann wirst du aber zu müde sein, um am Ostersonntag die Osternestchen zu suchen, behauptet Ina. Nein, werd' ich nicht, kontert Thesi. Wart ab, sagt Ina. Die Glocken sind also in Rom, und stattdessen kommen frühmorgens, mittags und abends die Ratschenbuben zum Haus und fordern mit ihren Ratschen laut rasselnd zum Gebet auf, wir ratschen, wir ratschen zum Engel des Herrn, singen sie morgens, wir ratschen, wir ratschen zum Gebet des Herrn, singen sie mittags und abends singen sie, wir ratschen, wir ratschen zum Englischen Gruß, den jeder Christgläubige beten muss, fallts's nieder, fallt's nieder auf eure Knie, betet's drei Vaterunser und ein Ave Marie … Thesi findet das sehr aufregend und lugt neugierig hinter dem Vorhang hervor, um die ratschenden und singenden Buben zu beobachten. Am Karsamstag mittags kommen die Ratschenbuben dann zum letzen Mal, wir ratschen aus, Kirchental, Himmelssaal, jetzt geh'n wir zum letzten Mal, ertönt es, dann sammeln sie ihren Lohn, Süßigkeiten, die Mutti für sie in einem Körbchen vorbereitet hat. Nachmittags geht Thesi mit dem Vati zum Heiligen Grab. Es ist sehr dunkel in der Kirche, kein Glitzern und kein Leuchten, jeder Zierrat weggeräumt, der Tabernakel weit geöffnet und leer. Neben dem Altar steht ein Glassarg, in dem eine menschengroße Jesuspuppe auf weißen Spitzentüchern liegt. Thesi erinnert sich an das Christkindpüppchen in der Krippe, das sie zu Weihnachten in der kerzenhellen Kirche hatte bestaunen dürfen. Das Christkind und der liebe Herr Jesus sind ein und dieselbe Person, sagt der Vati, der liebe Herr Jesus ist das erwachsen gewordene Christkind. Aber Vati, ruft Thesi, die gar nichts mehr versteht, entsetzt aus, er ist doch tot, und das Christkind

lebt … oder, hat die Oma doch nicht Recht gehabt … und Thesi erzählt dem Vati von dem kleinen Kristallpalast in ihrem Herzen.
So ist es, Thesi, sagt Vati, als sie ihre Erzählung beendet, die Menschen haben den lieben Herrn Jesus zwar getötet, weil er sich für die Armen und Wehrlosen eingesetzt hat, wider die Mächtigen, Gierigen und Kriegshetzer gesprochen hat , aber er ist nicht wirklich gestorben, der Vater im Himmel hat ihn wieder zum Leben erweckt, und jetzt lebt er in unser aller Herzen fort. Wenn wir ein Mal sterben, dann ist er es, der unsere Herzenstür mitten in den Himmel hinein öffnet. Wir sterben also nicht wirklich, sondern werden, wie er, ewig beim himmlischen Vater leben. Das feiern wir zu Ostern, liebe Thesi, Ostern ist das Fest des Lebens. Was Vati erzählt, ist wunderbar, nur eines versteht Thesi noch nicht, wie denn der große Herr Jesus in den kleinen Kristallpalast hineinpassen kann. Er kann sich eben ganz klein machen, Thesi, antwortet der Vati, ganz klein kann sich der liebe Herr Jesus machen. Vatis Worte klingen noch lange in Thesis Herzen nach, auch noch abends, als sie in ihrem Bett liegt, und der Mond honiggelb zu ihr in die Stube guckt, klingen Vatis Worte noch in ihrem Herzen nach. Sie denkt an Katrin, Wernher, Opa und Onkel Gusti und daran, dass sie im Himmel weiterleben. Thesi ist so glücklich und vergisst ganz auf die Glocken, die in der Nacht aus Rom zurückfliegen und wieder im Kirchturm einziehen werden. Thesi schläft ein. Als sie frühmorgens wieder erwacht, ist die Stube in das helle Licht der Sonne getaucht, und draußen im Garten jubilieren die Vögel dem neuen Tag entgegen. Thesi reibt sich den Schlaf aus den Augen, strampelt fröhlich die Tuchent ab, hüpft aus dem Bett und läuft zum Fenster. Mmh, wie köstlich dieser Morgen duftet, nach feuchten Gräsern und Blumen duftet er, nach Leben, nach Leben …! Ah, wie strahlend dieser Morgen ist … Lumen Christi, singt der Pfarrer, später, in der Kirche. Licht Christi. Ja, auch die Kirche ist wieder hell, alles glitzert und leuchtet, der Glassarg mit der Jesuspuppe ist nicht mehr da, und der liebe Herr Jesus lächelt, wie immer, aus seinem Bilderrahmen freundlich zu Thesi hinab. Auch die Glocken läuten wieder. Ach, wie die Glocken läuten, verbinden sich mit dem zarten Klingen in Thesis Herzen. Es ist Ostern, jubelt Thesis Herz, es ist Ostern.
Zu Hause, auf dem Wohnzimmertisch, steht die große Vase; das Warten hat sich gelohnt, aus ihrem dicken, hellroten Bauch gucken jetzt die Palm-

kätzchen, über und über mit bunten, ausgeblasenen Eiern geschmückt. Das muss ich auch der Weide erzählen, ruft Thesi entzückt, sie wird sich freuen! Gewiss wird sie sich freuen, meint lächelnd die Mutti, in ein paar Tagen werden wir hinunter zum Fluss spazieren und ihr alles berichten. Aber jetzt, meine Kleine, ist es an der Zeit, die Osternestchen zu suchen. Der Osterhase war gewiss schon da und hat sie versteckt. Hast du ihn gesehen, Mutti, will Thesi gleich wissen. Die Mutti hat ihn nicht gesehen. Er hat es ja sehr eilig und läuft so schnell, dass man ihn nicht sieht. Die Mutti hat recht vermutet, der Osterhase war schon da. Thesi findet zwei Nestchen mit bunten Eiern, Geleeringerln und Schokolade, draußen im Garten beim Nussbaum eines, bei den Ribiselsträuchern ein anderes. Aber auch in der Wohnung ist der Osterhase gewesen und hat ein paar bunte Eier versteckt. Thesi rätselt natürlich, wie der Osterhase das alles in der Früh schafft. Doch Ina weiß es. Viele Hasen sind es, klärt sie Thesi auf, viele, ganz gewöhnliche Hasen, die zu Ostern eben Eier verstecken. Welch eine Neuigkeit! Aber, will Thesi misstrauisch wissen, wie können die denn bei der Türe herein? Ganz einfach, sagt Ina, Mutti lässt für sie die Türe offen. Aha, sagt Thesi, und kann die Neuigkeit kaum fassen. Eines aber nimmt sich Thesi vor, wenn sie im nächsten Jahr vielleicht auch den nächtlichen Flug der Glocken versäumen sollte, die Hasen werden ihr ganz bestimmt nicht entgehen, sie wird sich frühmorgens einfach auf die Lauer legen, um sie zu beobachten.

Der Ostersonntag beschert der Mutti viel Arbeit, denn mittags kommen die Großeltern und die Bussi-Oma zum Essen. Umso erholsamer ist dafür dann der Ostermontag. Ein Ausflug in Großvaters Heimatort ist geplant, und Mutti braucht nicht zu kochen, da man mittags in einem Wirtshaus einkehren will. Nachdem Vati gleich nach dem Frühstück weggefahren ist, um die Großeltern abzuholen, gibt es zwischen Mutti und Thesi Streit. Thesi hat nämlich ihr Lieblingskleid aus dem Kasten geholt, ein zartblaues, ärmelloses Perlonkleid mit ungezählten weißen Pünktchen. Über Brust –und Rückenteil, laufen seitlich entzückende Rüschen, und um die gefältelte Taille schmiegt sich ein breites Band, das am Rücken zu einer großen Masche gebunden wird. Und weiße Söckchen will Thesi auch anziehen, sie hat genug von den dicken, kratzenden Wollstrumpfhosen. Endgültig hat sie genug davon. Die Sonne scheint zwar, Thesi, sagt die Mutti, aber die Luft ist noch falsch, und du wirst dich verkühlen. Werd' ich mich nicht, widerspricht Thesi. Wirst dich doch, kontert die Mutti, und hängt das Kleid wieder zurück in den Kasten. Da beginnt Thesi zu weinen und zu stampfen und zu drohen, dass sie nicht mitfahren werde. Dann bleibst du eben zu Hause, sagt die Mutti ungerührt. Als der Vati zurückkommt, findet er eine wütende Mutti vor und eine kleine Tochter, die auf dem Bett liegt und dem Pezibären den Pelz nass weint. So kalt ist es nicht, sagt er, nachdem er Muttis Klage angehört hat, so kalt ist es nicht, ziehst ihr eben ein Westerl an. Ein Westerl, ein Westerl, erwidert schnippisch die Mutti, du musst ja nicht an ihrem Bett sitzen, wenn sie krank ist. Glaub mir, sie wird sich nicht verkühlen, erwidert Vati, frieren wird sie allerdings ein bisschen, im Schatten, denke ich, wird sie ein bisschen frieren, Schönheit muss eben leiden. Thesi hat sich indessen aufgerichtet und hofft, dass die Sache zu ihren Gunsten ausgehen wird. Mit Weinen und Aufbegehren ist da gar nichts zu machen, das spürt sie jetzt – schmeicheln ist das Gebot der Stunde, überhaupt jetzt, da der Vati besänftigend den Arm um Muttis Schultern legt und sie küsst. Flugs trippelt Thesi, den Teddy im Schlepptau, zu den Eltern, schmiert wie ein Kätzchen um ihre Beine und wird schließlich vom Vati hoch genommen. Jetzt ist der Bann gebrochen. Nun umarmt auch die Mutti den Vati und Thesi wird von beiden gebusserlt. Thesi hat gewonnen. Einige Minuten später schon dreht sie sich vor dem großen Schlafzimmerspiegel und betrachtet sich entzückt in dem zartblauen Rüschentraum. Wie bist du schrecklich eitel, kritisiert die herausgeputzte Ina die kleine Schwester. Thesi streckt die Zunge heraus, bäh, sagt sie, selber eitel. Stimmt, sagt die Mutti, ihr seid beide eitel, aber, jetzt raus aus dem Zimmer, die Großeltern müssen schon viel zu lange auf uns warten. Drei Frauen, stöhnt der Vati, drei Frauen sind wirklich ein Unglück. Wenn dir nur kein schlimmeres Unglück zustößt, als dieses, sagt schmunzelnd die Mutti und buxiert ihn und die beiden Töchter zur Türe hinaus.

Der Volkswagen droht aus allen Nähten zu platzen. Vorne, Vati und Mutti, auf der Rückbank, die Großeltern und Ina, irgendwo, mal zwischen irgendwelchen Knien, dann wieder, obenauf, Thesi, Thesi und ihr Bär. Eigentlich ist das nicht erlaubt sagt der Vati, aber ihr seid ja alle nur halbe Portionen, das mach also unter dem Strich nicht mehr als drei Personen, und das ist in Ordnung. Ja, das ist in Ordnung, zumindest für Thesi, die nichts mehr liebt, als körperliche Nähe.

Gemütlich rollt der Wagen nun an gelben, grünen und braunen Feldern vorbei, und Thesi nötigt die Wageninsassen, ihr Geschichten zu erzählen; so vergeht die Fahrt recht schnell und bald sind sie in dem Wallfahrtsort angelangt, an den dereinst Thesis Ahnen gepilgert sind. Jetzt sitzt Thesi in einer der alten Kirchenbänke, die so wunderbar nach Holz duften und in die der Holzwurm in mühevoller Kleinarbeit die rätselhaftesten Muster hinein genagt hat. Ja, Thesi sitzt jetzt in einer dieser alten Kirchenbänke, in denen auch schon ihre Ahnen gesessen sind, Urgroßmutter, Urgroßvater, die alten Tanten und Onkeln. Thesi kennt sie von vergilbenden Photographien, diese hageren Bauersleute mit den kantigen, wettergefurchten Gesichtern, die Hände wohl derb und schwielig von harter Arbeit. Thesi stellt sich vor, wie diese Hände gefaltet auf der Kirchenbank ruhen, dann wieder, zu Schalen geformt, ein müdes Gesicht bergen. Plötzlich fühlt sich Thesi den Ahnen nah, so nah, als gelte es nur, einen hauchzarten Schleier zur Seite zu schieben, um sie berühren, hören, sehen zu können. Mit einem Male scheint die Luft zwischen Himmel und Erde sehr dünn geworden zu sein. Hallo, möchte Thesi sagen, und hallo sagt sie nun auch tatsächlich in die Stille der Kirche hinein. Da schauen Großeltern, Eltern und Ina ganz erstaunt auf sie, und Mutti schüttelt mahnend den Kopf, legt den Zeigefinger an die Lippen und haucht ein vorwurfsvolles Psst. Da ist im Nu der Ahnenzauber vorbei und der Schleier wieder ganz fest zugezogen.
Nach dem Mittagessen, das sie in dem nahe der Kirche gelegenen Dorfgasthaus einnehmen, geht die Fahrt weiter. Ringsum nur trostlose Ebene, und Thesi beginnt sich nach Bergen und harzig duftenden Wäldern zu sehnen. Wie gut, dass der Großvater von hier weg gezogen ist, denkt Thesi. Der Großvater allerdings wird immer froher, je näher sie seinem Heimatdorf kommen. Schaut, ruft er plötzlich und weist mit ausgestrecktem Arm nach vorne, schaut, dort ist schon die Kirschbaumallee, die zum Dorf führt! Ja, tatsächlich, jetzt biegen sie in ein schmales Sträßchen ein, das von mächtigen, mit ungezählten, weißen Blütensternchen übersäten Bäumen, gesäumt ist. Die gab's schon damals, als ich noch ein kleiner Bub war, erinnert sich der Vati, der in den Sommermonaten oft bei seiner Großmutter gewesen war. Gewiss, stimmt der Großvater zu, diese Allee gibt's immer schon, jedenfalls, solange ich mich zurückerinnern kann. Die Kirschbaumallee ist ein einziger, wunderbarer Blüten-

traum und lässt Thesi für kurze Zeit die Trostlosigkeit der Ebene vergessen; kaum aber löst der Blütentraum sich in den Dorfrand hinein wieder auf, sickert das Gefühl der Trostlosigkeit erneut durch. Rund um ein kleines Kirchlein sieht Thesi nun einige ärmliche Häuser auf dieses Flekken brauner Erde hingestreut. Mir ist, als stehe hier die Zeit still, sagt der Vati und strafft seinen Rücken, der ihn nach der langen Autofahrt ein wenig schmerzt. Er schaut neugierig um sich und findet, dass sich in all den Jahren nichts verändert habe. Der Großvater rückt seine Brille zurecht und schaut still umher. Du irrst, mein Sohn, sagt er dann, und seine Stimme zittert ein wenig, nichts ist mehr wie früher. Ich vermisse die Pferdefuhrwerke, die Bauern mit den Heugabeln, die Frauen mit den Körben am Rücken und die spielenden Kinder. Weißt du nicht mehr, wie's damals war, Schweine schnüffelten in den staubigen Gassen, Gänse liefen schnatternd umher, Katzen strichen um die Häuser, Hunde bellten und Kühe grasten auf den Wiesen. Nichts mehr ist wie früher, alles war hier Leben, Leben … ich vermisse es … Es stank fürchterlich, sagt der Vati, später, als sie in der kleinen Kirche sitzen, Selbst hier, in der Kirche, stank es nach Kuh –und Schweinestall. Thesi hebt schnuppernd ihr Näschen. Mmh, jetzt riecht es in der Kirche jedenfalls wunderbar muffig, und sie weiß nicht, ob sie es bedauern soll, dass es mit dem Kuh –und Schweinegestank vorbei ist. Leid tut's ihr jedenfalls um die Schweine, Gänse, Katzen und Hunde in den Gassen und um die Kühe auf den Wiesen, die hätten ihr gefallen, ganz gewiss hätten ihr die gefallen. Der Vati macht jetzt Photos in der Kirche, die Großeltern vor dem Altar, die Großeltern mit den Enkelkindern in der Kirchenbank, dann, Photos von der Kirche und Photos vor der Kirche. Das ist wirklich sehr langweilig für Thesi, sie möchte endlich zum Bauernhof der Urgroßeltern. Du wirst enttäuscht sein, meint die Mutti, er steht doch schon lange leer und ist gewiss schon sehr verfallen. Na ja, lass' dich überraschen, du wirst es ja gleich selber sehen. Die Mutti soll Recht behalten – das Anwesen der Urgroßeltern ist eine Ruine in einem wogenden Brennnesselmeer, doch, während der Großvater von damals erzählt, baut Thesis Phantasie das Zerfallende wieder auf und Leben kehrt für diesen einen Augenblick wieder in die alten Gemäuer zurück. Schau, das war der Schweinestall, erklärt der Großvater und deutet auf ein kleines Steinhäuschen im Brennnesselmeer, für Thesi nun eine leuchtende Blumenwiese. Und gleich daneben, fügt der Großvater hinzu, gleich daneben war der Ziegenstall. Meistens aber war die Ziege im Hof, mit einem dicken Strick um den Hals an einen Holzpflock gebunden war die Ziege im Hof. Das muss der Ziege ja wehgetan haben, meint Thesi. Der Großvater aber beruhigt, die Ziege habe recht zufrieden ausgesehen, und der Strick sei sehr lange gewesen, sodass es ihr an Auslauf wohl nicht gemangelt habe. Der Großvater hält kurz inne, dann zwinkert er Thesi zu. Weißt du, manchmal bin ich mit der Ziege sogar spazieren gegangen, da ist sie dann so vor Freude gesprungen, dass das Glöckchen an ihrem Halsriemen fröhlich bimmelte. Ah, das gefällt Thesi, und sie stellt sich den Großvater als kleinen Jungen vor wie er, die Ziege am Strick, durchs Dorf spazierte, sieht aufgeregt schnatternde Gänse und Katzen, die fauchend über Gartenzäune entfliehen. Ja, so war's, Thesi, schmunzelt der Großvater, ganz genauso war's. Guck' ein Mal in die kleine Stube hinein, setzt der Großvater fort und zeigt jetzt auf ein Fensterchen in dem an den Ziegenstall grenzenden Gebäude, und schon steckt Thesi den Kopf in das muffige Halbdunkel und guckt neugierig umher. Das ist die Schlafstube meiner Mutter, dort, an der Wand, hat ihr Bett gestanden und gleich daneben das meine. Auch dein Vater hat darin geschlafen, wenn er, noch ein kleiner Junge, bei seiner Großmutter zu Besuch war. Thesi richtet in Gedanken die Stube ein, hinten, an der Wand, zwei dunkle Holzbetten, eines größer, eines kleiner, jenen gleich, die in der Schlafkammer der Großeltern stehen, dicke Pölster darauf und eine schwere Tuchent. Einen bunten Fleckerlteppich legt sie davor und an die gegenüberliegende Wand, gleich neben dem Fenster, durch das sie schaut, stellt sie einen wuchtigen Kleiderkasten aus ebensolch dunklem Holz. Vor dem Fenster aber ist ein Kisterl befestigt, aus dem Blumen in allen nur erdenklichen Farben gukken. Na ja, so mag es wohl gewesen sein, meint der Großvater. Plötzlich lacht er vergnügt auf, er müsse an Buffi denken, erklärt er der staunenden Thesi, an Buffi, den winzigkleinen, schwarzweißen Hund seiner Mutter. Der hätte dir gefallen, Thesi, ist Großvater überzeugt, der Buffi mit seiner immerfeuchten, schwarzen Nase, den braunen Knopfaugen und den großen Ohren, links ein Stehohr, rechts ein Schlappohr, der winzigkleine, schwarzweiße Hund meiner Mutter hätte dir bestimmt gefallen. Hast du ihn mitgenommen, Großvater, hast du ihn mitgenommen, wenn du mit der Ziege spazieren gegangen bist, erkundigt sich Thesi. Natürlich, antwortet der Großvater, der Buffi war immer dabei und hat gekläfft - … und die Ziege hat gemeckert, gell, ergänzt Thesi und strahlt vor Vergnügen. Klar, bestätigt der Großvater, und wie die Ziege gemeckert hat, so laut hat sie gemeckert, dass die Kinder auf die Straße gelaufen sind und die Katzen den Schwanz eingezogen haben. Ach ja, das waren fröhliche Zeiten, sagt der Großvater, wenngleich wir auch wenig zu essen hatten und meine Mutter ein strenges Regiment geführt hat waren das fröhliche Zeiten, damals … War sie denn böse, deine Mutti, fragt Thesi. Der Großvater lächelt, nein, böse war sie nicht, aber wenig Zeit hatte sie, denn der Vater war schon gestorben, an einer Lungenentzündung war er gestorben, und alle Arbeit war ihr geblieben, ja, wenig Zeit hatte sie für meinen Bruder Johann und mich, wenig Zeit und wenig Geduld. Stell dir vor, Thesi, erzählt der Großvater weiter, wir mussten noch „sie" zur Mutter sagen. Das findet nun Thesi wirklich komisch. Was, „Sie Mutter" habe der Großvater zu seiner Mutti sagen müssen? Der Großvater schüttelt verneinend den Kopf, nein, Frau Mutter hätten sie zu ihr gesagt. Thesi lacht hell auf, das ist wirklich allzu komisch! Ja, das waren Zeiten, gute Zeiten, sagt der Großvater, mehr zu sich selbst, denn zu Thesi, es waren meine Jugendzeiten. Die Wehmut, die in Großvaters Worten mitschwingt, holt Thesi auf den Boden der Wirklichkeit zurück, sie gewahrt die Ziegellücken des nieder bröckelnden Schornsteins und die aufplatzenden Hauswände. Der kleine Bauernhof beginnt wieder zu zerfallen, wird immer mehr Vergangenheit, wird immer mehr Auflösung, Nichts. Die graue Zeit hat alles Leben aufgezehrt. Gleich grünem Speichel klebt Efeu an dem alten Gemäuer, und das Brennnesselmeer wogt unbarmherzig über dem entlebten Hof. In einigen Jahren weiß niemand mehr um die Familie, die hier einst wohnte, meint der Vati bedauernd, als ahne er Thesis Gedanken, dann photographiert er die Großeltern unter dem großen Holunderbaum, der die zerfallende Keusche überschattet. Schade, sagt die Mutti, dass die Erben alles so verkommen lassen. Zuerst haben sie alles daran gesetzt, um den Hof zu bekommen und jetzt, jetzt kümmern sie sich nicht mehr darum. Die Erben, so erfährt Thesi nun, die Erben sind die Nachbarn, welche die Hinfälligkeit des Großonkels ausnutzten und an sich saugten, was dem Bruder, ihrem Großvater, zugestanden war. Ach, lassen wir die alten Geschichten, seufzt der Großvater, es ist vorbei und nicht mehr zu ändern. Plötzlich ist es sehr still hier, markergreifend still. Thesi spürt die Einsamkeit des Ortes, die sich kalt und klebrig auf sie senkt und umhüllt. Stille. Stille … Nur mehr der Name der Ahnen ist erhalten in verblassenden Goldbuchstaben auf dunklem Marmorstein, draußen, am Friedhof, vor dem Dorf. Weiße Blumen mit hängenden Köpfchen wachsen aus rissiger Erde. Keine Umrandung. Flucht Möglich? Ja, Flucht möglich, denkt Thesi, der Liebe Herr Jesus hat sie bestimmt schon aus diesem einsamen Gefängnis befreit. Thesi zündet ein Kerzlein an, und fröhlich tanzt nun das Flämmchen in der Laterne. Die Flucht ist gelungen, denkt Thesi, ganz gewiss ist die Flucht gelungen. Thesi wendet sich noch ein Mal um, nimmt Abschied von diesem Ort, nimmt Abschied von den Ahnen.

14

Als Thesi eines Morgens erwacht, fühlt sie sich gar nicht wohl. Schon seit einigen Tagen quält sie ein schrecklicher Husten, und durch die verschnupfte Nase bekommt sie kaum Luft. Jetzt schmerzt auch noch der Kopf, und die Helle des Morgenlichts beißt in ihren Augen. Da sie sich aufrichten will ist's ihr, als drehe sich das ganze Zimmer. Thesi legt sich flugs wieder hin und kuschelt sich verschreckt unter die Tuchent. In diesem Moment kommt die Mutti zur Türe herein und wundert sich über die müde Tochter. Sie legt ihre angenehm kühle Hand auf Thesis Stirn und stellt mit besorgter Stimme fest, dass die kleine Tochter Fieber hat. Der Fieberthermometer, den sie ihr alsbald unter die Achsel schiebt, fühlt sich unangenehm kalt an, und es scheint Thesi unsagbar lange, bis die Mutti ihn wieder aus der Achselhöhle hervorholt. Hab' ich viel Fieber, erkundigt sich Thesi ängstlich, nachdem die Mutti den dünnen Silberfaden in dem schmalen Glasröhrchen aufmerksam betrachtet und das Thermometer wieder zurück auf das Nachtkästchen gelegt hat. Die Mutti schüttelt den Kopf und versucht, ein fröhliches Gesicht zu machen. Nein, nein, nur ein bisschen, meine Kleine, versucht sie Thesi zu beruhigen, du hast nur ein bisschen Fieber. Sie streicht über Thesis Haar, streicht ihr eine Haarsträhne, die sich aus den Haarflechten gestohlen hat, hinters Ohr, scheint zurückzuschrecken, hält im Streichen inne, scheint auch im Atmen inne zu halten, atmet weiter, hastiger, streichelt weiter, unruhiger, tätschelt Thesis Wange und eilt dann weg, um einige Sekunden später wieder mit einem großen, dicken Buch an Thesis Bett zu erscheinen. Thesi kennt dieses Buch. Die Mutti nennt es Doktorbuch, holt es immer dann aus dem Regal, wenn jemand in der Familie krank ist und sie diesbezüglich Rat sucht. Thesi hat auch schon in dem Doktorbuch geblättert, aber es alsbald wieder verschreckt zugeklappt, da es ganz entsetzliche Bilder zu sehen gab, Bilder von offenen Bäuchen, Bilder von Menschen ohne Haut, Bilder von Skeletten, Bilder von kranken Kinder mit aufgedunsenen, rot getüpfelten Gesichtern. Ja, das Doktorbuch hatte Thesi alsbald wieder verschreckt zugeklappt. Mutti aber scheint vor all diesen entsetzlichen Bildern keine Angst zu haben. Ganz vertieft ist sie jetzt in das Doktorbuch, blättert und liest und liest und blättert. Schließlich hebt sie ihren Kopf und blickt Thesi forschend an. Es sind die Masern, diagnostiziert sie, diagnostiziert auch der Arzt, der am späten Vormittag vorbeischaut, um Thesi zu untersuchen. Thesi sitzt mit nacktem Oberkörper in ihrem Bett und schämt sich sehr, während der Arzt sie mit seinen großen Händen abklopft, und sie den Atem anhalten muss, weiter atmen darf, den Atem anhalten muss, weiter atmen darf. Schließlich zieht ihr die Mutti wieder das Nachthemd an, und Thesi verschwindet erleichtert unter der schützenden Tuchent. Nur mehr die Nasenspitze guckt hervor, zwei ängstliche, Fieber glänzende Augen und ein bisschen von Thesis blondem Haarschopf. Noch ein Mal greift die große Arzthand nach ihr, jetzt aber, um über ihren Scheitel zu streichen. Die Finger sind gelb und riechen unangenehm, riechen unangenehm wie sein Atem, der über sie streift, als er mit seiner rauen Stimme sagt, dass alles wieder gut werde. Ja, alles wird wieder gut, Mädchen, verspricht der Arzt. Die gelben Finger hat er vom vielen Rauchen, erklärt die Mutti auf Thesis Rückfrage hin, später, als der Arzt wieder gegangen ist. Auch den schlechten Atem hat er vom vielen Rauchen, sagt sie, ja, er raucht gewiss zu viel, wird selber eines Tages davon krank werden. Thesi versteht nicht, warum der Arzt raucht, wenn er doch davon krank und gelb wird und stinkt. Die Mutti versteht es auch nicht, denn, so behauptet sie, der Rauch, den man einatmet, schmeckt noch dazu ganz erbärmlich. Sie habe es nämlich auch ein Mal probiert, das Rauchen, an Onkel Xandis Zigarette habe sie ein Mal gesogen, ein Mal und nie wieder, so erbärmlich habe das Rauchen geschmeckt, und sie habe dann ganz viel husten müssen. Rauchen werde ich sicher nie, denkt Thesi, die nicht stinken und gelb werden will. Jetzt aber hat sie andere Sorgen. Es ist ihr schlecht und das Bett scheint mit ihr zu fahren. Mutti zieht die Vorhänge zu und sperrt so die Sonne hinaus, damit sie mit ihrem Licht nicht mehr Thesis Augen beißen kann. Dann schüttelt sie die Tuchent auf, wendet sie und hüllt Thesis fröstelnden Körper wieder darin ein. Da klingelt es an der Türe, Ina ist von der Schule nach Hause gekommen. Mit staunenden Augen steht sie nun an Thesis Bett. Ui, wie siehst du denn aus, entfährt es ihr. Ja, wie sieht Thesi denn aus? Ja, wie seh' ich denn aus, fragt Thesi erschrocken. Ina verschwindet kurz und kommt gleich darauf mit einem Spiegel in der Hand zurück, den sie der kleinen Schwester vors Gesicht hält – Thesi ist rot getüpfelt, ist nun selber so rot getüpfelt, wie das kranke Kind im Doktorbuch. Thesi graut, und sie beginnt zu weinen. Jetzt sieht sie, dass auch ihre Hände getüpfelt sind und, als sie ihr Hemd hochhebt, auch der Bauch. Die Krankheit hat sie über und über mit roten Tupfen angemalt! Sie weint, weint, bis ihr die Mutti Handschuhe anzieht, damit Thesi die roten Tupfen nicht mehr sieht, weint, bis sie ihr verspricht, dass die Tupfen in ein paar Tagen ganz gewiss wieder weg sind. Nachmittags dann ist die Mutti mit der kleinen Kranken sehr beschäftigt, bringt duftenden Lindenblütentee, wickelt Thesis Füße in kühlende Tücher, hält ihre Hand, streichelt sie, liest aus einem dicken Balladenbuch vor, muss lesen, immerzu lesen, weil Thesi Angst vor der Stille hat, muss da sein, immerzu da sein, weil Thesi Angst vor dem Alleinsein hat. Abends, als Vati von der Arbeit kommt, setzt er sich zu seiner Kleinen ans Bett. Jetzt schläft sie, sagt die Mutti, endlich kann sie schlafen, und mit gedämpfter Stimme fährt sie fort, vor dieser Krankheit habe ich Angst, vor dieser Krankheit habe ich immer Angst gehabt, hat doch bei Katrin das Schreckliche mit den Masern begonnen. Thesi aber schläft nicht, ist nur zu müde, die Augen zu öffnen, hört mit, hört mit. Hab' keine Angst, Efi, spricht der Vati, du wirst sehen, alles wird gut werden. Alles wird gut werden, denkt auch Thesi, der Arzt hat es ja auch versprochen, und der muss es schließlich wissen. Krawuzikapuzi, ruft jetzt der Kasperl, der plötzlich auf der Bettdecke sitzt, Krawuzikapuzi ruft er und droht mit seinem großen, gelben Finger, aber brav musst du sein, ganz brrrrav, dabei rollt er genüsslich das R auf seiner Zunge, schiebt es dann von einer Backe in die andere, brrrav, brrrav. Nun schlägt er Purzelbäume und das Glöckchen auf seiner

Mütze singt tri tra trallala, tri tra trallala, der Kasperl ist schon wieder da. Thesi wird ganz heiß und sie meint, keine Luft mehr zu bekommen, jammert, er möge doch weggehen, der Kasperl, doch der denkt nicht daran und hört nicht auf, Purzelbäume auf der Bettdecke zu schlagen, auf ihrem Bauch, auf ihrem Brustkorb. Thesi kann nicht mehr atmen, kann nicht mehr atmen. Komm, trink, sagt eine Stimme irgendwo, wie aus einem Nebel, irgendwo, wie aus einem Nebel, taucht Muttis Gesicht auf. Trink, sagt sie und hält Thesi ein Häferl an die Lippen. Jetzt ist der Kasperl weg, und Thesi trinkt, trinkt, ist's Tee, ist's Milch … Milch ist's, süß und warm, süße, warme Milch ist's. Thesi trinkt, trinkt. Gib mir auch davon, bettelt Katrin, die jetzt an Thesis Bett steht, und langt nach dem Häferl, gib mir auch davon, ich bin so durstig. Da will ihr Thesi das Häferl reichen, doch es entgleitet ihren Händen und fällt zu Boden, und Katrin ist voll gespritzt mit Milch, nein, mit Blut ist sie voll gespritzt, rot getüpfelt ist ihr weißes Hemd. Sie zieht es aus und wirft es Thesi zu. Zieh's an, drängt sie, zieh's an, aber Thesi hat Angst vor Karins Hemd und da fällt's mit einem leisen Aufschrei zu Boden – aber, ist's nicht Katrin, die zu Boden fällt, sich kringelt und kräuselt wie eine Schlange, wie eine Schlange, eine kleine, weiße Schlange, das Schreckliche beginnt, zischt sie, das Schreckliche beginnt mit den Masern, und Thesis Kopf hämmert, das Schreckliche, das Schreckliche beginnt … aber, was ist das Schreckliche, was ist das Schreckliche, will Thesi wissen, doch die Schlange züngelt nur und sieht sie mit großen, nachtschwarzen Augen an, dann verschwindet sie in einer Bodenritze. Allerlei andere Tiere tummeln sich nun im Raum; da, unter dem Nachtkasterl, sitzt eine Katze mit braunen Pfoten und verschieden färbigen Augen, eines grün, eines gelb, und dort, beim Fenster, steht ein weißes Pferd, gesattelt ist's und scheint auf Thesi zu warten, wartet auf Thesi. Kommst du, kommst du mit mir? Schon will Thesi antworten, doch ein blau gefiedertes Vögelchen oben auf der Vorhangstange zirpt, antworte nicht, antworte nicht. Plötzlich ist's Thesi, als sinke die Zimmerdecke auf sie herab, als sinke sie gleich einem warmen, wolligweichen Tuch auf sie herab. Es wird dunkel um Thesi, und sie fühlt sich unendlich geborgen und müde, so müde. Jetzt kann ich endlich schlafen, denkt sie, endlich kann ich schlafen …

Es sind die Vögel draußen im Garten, die Thesi wecken, mit ihrem vollkehligen Gesang wecken. Thesi schlägt die Augen auf und wischt sich mit den Händen die Nacht von den Augen. Die dunklen Vorhänge sind weg gezogen und durch das weit geöffnete Fenster strömt kühle, würzige Luft. Guten Morgen, grüßt die Mutti, die sich nun zu Thesi ans Bett setzt. Sonnenhell schimmert ihr kurzes, lockiges Haar, und die grauen Augen leuchten fröhlich in dem blassen Gesicht. Jetzt darf Thesi antworten, guten Morgen, sagt auch sie und schlingt die Arme um Muttis Nacken. Wie gut die Mutti duftet; nach Seife, Kuchen und Milch, alles zusammen, Seife, Kuchen und Milch, nach Leben. Die Mutti duftet einfach nach Leben. Die Sonne scheint, sagt die Mutti, und im Garten warten schon die roten Erdbeeren auf dich. Ja, die Sonne scheint, und im Garten warten schon die roten Erdbeeren auf Thesi.

15

Die Tage werden länger und wärmer. Es genügt jetzt immer öfter, ein Jäckchen über das Kleid zu ziehen und an den Füßen Sandalen zu tragen. Der Streit um die Pudelmütze, die Thesi so sehr verabscheut, ist Wintervergangenheit, und es ist wunderbar, die milde Frühlingsluft hautnah zu spüren. Für die Eltern ist jetzt viel zu tun. Da ist zum einen der kleine Garten mit ein paar Beeten und dem Mistbeet vor dem Haus, der kleine Garten, dessen dunkle Winterschollen sich nach Leben sehnen, nach dem Leben der Radieschen, Paradeiser, Erbsen, Karotten, Salate und Bohnen, und da ist zum anderen der große Garten, der nur wenige Kilometer von zu Haus entfernt ebenfalls darauf wartet, von den Eltern bestellt zu werden. Thesi mag den großen Garten, wenngleich er etwas Trauriges an sich hat. Auch Ina empfindet ähnlich. Ein Mal, erzählt sie, ein Mal hat Vati hinter dem Gartenhäuschen eine riesige Äskulapnatter, die aus dem Werkzeugkasten züngelte, erschlagen. Er hat sie nicht absichtlich töten wollen, hat es im ersten Schrecken getan. Die Schlange war nicht sofort tot, immer wieder hat er mit der Schaufel hinschlagen müssen, dann endlich war der Kampf zu Ende, und Vati hat die noch immer zuckenden, schwarzen Schlangenstücke unter der Brombeerhecke hinter dem Gartenhäuschen vergraben. Seither hängen die Tränen der Äskulap über dem Garten, die Brombeerhecke aber ist zugrunde gegangen. Solches also hat sich hinter dem Gartenhäuschen zugetragen, diesem entzückenden Häuschen, das mit seinem freundlichen, hellroten Wellpappegesicht von einem kleinen Hügel aus mit den beiden kleinen Fenstern in den Garten hinab blickt und in seinem Inneren so viele wunderbare Schätze birgt: in einer rosaroten Kredenz Kleider, Tücher und Stöckelschuhe, die Mutti nicht mehr tragen will, für Thesi aber Prinzessinnenkleider, Prinzessinnenschleier, Prinzessinnenschuhe sind, dann, das Schaukelpferd, eigentlich, der Schaukelschimmel, aus dessen altersbrüchigem Lederleib immer wieder Stroh guckt und doch, für Thesi, Prinzessin Thesi, das schönste Pferd der Welt ist, weiters, in einer Ecke, umgeben von Holzbänken, ein viereckiger Tisch mit einer riesigen Tischlade, in der sich alle möglichen Blöcke, Hefte und Stifte befinden, schließlich, zwischen den beiden Fenstern, fröhlich vor sich hin tickend, die alte Pendeluhr mit ihrem bunt bemalten Keramikantlitz, dereinst, wie Thesi aus Erzählungen weiß, ein Hochzeitsgeschenk für Großvaters Eltern, hinter diesem entzückenden Gartenhäuschen also, unter der verdorrten Brombeerhecke, sind die schwarzen Schlangenstücke vergraben, die in all die Gartenfreundlichkeit immer wieder die Traurigkeit der Äskulap spülen. Jetzt aber, jetzt will Thesi nichts mehr von der toten Äskulap wissen, läuft hinab zu den Ribisel –und Stachelbeersträuchern, die in langer Reihe den Gartenzaun entlang laufen, nascht von süßen und herben Früchten, freut sich auf die Säfte, Marmeladen und köstlichen Nachspeisen, die es bald geben wird. So viele Freuden schenkt der Garten, Blumen, Schmetterlinge und kugelrunde Marienkäfer. Aus dem Bächlein, das sich munter glucksend durch die Wiese schlängelt, fischt Thesi mit einem kleinen Kübel Kaulquappen, betrachtet, wie sie gleich schwarzen Perlen mit ihrem Schwänzchen im Wasser herum wedeln und leert sie danach wieder ins Bächlein zurück. So viele Freuden schenkt der Garten, so viele Freuden. Es gibt aber auch Unerfreuliches; vor den Ameisen hat Thesi Angst, vor den Ameisen hat Thesi solche Angst, dass sie zu schreien beginnt, wenn nur eine ihren Weg kreuzt - es sind ja auch jene Tiere, die des Nachts durch Thesis Träume kriechen, über Zimmerwände und Tuchent. Auch vor den Engerlingen graut ihr; wenn Vati die Beete umgräbt, dann sieht Thesi, wie sie sich mit ihren dicken, fingerlangen Körpern in der Erde kringeln. Nie würde Thesi in der Erde graben, nie, das Grauen vor den Würmern hält sie davon ab.

Hin und wieder kommt der Großvater, der in der Nähe wohnt, auf seinem großen, klapprigen Fahrrad vorbei. Dann setzt er sich ins Gartenhäuschen und liest oder schreibt. Thesi guckt dann klammheimlich durch eines der kleinen Fenster und betrachtet, wie er gar oft nachdenklich den Kopf in eine seiner großen, schwieligen Hände stützt und den Blick in schier unendliche Weiten schweifen lässt. Während die Zeiger der Pendeluhr zügig über das Ziffernblatt wandern, scheint für den Großvater die Zeit still zu stehen, ganz still. Thesi weiß, jetzt darf man ihn nicht stören, gar nicht stören darf man ihn jetzt. Da duckt sie sich und läuft davon.

Die Tage im Garten können aber auch manchmal lang werden, manchmal können die Tage im Garten sogar sehr lang werden. Die Eltern scheinen dann gar nicht fertig werden zu wollen mit dem Umgraben und Unkrautjäten und Unkrautjäten und Umgraben. Ein Mal wird der Tag im großen Garten so lang, dass Thesi ihre Gutenachtgeschichte im Radio, „Das Sandmännchen kommt“, versäumt. Sie vermisst ja nicht nur die Geschichte, sondern auch die Musik, „Stille, stille, kein Geräusch gemacht …“, die sie so gerne hört. Sei nicht traurig, sagt der Vati, wir gehen mit dir dafür ins Kino. Ins Kino? Ja, tatsächlich, ins Kino. Thesi wird zum ersten Mal in ihrem Leben ins Kino gehen! Tags darauf erkundigt sich Mutti nach dem Programm, und am Nachmittag schon sitzt Thesi, eng an ihre Eltern gekuschelt, im dunklen Kinosaal auf einem der vielen Holzklappsessel und starrt erwartungsvoll auf die riesige Leinwand. Und schon beginnt ein Zeichentrickfilm, der von Bambi, dem kleinen Rehlein erzählt, von dem Leben mit seiner Mama im großen, großen Wald. Zum Greifen nahe ist das Rehlein, zum Streicheln nahe und zum Liebhaben. Schmetterlingen läuft es hinterdrein und ist geradeso vergnügt wie Thesi, wenn sie durchs Gras tollt. Dann aber, das Schreckliche – Bambis Mutti wird von einem Jäger getötet, Bambis Mutti ist tot und Bambi ist nun allein, ganz allein im großen, großen Wald. Thesi ist verzweifelt, beweint Bambis Mutti, beweint Bambi - beweint sich selbst … was, wenn die Mutti stirbt … Thesi hat Angst, Angst vor dem Verlassenwerden, weint, weint, weint noch zu Hause, im Bett, umklammert die Mutti, schläft weinend ein. Die Nacht ist auf Thesi gefallen, wird sich wieder in ein helles Morgen auflösen, nicht aber Thesis Angst. Thesis Angst wird bleiben, immer bleiben.

16

Sommerschwüle beginnt sich auf das Land zu senken und saugt mit dürstenden Lippen das Frühlingsgrün aus Gräsern und Bäumen. Thesi ist's, als werde auch ihr alle Lebenskraft aus dem Körper gesogen. Sie ist träge, so träge, selbst das Radfahren macht keinen Spaß mehr. Ja, Thesi mag die Hitze nicht und kann sie nur in dem großen Holzwaschtrog überstehen, den Mutti unter den Schatten spendenden Nussbaum stellt und mit kühlem Wasser füllt. Ganz still ist es an solchen Hitzetagen, dann und wann nur ist der lang gezogene Schrei der Schwalben zu hören, die hoch oben über das grelle Himmelsblau gleiten. Öfter zu hören ist allerdings das Schnarchen des alten Herrn Professors, der nur mit einer knielangen alters –und schmutzstarrenden Lederhose bekleidet ist und mit weit geöffnetem Mund in seinem bunt gestreiften Liegestuhl auf der Wiese hinter dem Haus schläft. Er kann von der beißenden Sonne gar nicht genug bekommen. Manchmal, manchmal verlässt Thesi ihr Waschtrogparadies, kuschelt sich in den kleinwinzigen Schattenfleck hinter der Lehne des Liegestuhls und genießt den leicht ranzeligen Geruch, den die stark eingeölte Haut des alten Herrn verbreitet. Die Ölschicht nützt ihm auch nicht, meint die Mutti, selbst wenn er glänzt, wie ein frisch lackiertes Hutschpferd, er sieht einfach wie ein alter Lederapfel aus, außerdem wird ihn noch eines Tages der Hitzschlag treffen. Thesi guckt erstaunt, Blitzschlag ist ihr ein Begriff, aber von einem Hitzschlag hat sie noch nie gehört, wirft denn die Sonne ihre Strahlen hin und wieder zu schweren Garben gebündelt auf die Erde? Die Ratlosigkeit ist Thesi ins Gesicht geschrieben. Mach dir keine Sorgen, Thesi, meint die Mutti, der Hitzeschlag trifft nur jene, die sich zu lange der prallen Sonne aussetzen. Dir kann nichts passieren, Thesi, du bleibst ja immer brav im Schatten. Thesi ist erleichtert. Sie wird im Schatten bleiben, immerzu wird Thesi brav im Schatten bleiben.

Im August hat Vati (zu Thesis größter Wonne) Urlaub. Heuer wollen die Eltern allerdings nicht (wie all die Jahre zuvor) an den kleinen, vertrauten Moorsee in Salzburg fahren, um dort das Zelt aufzuschlagen, sondern die freien Tage in einer Frühstückspension auf einem Osttiroler Bauernhof verbringen. Darüber ist Thesi anfangs traurig, hat Sehnsucht nach dem See und dem duftenden Schilf, das überall mit seinen freundlich nickenden Köpfchen aus dem dunklen Wasser lugt, hat Sehnsucht nach den ringsum wogenden Getreidefeldern. Wie gerne denkt sie an das blaugelbe Stoffhaus zurück, das Ina und Vati mit viel Geschick aufstellten, während Thesi und Mutti abwechselnd mit einem kleinen, rundbäuchigen Blasebalg die Luftmatratzen aufpumpten. Thesi hat noch das laute Grunzen im Ohr, das der Blasebalg bei jedem Tritt auf seinen orangefarbenen Leib von sich gab, oink, oink, oink …, auch das klirrende Geräusch, das beim Ineinanderschieben und Ineinanderdrehen der Zeltstäbe entstand, das Rutschen des schweren Zeltwurfes über die Metallverstrebungen und das Klopfen des Hammers auf die Heringe, die Eisenpflöcke, an denen das Zelt befestigt wurde, all das hat Thesi noch im Ohr. Das schönste Geräusch aber, an das Thesi sich noch zurückerinnert, ist das Schnarren des Reißverschlusses abends, wenn sie, eng an Mutti geschmiegt, in dem sonnengelben Schlafzelt lag, und Vati sie alle in ihr Kuschelparadies einzippte, ja, abends, wenn er sie alle in dieses Kuschelparadies einzippte und sich schließlich, nachdem er den letzten Reißverschluss mit einem gemütlichen Srrt geschlossen hatte, auch zu ihnen legte, fühlte Thesi sich unendlich geborgen. Wenn dann, in regenschweren Nächten, die Tropfen an das Zeltdach trommelten, war Thesis Kuschelparadies vollkommen. Thesi mochte die regenschweren Nächte, diese regenschweren Nächte, nach denen die Wiesen zarte Nebel atmeten und die Gräser sich mit ungezählten Wasserperlen schmückten, die im ersten Schimmer des Morgens erglänzten. Es war dies das Morgenwunder. Das Morgenwunder. Und Thesi tanzte im Nachthemd und mit bloßen Füßen mitten in das Morgenwunder hinein. Viele Erinnerungen gibt es an das Leben im blaugelben Stoffhaus, die Erinnerung an den dicken, blauen Wassersack, der im Vorzelt hing und an dessen Wasserröhrchen (wenn keiner hinsah) sie so gerne saugte, die Erinnerung an den kleinen Propangaskocher, der fröhliche, blaue Fünkchen spuckte, wenn Mutti darauf das Essen zubereitete, und die Erinnerung and die weißen Plastikteller und Plastikhäferln, aus denen alles noch besser als zu Hause zu schmecken schien. Ja, so viele Erinnerungen gibt es also an das Leben im blaugelben Stoffzelt, und Thesi ist anfangs sehr traurig, dass die Eltern die Urlaubstage in diesem Jahr nicht an dem kleinen, vertrauten Moorsee in Salzburg verbringen wollen, sondern in einer Frühstückspension auf einem Osttiroler Bauernhof. Bald aber, sehr bald, weicht ihre Enttäuschung der Vorfreude, denn gewiss würde es auf dem Bauernhof Katzen geben und Kühe, vielleicht auch Hühner, vielleicht auch einen Hund. Thesi kann den Tag der Abreise kaum mehr erwarten. Dann ist es endlich so weit. Sehr früh am Morgen (es ist draußen noch dunkel) hört Thesi das Schieben und Schleifen von Gepäckstücken auf dem Boden, immer wieder, das Knarren der Haustüre, leise Schritte, gedämpfte Worte der Eltern. Durch den Türschlitz zittert ein schmaler Lichtstreifen, und Thesi wird ganz zappelig unter der Bettdecke. Da nähern sich auch schon Schritte, die Türe geht auf, und Mutti kommt an Thesis Bett. Es ist Zeit aufzustehen, mein Kleines, sagt sie leise und gibt Thesi ein zärtliches Gutenmorgenbusserl. Da schlingt Thesi sogleich ihre Arme um Muttis Nacken und lässt sich von ihr in die Küche tragen. Mutti hat Grießkoch zubereitet, und es duftet wunderbar süß nach heißer Milch. Thesi freut sich und streut ganz viel Kakao auf den leckeren Brei. Ina mault zwar, dass sie doch kein Baby mehr sei, schließlich aber isst auch sie mit sichtlichem Behagen. Es ist wichtig, dass ihr etwas Warmes im Bauch habt, meint die Mutti, denn wir haben eine lange Fahrt vor uns, und ich habe keine Ahnung, wann es wieder etwas Ordentliches zu essen geben wird. Thesi weiß, dass die Mutti ganz gewiss viele Brote eingepackt hat und auch Butter und Käse, vielleicht sogar Kuchen, aber etwas Ordentliches muss für die Mutti eben warm sein. Mit der langen Fahrt soll die Mutti Recht behalten. Solange noch die Morgendämmerung wie ein silbernes Seidengespinst über den Straßen webt, döst Thesi (wohlig an Ina gekuschelt) auf der Rückbank des Autos. Dann aber, als die Sonnenhelle sie weckt, beginnt die Fahrt langweilig zu werden. Zunächst findet sie noch einigermaßen Freude daran, die vorbeiziehenden Wiesen, Wälder und Ortschaften zu betrachten, nach und nach aber wird's ihr ein fliehendes Einerlei und alsbald sind alle damit beschäftigt, Thesi zu unterhalten, um nicht ständig von ihren ständigen Wannsindwirdennendlichdafragen gequält zu werden. Zuerst opfert sich Ina für das Spiel „Ich seh', ich seh' was du nicht siehst", dann, nachdem Ina endgültig genug davon hat und sich weigert, das Spiel fortzusetzen, muss Mutti herhalten und ein Märchen nach dem anderen erzählen. Du bist wirklich lästig, Thesi, stöhnt sie schließlich müde und steckt der kleinen Tochter ein Bilderbuch zu in der Hoffnung, endlich von dem Quälgeist in Ruhe gelassen zu werden. Thesi rümpft die Nase, beginnt aber schließlich doch darin zu blättern. Alle atmen erleichtert auf. Der Frieden hält allerdings nicht lange an, denn Thesi wird übel, wenn sie beim Autofahren in Bilderbüchern blättert. Mutti hat das zwar nicht vergessen, aber gehofft, dass Thesis Magen ein Mal eine Ausnahme machen wird. Thesis Magen macht keine Ausnahme, natürlich nicht, und schließlich muss Vati den Wagen anhalten. Da aber ohnehin Mittagszeit ist, schlägt Mutti vor, eine Jause einzulegen. Dagegen hat selbstverständlich niemand etwas einzuwenden. An einem ruhigen Wiesenfleck abseits der Straße breitet Mutti eine große, rotgrün gewürfelte, flauschige Wolldecke auf und packt aus einem Korb all das aus, was Thesi sich erhoffte, ganz viele Brote, Butter, Käse und sogar Kuchen. Nach dem Essen scheint die Zeit dann irgendwie schneller zu vergehen. Es gibt einfach viel zu schauen. Auf den Wiesen grasen friedlich braun gescheckte Kühe, die mit ihren großen Quastenschwänzen geduldig die Fliegen in die Flucht wedeln, dann wieder, Schafe, wie Wattebäuschchen auf grüne Bergmatten hingetüpfelt. Immer öfter verjüngen sich nun die weiten Wiesenlandschaften in enge Schluchten hinein, und Thesi staunt über schroff in wild schäumende Bäche abfallende Felswände. Jetzt öffnet sich wieder eine Schlucht, und eine Berg umfriedete Ortschaft liegt vor ihnen. Gleich sind wir da, verkündet froh der Vati und lenkt den „Käfer“ auf eine schmale Straße, die sich sanft den Berg hinan schlängelt. Mutti kurbelt das Wagenfenster hinab und schnuppert begeistert. Mmh, hier duftet es nach Kühen, sagt sie, jetzt beginnt der Urlaub. Kurve um Kurve kriecht der „Käfer“ dem Ziel entgegen. Als erstes heißt sie ein kleines Kirchlein willkommen, das den weißen Leib auf eine Wiesenanhöhe gebettet hat und das Türmchen fröhlich dem blitzblauen Himmel entgegen reckt, dann, grüßen die Häuser, die sich wohlig in Blumen wogende Wiesen ducken. Hausnummernschildchen um Hausnummernschildchen wandert nun an ihnen vorbei, und schließlich ruft Ina, hier ist die Nummer eins, wir sind da! Sie sind da. Vati parkt den Wagen vor einem einstöckigen Bauernhaus, das, wie all die anderen Häuser des Dorfes auch, aus dunklem Holz gezimmert ist. Die kleinen Fenster und der Balkon, der rund um das Haus läuft, sind mit bunten Blumen geschmückt, die in duftenden Schleiern über das Dunkel des Holzes hinab fließen. Thesi klettert aus dem Auto und streckt den vom langen Sitzen schmerzenden Körper ganz durch. Neugierig guckt sie um sich und erblickt ringsum auf den Wiesen Kühe, die genüsslich schnaubend Gras rupfen. Manche von ihnen tragen Glocken, die mit dicken Lederbändern um ihren Hals befestigt sind und fröhlich bimmeln. Und da, über die Terrasse, sieht Thesi nun eine große, rotweiß gescheckte Katze huschen. Wir haben auch kleine Katzen, sagt freundlich die Bäuerin, die den Eltern hilft, das Gepäck ins Zimmer zu tragen. Welche Frohbotschaft für Thesi! Jetzt weiß sie, dass wunderbare Ferientage vor ihr liegen. Wenn Kätzchen da sind, können es nur wunderbare Ferientage werden! Während Mutti und Vati noch damit beschäftigt sind, die Koffer und Taschen auszupacken, begeben sich Ina und Thesi auf die Suche nach den kleinen Miezen. Sie sind ganz gewiss im Stall, vermutet Ina. Hand in Hand schlendern nun die beiden Schwestern zum Stall, der, nur einige Meter vom Haus entfernt, aus der Wiese guckt, und schon stehen sie vor der alten Stalltüre. Vorsichtig schiebt Ina den Riegel zurück, und, als die Türe knarrend aufspringt, steckt Thesi natürlich gleich neugierig den Kopf ins Stalldunkel. Uijegerle, sagt Thesi enttäuscht, der Stall ist ja ganz leer! Natürlich, erwidert Ina, natürlich ist der Stall ganz leer, die Kühe sind doch auf der Weide. Aber schau, da hinten steht ein Ziegenbock. Ina hat Recht. Aus einem kleinen Brettergeviert blickt ihnen tatsächlich ein Ziegenbock entgegen. Jetzt, da er die beiden Mädchen entdeckt, beginnt er fröhlich zu meckern. Thesi füttert ihn mit Stroh aus der Raufe, und der Bock scharrt dazu freudig mit den Hufen. Der ist aber arm, meint Ina, so allein in dem Stall muss er sich ja schrecklich langweilen. Thesi nickt zustimmend, auch ihr tut das Ziegentier sehr Leid. Das ist der Jockele, werden die beiden Mädchen später von der Bauersfrau erfahren, der Jockele sei sehr schlimm und reiße immer aus, wenn er auf der Weide sei. Ina und Thesi aber werden den schlimmen Jockele sehr lieb gewinnen, und es wird kein Tag vergehen, an dem sie ihn nicht in seinem Stall besuchen. Jetzt aber, jetzt sagen sie dem Ziegenbock Lebewohl, denn die Neugierde auf die Kätzchen treibt sie weiter. Vielleicht sind sie in der Scheune, meint Thesi, doch auch die an den Stall anschließende Scheune durchforsten die beiden Schwestern ohne Erfolg. Das ist aber jammerschade, dass die Miezen sich so gut verstrecken, meint Ina enttäuscht, als sie mit Thesi auf einem kleinen Bankerl neben dem Holzstoß vor dem Stall sitzt. Ja, echot Thesi traurig, das ist wirklich jammerschade. Später, als sie zurück zu den Eltern gehen, kommt ihnen Mutti freudestrahlend entgegen. Schaut, wir haben Besuch bekommen, ruft sie, und zaubert aus ihrem Pulli zwei niedliche Kätzchen hervor. Eines für dich, Ina, und eines für dich, Thesi, und schon hat jedes der Mädchen ein strampelndes Miezchen im Arm. Ei, das ist eine Freude! Gar nicht enden soll dieser Tag und endet doch viel zu schnell. Welch Gezeter, als Thesi sich von ihrem rotscheckigen Fellbutzerl verabschieden muss, wo sie es doch so gerne zu sich ins Bett genommen hätte. Morgen ist ja auch noch ein Tag, tröstet Vati und streichelt der kleinen Tochter übers Haar. Und ein wunderschöner noch dazu, ergänzt die Mutti. So besänftigt schläft Thesi auf der Ottomane, die neben dem Ehebett der Eltern steht, völlig verborgen unter einer riesigen, rotweiß karierten Tuchent, selig ein. Der neue Tag beginnt, wie's sich am Lande gehört, mit einem Hahnenschrei. Thesi blinzelt aus ihrer Tuchent hervor und sieht, dass alle, vom Hahnenschrei völlig ungerührt, schlafen. Thesi schlüpft in ihre Pantoffeln, welche geduldig die ganze Nacht über vor dem Bett auf ihre quirligen Füße gewartet haben und tappt, noch schlaftrunken, den Pezibären im Arm, zur Türe. Behutsam, um nur ja niemanden zu wecken, drückt Thesi die Türschnalle hinab und kaum einen Atemzug später steht sie im langsam anschwellenden Licht des Morgens. Mmh, wie es hier duftet! Thesi schnuppert genüsslich die süß-herbe Luft, die über den noch nachtnassen Wiesen liegt. Es sind wohl die Berge, welche, Schnee gezukkert, solchen Duft verströmen, denn es hat über Nacht geschneit, beinahe bis ins Dorf hinab hat's über Nacht geschneit, stellt Thesi begeistert fest. Sie schlüpft aus den Pantoffeln und streift nun, nur in ihr dünnes Nachthemd gehüllt, durchs Gras, wie ein kleines Kätzchen streift sie durchs Gras, verspürt nichts von der Morgenkälte, gar nichts verspürt sie von der Morgenkälte, die um sie ausgebreitet liegt und nach ihr greifen will. Immer wieder hebt Thesi schnuppernd das Näschen und staunt und staunt über die Berg –und Wiesenpracht. Jetzt breitet sie ihre Arme aus und ist eine Elfe, eine Blumenkönigin ist sie, ganz eingepflanzt in die Schönheit der Schöpfung, entsunken und entschwebt. Nebel steigen aus dem Tal in lichte Bergeshöhen. Thesi, entsunken und entschwebt. Irgendwo, in der Ferne, läuten Kirchenglocken. Irgendwo, in der Ferne, in den Wiesen, aus den Bergen, aus den Wolken. Thesi, entsunken und entschwebt, die Augen geschlossen, da sein, pures Dasein. Dann, wie aus einer anderen Welt, Muttis Stimme, prasselnde Worte, die entschleiern, entschleiern. Thesi, wo bist du denn, komm sofort herein, du erkältest dich noch … Thesi öffnet langsam ihre Augen und kehrt zurück aus ihrem Traum, ihrem Elfentraum, ihrem Blumenkönigintraum. Die Wolkenhaut ist jetzt dünn, sehr dünn, wird aufreißen, reißt auf, bald wird der Himmel blank liegen und sein schimmerndes Blau über die Berge spannen …

Wunderbare Sommerzeit in den Bergen! Eine selige Langsamkeit ist über die Zeit hin gegossen. Morgen und Abend kommen und gehen und gehen und kommen. Die Zeit hat sich aufgelöst in ein einziges helles Heute. Wandern über grünende Almen, allerorten gemütlich wiederkäuendes Fleckvieh, allerorten Schafe, die sich in wolligen Haufen um die Wanderer ballen, sich wieder in die Wiesen hinein vereinzeln, Bäche, die sich wild schäumend in die Tiefe stürzen, dann wieder, sich gemütlich durchs Almengrün kräuseln und in saphirblauen Seen sammeln, dort ausruhen, ausruhen, Schmetterlinge über bebenden Gräsern, Thesi, selbst Schmetterling, hinterdrein, Bergseligkeit, Bergseligkeit … Und immer wieder das Kätzchen, Thesis dreischeckiges Kätzchen, schenkt Zärtlichkeit für ein Schälchen Milch, lässt sich mit viel Geschnurre das Bäuchlein streicheln oder hinter den Ohren kraulen, dann, wenn es genug davon hat, fährt es die Krallen aus und kratzt und beißt so viel es nur kann. Thesi macht das gar nichts aus und schiebt den Finger in Miezens Mäulchen, sieht den rosigen Rachen und die kleinen, spitzen, weiß schimmernden Zähne, die sie ständig an Thesis Finger erprobt. Wenn das Kätzchen mit erhobenem Köpfchen und aufgestelltem Schwänzchen durch die Stube stolziert, fehlt nur noch das golden blinkende Krönchen, um es als verwunschene Prinzessin zu entzaubern. Sitzt die Prinzessin dann genüsslich schnurrend auf Thesis Schoß und schiebt das rotpelzige Köpfchen in ihre Armbeuge, kann Thesi sich kein größeres Glück vorstellen, als sie zu sich mit nach Hause zu nehmen. Anders sieht die Sache aus, wenn Prinzessin auf Schabernack aus ist, an Sesselbeinen nagt, an Polstermöbeln die Krallen schärft, an Thesis Bilderbüchern knabbern will oder gar mit ihren schönen Bernsteinaugen lüstern zu Butzi aufschaut, der arglos plaudernd in seinem kleinen Reisekäfig hockt. Katzen essen eben Vögel, stellt Ina sachlich fest. Thesi schüttelt sich, brrrr, wie grausam! Was soll denn daran grausam sein, erwidert Ina, du isst ja auch Tiere. Nein, gar nicht, kontert Thesi und stampft mit dem Bein. Oh doch isst du Tiere, fährt Ina unbarmherzig fort, immerzu isst du Tiere. Die großen Leute haben dafür eigene Wörter erfunden wie Fleisch, Wurst, Schinken, Speck und verstecken sie in Knödeln, Suppen, Saucen und Panaden. Brr, sagt Thesi, und ist ganz blass geworden, noch nie hat sie darüber nachgedacht, woraus das besteht, was auf ihrem Teller liegt, hat bisher nur unterschieden zwischen schmecken und nicht schmecken. Thesi ist entsetzt. Und warum haben die Großen dafür eigene Wörter erfunden, Ina, stottert sie hervor, warum verstecken sie die Tiere in den Wursthäuten und Saucen? Vielleicht, weil sie nicht daran erinnert werden wollen, was sie da eigentlich essen, meint Ina nachdenklich, und, setzt sie fort, weil sie die Wahrheit vor den Kindern verbergen müssen. Oder glaubst du allen Ernstes, dass irgendein Kind der Welt freiwillig ein Schwein, einen Hasen, ein Huhn, ein Kälbchen, einen Fisch essen würde? Sie müssen die Tierleichen hinter Worten, Saucen und Wursthäuten verstecken. Lass Thesi in Ruhe, sagt jetzt wütend die Mutti, die unbemerkt dazu gekommen ist, du redest Unsinn, wir Menschen brauchen Fleisch, um leben zu können. Brauchen wir nicht, entgegnet Ina trotzig, es gibt genug Leute, die leben, ohne Fleisch zu essen. Schluss jetzt, kommandiert Mutti aufgebracht, du isst ja auch gerne Schnitzel und Wurst. Stimmt, sagt Ina, ich habe mich eben schon so an den Geschmack gewöhnt, dass ich's nicht mehr lassen kann. Deiner kleinen Schwester aber, schimpft Mutti, deiner kleinen Schwester, die ohnehin eine schlechte Esserin ist, willst du den Appetit verderben. Will ich nicht, rechtfertigt sich Ina, irgendwann hätte sie's erfahren, irgendwann hätte sie's auch ohne mich erfahren, dass Tiere getötet werden, damit wir sie aufessen können. Während das Wortgeplänkel zwischen Ina und Mutti weitergeht, stiehlt sich Thesi aus dem Zimmer. Vor dem großen Wandspiegel hält sie inne und bleckt die Zähne, klappt sie auf und zu und auf und zu und stellt entsetzt fest, dass ihr ein Raubtier entgegenblickt. Ich bin ein Raubtier, sagt Thesi zu ihrem Gegenüber im Spiegel, ich bin ein Raubtier und esse Schweine, Hasen, Hühner, Kälbchen und Fische. Erneut klappt sie ihren Mund auf und zu und auf und zu. Plötzlich überfällt sie großer Ekel, meint sie Schreie zu hören, die Schreie der getöteten Tiere, die Schreie der für sie getöteten Tiere. Thesi drückt die Hände an die Ohren, läuft aus dem Haus, läuft auf die Wiese, wirft sich schluchzend ins Gras. Sie wird keine Tiere mehr essen, nie mehr wieder wird sie Tiere essen. Mutti wird sagen, dass gegessen wird, was auf den Tisch kommt, aber sie, Thesi, wird nicht mehr essen, was auf den Tisch kommt, lieber verhungern, lieber sterben, als am Tod der Tiere schuldig zu sein. Thesi ahnt, was ihr bevorsteht, ein Löffelchen für die Mama und eines für den Papa, wird die Mutti sagen und Thesi mit dem Essen quälen. Thesi aber wird prüfen, was auf dem Teller liegt, wird verweigern, stundenlang bei Tisch sitzen, das verhasste Fleisch von einer Backe in die andere schieben und es schließlich am Klo ausspeien. So hat sie's schon bisher mit Speisen gehalten, die ihr nicht mundeten, so wird sie's auch künftighin halten, mit allem, was ihr verdächtig scheint. Mutti wird sich eben daran gewöhnen müssen. Rücklings liegt Thesi im Gras, spürt, wie der laue Sommerwind sanft über sie hinweg haucht, als wäre sie Gras unter Gräsern, spürt, dass sie Gras unter Gräsern ist, Leben umgeben von Leben, möchte Freundin sein dem Leben, allem Leben. Langsam setzt Thesi sich auf, streicht ihr Kleidchen mit den Händen glatt und blinzelt der Sonne zu. Mutti wird sich eben daran gewöhnen müssen, sagt Thesi zur Sonne und weiß, dass die Sonne sie versteht, sie ist ja Freundin dem Leben, allem Leben.

In die Sommerhelle fällt der Schatten des Abschiedes, des Abschiedes von Prinzessin und Jockele, des Abschiedes von den Kühen, Almen und Bergen. Zuerst ist Thesi darüber untröstlich, doch, als kurz vor der Abreise eine Urlauberfamilie mit zwei Mädchen, die in Thesis Alter sind, ankommt, fällt Thesi der Abschied gar nicht mehr so schwer. Thesi ist ja an Kinder nicht gewöhnt und zieht es vor, alleine zu spielen. Nun aber muss sie ständig fürchten, dass es an der Türe klopft, und die beiden Mädchen mit ihr spielen wollen. Kannst ja nein sagen, meint Ina leichthin, aber Thesi kann nicht nein sagen, ist zu feige, spielt mit, spielt Ball spielt Karten, spielt Verstecken … So fällt der Abschied ganz und gar nicht mehr so schwer. Nächstes Jahr kommen wir ja wieder, verspricht noch dazu die Mutti und erzählt Thesi von den Puppen, die schon sehnsüchtig zu Hause auf ihre Mama warten. Ach ja, die Puppen, das Kasperltheater, der Kaufmannsladen, die Puppenküche, all die geliebten Spielsachen warten schon sehnsüchtig auf Thesi, jetzt freut sich Thesi auf zu Hause, jetzt freut sich Thesi sehr auf zu Hause. Lebt wohl, winkt der Vati den Bergen bei der Abreise zu. Auf Wiedersehen, ruft die Mutti, rufen Ina und Thesi noch lange, noch lange.

17

Nun bist du schon so ein großes Mädchen, spricht die Mutti eines Tages zu Thesi, nun bist du schon so ein großes Mädchen, dass du in ein paar Tagen zur Schule kommst, und so ein großes Mädchen wie du darf nun auch schon alleine einkaufen gehen. Möchtest du? Und ob Thesi möchte! Normalerweise ist Thesi fremden Menschen gegenüber sehr scheu und würde lieber verdursten, als sich im Gasthaus ein Kracherl zu bestellen. Aber die Greißlerin, Frau Visnocyl, ist ja kein fremder Mensch für Thesi, nicht wirklich, denn seit Thesi sich zurückerinnern kann, geht sie an der Hand der Mutti beinahe täglich zu ihr einkaufen. Thesi mag die freundliche, kleine Geschäftsfrau, die ihr immer etwas Süßes zusteckt, ein Stück Schokolade, bunte Zuckerln, ein Keks. Thesi mag auch das winzige Geschäft, in dem man sich zwar kaum umdrehen kann, aber in dessen Regalen eine kleine Welt der Nützlichkeiten und Köstlichkeiten verborgen ist. Bei der Frau Visnocyl bekomme ich alles, was wir zum Leben brauchen, stellt die Mutti auch immer wieder zufrieden fest, vom Gummiringerl bis zum Obst. Und nett ist die Frau Visnocyl obendrein, hat ja selber drei Kinder. Ja, nett ist die Frau Visnocyl obendrein. Das findet auch Thesi. Und heute wird sie zum ersten Mal alleine zur netten Frau Visnocyl einkaufen gehen. Da ist gar nichts dabei. Und Schokokeksis darf sich Thesi auch mitnehmen. So richtet die Mutti den Einkaufskorb her, zwei leere Milchflaschen stellt sie hinein und zählt so viele Schillinge und Groschen ins Geldbörserl, wie Thesi brauchen wird. Auch einen Einkaufszettel legt die Mutti in den Korb, damit Thesi nur ja nichts vergisst.

Die Greißlerei liegt jenseits der Wiese, dort, wo der Feldweg zur Stadt hin läuft, und als Thesi das Geschäft betritt, ist Frau Visnocyl ganz begeistert über die tüchtige Kleine und über ihr hübsches, junges Gesicht huscht ein sonniges Lächeln. Während sie all das in den Einkaufskorb schlichtet, was auf Thesis Einkaufszettel steht, Milch, Butter, Eier und Brot, guckt Thesi sich neugierig im Geschäft um, betastet die Zwirnspulen und Knopfschachteln, betrachtet die bunten Zuckerln, die in einer Glaskugel auf dem großen Ladentisch stehen, der sich längs durch das ganze Geschäft erstreckt und riecht, auf Zehenspitzen hoch gereckt, an den süß duftenden Äpfeln in den Obstkörbchen. Magst wieder kurbeln, fragt Frau Visnoyl und deutet auf die silbern verschnörkelte Registrierkasse auf dem Ladentisch. Thesi mag. Und wie Thesi mag! Ratatatata singt die alte Maschine, und Thesis Freude ist groß, als die Geldlade mit Geklingel aufgeht. Weilst so brav deiner Mutti hilfst, sagt Frau Visnocyl, schenke ich dir die Kekse. Spricht's und steckt das Keksröllchen in den Korb zu den anderen Sachen. Thesi bedankt sich recht artig und verlässt fröhlich winkend das Geschäft. Wieder auf der Wiese, stellt Thesi den Korb ins Gras und betastet stolz all das, was sie soeben erstanden hat. Die Milchflaschen hat sie besonders gerne. Behutsam nimmt sie eine aus dem Korb, neigt sie langsam kopfüber, hält sie gegen die Sonne und guckt durch das braune Glas, das frei wird. Es sieht ein bisschen wie in der Kirche aus, wenn Licht durch die bunten Glasbutzen sickert. Jetzt stellt Thesi die Flasche wieder in den Korb zurück, gleitet sachte mit den Fingern über das Aluminiumkapperl, welches die Milch verschlossen hält und freut sich schon auf zu Hause, wenn sie genüsslich den Rahm abschlecken darf, der darauf reichlich haftet. Als nächstes nimmt Thesi den großen Brotlaib heraus. Mmh, wie der duftet! Behutsam wickelt sie ihn aus dem feinen, weißen Papier und fährt langsam mit dem Zeigefinger den mehligen Rücken hinab, um sogleich das Mehl vom Finger zu lecken. Letztlich kann sie dem herrlichen Geruch gar nicht widerstehen, zeichnet, wie sie's bei Mutti immer sieht, mit dem Daumen drei Kreuzerln auf den Brotbauch und knabbert, gleich einem Mäuschen, seitlich an der knusprigen Krume, die in der Hitze des Backofens aufgeplatzt ist. Wird's Mutti entdecken? Schnell wickelt Thesi den Brotlaib wieder ein und legt ihn in den Korb zurück, wo er friedlich neben den braunen Milchflaschen, den Eiern, den Keksen und dem kühlen Butterwürfel ruht und setzt ihren Weg fort, der ihr plötzlich sehr weit erscheint. Ja, je länger sie unterwegs ist, desto schwerer scheint die Körbchenlast zu werden, die Gräser scheinen ihr höher, und die Hitze der Sonne, sticht nun, feinen Nadelstichen gleich, ihre Haut. Schließlich ist Thesi so erschöpft, dass sie sich ins Gras setzen muss. Es macht plötzlich keine Freude mehr, ein großes Mädchen zu sein. Klein fühlt sich Thesi, winzig klein, und sie ersehnt nichts mehr, als die helfende Hand der Mutti. Thesi lässt sich rücklings ins Gras fallen, betrachtet die Schmetterlinge, wie sie flockenleicht über sie hinweg tanzen und vergisst darüber ganz die Körbchenlast. Das Knicken von Gräsern unter eiligem Schritt weckt Thesi aus ihrer Schmetterlingsseligkeit. Ich habe geahnt, dass dir der Einkauf zu schwer werden wird, sagt die Mutti und hebt den Korb hoch. Aber, fährt sie fort und streicht dabei der kleinen Tochter, die sich aus dem Gras erhoben hat, übers Haar, du hast es sehr weit geschafft, meine Thesi, und ich bin wirklich stolz auf dich. An der Hand der Mutti geht Thesi nun nach Hause. Wird es denn immer so schwer sein, ein großes Mädchen zu sein, fragt sich Thesi bange und sehnt sich nach der Flockenleichtigkeit der Schmetterlinge.

18

Der Sommer neigt sich seinem Ende zu. Braun und müde stehen die Wiesen. Silberfäden schweben in den Bäumen, kleben am Gesicht, kleben an Armen und Beinen, umspinnen Grasbüschel, umspinnen Steine, weben zitternde Dächlein, die im weißen Licht der schwächer werdenden Sonne leuchten. Kurz wird der Tagesatem und kühler der Atem der Nacht.

Barfuss steht Thesi am weit geöffneten Fenster, blickt hinaus in die Nacht, die Nacht. Durch die knorrigen Zweige des alten Nussbaumes im Garten tropft das milchige Licht des Mondes in Thesis Stube hinein, und Thesi hält ihm ihr kleines Gesicht hin, bereit, von ihm geküsst zu werden. Zärtlich spielt der Nachtwind mit den feinen Härchen auf ihrer Stirn, will auch die Zöpfe heben und mit ihnen spielen. Doch schwer liegen sie auf ihrer Brust, viel zu schwer.
Träumst du Thesi, träumst du denn wirklich …

Mondenzeit, Mondenzeit …

DIE SCHATULLE

PROLOG DER LIEBE

Süß erklingt das Ewige Lied der Liebe, doch die Töne wissen's nicht. Da beginnt die Liebe, diese wundersame Sängerin, zu träumen, zu träumen ... – zu träumen, dass dereinst die Töne sich als Töne erkennen mögen, dereinst in tausend und abertausenden von Liedern erklingen, dann, das einzige, das wahre, das schönste Lied erkennend, das sie einst, da sie's nicht wussten, gesungen, nun, jubelnd anstimmen und in Ewigkeit singen ...

ERINNERUNG IM HERBST

Es war an einem ruhigen, sonnigen Nachmittag im Herbst. Maximilian hatte das Fenster seiner kleinen Stube, das in einen stillen Garten blickte, weit geöffnet. Der Garten war von hohen, Efeu bewachsenen Mauern umfangen und mit seinen ungezähmten Gräsern und stolzen Rosen von jener wilden Schönheit, die jede Seele in der Tiefe berührt. Maximilian aber war nun wie verzaubert vom innigen Spiel des Lichtes in den bunten Blättern des alten, knorrigen Ahornbaumes in der Mitte des Gartens, sog tief den süßlichen Duft des Herbstes ein, der sich zu ihm in die Stube verströmte, und schloss für einen kurzen Moment die Augen. Und plötzlich schien sie da zu sein, beinahe körperlich spürbar, Yella, die ihn lieben gelehrt hatte, Yella, in der er sich gefunden hatte und aus der er gleichsam neu geboren worden war, Yella, die er so liebte. Maximilian stöhnte leise auf. Wie sehnte er sich danach, sie noch einmal berühren zu dürfen, den zarten Schleier hochzuheben, den der Tod zwischen sie beide hatte fallen lassen ... Maximilian hob die müden Augenlider. Er war alleine. Wieder alleine. Schwer ließ er sich auf den alten Holzstuhl sinken, der neben dem Fenster stand. So viele Jahre waren seit ihrem Tod dahingegangen. Die Zeit war an ihm hinabgeglitten gleich Tränen, ungezählten Tränen. Wie sagte sie doch, ein Mal geliebt ist in alle Ewigkeit hineingeliebt ... Ach, Yella, du Stern im kalten Weltenraum. Ein halbes Kind war sie noch gewesen, damals, als sie, ihn mit ihren großen, seelenvollen Augen anblickend, das lange, dunkelblonde Haar vom Herbstwind zerzaust, der zarte Körper in dem allzu dünnen Kleid bebend, sprach, Maximilian, mein Schatz, ein Mal, wenn die Blätter fallen, werde auch ich verwehen. Er aber, von ihrer Jugend betört, selbst jung, so jung, viel zu jung, wollte ihre dunklen Worte nicht verstehen. Yella war für ihn Leben, pures Leben! Er spürte, wie Leben um ihn pulsierte, wie Leben ihn durchglühte, wollte leben, leben, leben, sich dieses sein Leben nicht stören lassen, nicht noch ein Mal stören lassen … von ihm, dem Tod, in seinem großen, schwarzen Schweigemantel. Maximilian lehnte den Kopf an die Fensterscheibe und spürte die Kühle des Glases an seiner Wange. Wie zarte Falter stiegen nun vertraute Bilder, Erinnerungen an die Knabenzeit, aus seiner Seele und wie wundersam lebendig schienen sie ihm nun, die Erinnerungen … an das Haus seiner Kinderzeit, das unbeschwert inmitten riesiger, altehrwürdiger Bäume und herrlich duftender, in ihrer Farbenpracht geradezu verschwenderischen Blumen ruhte und das sein Vater, ein angesehener Rechtsanwalt in der großen Stadt, auf dem Lande für seine Familie erstanden hatte, die Erinnerungen … an Mutter, vom Vater und später auch von ihm selbst zärtlich Annchen gerufen, vor allem die Erinnerungen an Mutter, die, Geborgenheit und Zärtlichkeit verströmend, immer da war … Kindheitserinnerungen, zarte Falter, zarte Falter sonnendurchfluteter Jahre … Als er, Maximilian, erwachsen geworden, in die große Stadt gezogen war, um zu studieren, erkrankte Annchen eines Tages ernstlich, wurde müde und immer müder, konnte schließlich kaum mehr das Bett verlassen, versuchte sich ihre Schmerzen nicht anmerken zu lassen und konnte doch letztlich, als die Krankheit fortgeschritten war, das Leid nicht mehr verbergen. Oft hatte Maximilian an ihrem Bett gesessen, ihre vor Schmerzen sich verkrampfende Hand in der seinen haltend, sie nicht mehr loslassend, so an die Welt binden wollend. Doch sie, sie schwand dahin, entglitt ihm unaufhaltsam. Du, mein lieber Junge, hatte sie kurz vor ihrem Tod gesagt, ich liebe dich so sehr. Wie gerne hätte ich dich noch einige Jahre begleitet, doch der Engel der Zeit hat mich angerührt, es ist so weit, ich muss gehen ... Maximilian hatte gespürt, dass Annchen noch etwas hätte sagen wollen, doch sie hielt inne, war einfach zu matt. Die Wochen nach Annchens Tod verbrachte Maximilian in dumpfer Traurigkeit. Das Leben hatte seinen Geschmack verloren. Der Garten der Kindheit lag verlassen, ohne Farbe und jeglichen Duft, war still, totenstill. Eines Nachts aber, es mochte ein halbes Jahr nach Annchens Tod gewesen sein, war Maximilian ein seltsamer Traum … er ging über eine Blumen übersäte Wiese und alle Bäume, an denen er vorüber kam, selbst die dunklen Nadelbäume, standen in voller Blüte und in all dem Blühen gewahrte er Annchen – sie war jung und lachte so fröhlich, dass in ihren Wangen kleine Grübchen tanzten. Da bist du nun endlich, mein Junge, sprach sie und fuhr fort, ich habe ein Geschenk für dich ... und schon überreichte sie ihm eine kleine, golden glänzende Schatulle. Staunend nahm Maximilian die Schatulle entgegnen und, da er sie öffnen wollte, sagte Annchen, in dieser Schatulle ist mein Wunsch für dein Leben ... Kaum aber hatte sie diese Worte gesprochen, erwachte Maximilian aus seinem Traum. Er wagte es nicht, sich zu bewegen, hing mit geschlossenen Augen den Bildern des Traumes nach, spürte das Glück seiner Mutter im Herzen zu seinem eigenen Glück werden. Lebewohl, Annchen, flüsterte er dann. Und es war ihm, als singe sie zurück, auf Wiedersehen mein Junge, auf Wiedersehen, und – vergiss die Schatulle nicht! Wie viele Jahre waren seither vergangen. Alles war Erinnerung im Herbst. Und doch war alles heute. Ewig gegenwärtig. Maximilian wandte seinen Blick von dem Ahornbaume ab. Die Sonne war es müde geworden, mit den Farben der Blätter zu spielen und Maximilian schloss das Fenster.

KÄLTE IM HAUS DER KINDHEIT

Sanft verdämmerte der Tag. Schon wollte Maximilian die Schreibtischlampe anknipsen, doch dann scheute er die Grelle ihres Lichtes und entzündete eine Kerze. Zuerst zuckte die Flamme unruhig hoch, wurde aber geduldiger, milder, erfüllte schließlich die Stube mit zärtlichem Schein. Maximilian ließ seinen Blick über die bilderlosen Wände schweifen, über die wenigen, bescheidenen Möbelstücke, das schmale Bett, das kleine Kästchen daneben, das schmale Regal mit den Büchern, die stille Ecke mit dem Kreuz und dem Betschemel davor, dann, zurück zum Schreibtisch. Er liebte die Einfachheit dieses Raumes, die Stille, die darin atmete, die Fülle, die aus dieser Einfachheit sich in sein Herz ergoss. Auf dem

Schreibtische vor ihm lagen seine Schreibfeder und ein Schreibblock, nicht mehr. Auch hier – keine Bilder. Weder von Vater, noch von Annchen und keines von Yella. Alle Bilder ruhten in seinem Herzen. Maximilian musste an seinen Vater denken. Alt war er geworden. Und einsam. Einsam an der Seite seiner so jungen Frau. Ja, der Vater hatte wieder geheiratet. Maximilian konnte sich noch gut an den Tag zurückerinnern, da er Vaters Brief in den Händen hielt, mit dem er ihm seine Absicht, sich wieder verheiraten zu wollen, eröffnete. Auch war dem Brief ein Bild beigelegt, auf dessen Rückseite in den ihm so eigenen, selbstbewussten Buchstaben der Name „Eva“ stand. Eva. Maximilian atmete tief. Er sah sie noch vor sich, damals, am Hochzeitstag, in ihrem grellroten, eng anliegenden Stretchkleid. Auch die Lippen, grellrot leuchtend in dem weiß geschminkten Gesicht. Ihre Augen, deren Farbe ihn an das Grün feuchter Wiesen erinnerte, musterten ihn aufmerksam. Och, das ist also Max, sagte sie und das „X“ in seinem Namen kam hart wie ein Schwerthieb von ihren Lippen. Ich darf doch Max zu dir sagen, fragte sie dann und reichte ihm ihre schmale Hand. Maximilian neigte sich darüber und deutete einen Kuss an; wie weiß doch ihre Hand war und wie lange diese ihre Finger! Als er sich wieder aufrichtete, erschauderte er unter der Kühle ihres Blickes. Maximilian musste an seine Mutter denken, an ihre Zärtlichkeit und Wärme. Lange hatte der Vater um sie, sein Annchen, getrauert, seine Augen waren leer geweint. Wie sehr hatte Maximilian gewünscht, den Vater wieder froh zu sehen. Und nun diese, so andere, sie würde ihn wohl nicht glücklich machen. Gewiss, sie war sehr schön, hoch gewachsen, wie sie war, mit ihrem vollen Mund und dem beinahe bläulich schimmernden, schwarzen, langen Haar, das sie nun im Nacken aufgesteckt trug. Ihre grünen, schräg gestellten Augen und lauernden Bewegungen hatten allerdings etwas Raubkatzenartiges an sich. Als Tochter eines Arztes, der zwar angesehen war, aber auf Grund seines aufwendigen Lebensstiles die Familie immer wieder in finanzielle Nöte brachte, liebte auch sie das luxuriöse Leben, schnelle Autos, elegante Kleider und kostbare Geschmeide. Das alles war für Maximilians Vater neu. Er hatte stets bescheiden und zurückgezogen gelebt. Maximilian seufzte und blickte in den hellen Schein der Kerze. Er hatte seinen Vater immer sehr geliebt. Doch er war für ihn wenig da gewesen in den Jahren, da er studierte ... aber, war es nicht auch der Wunsch des Vaters gewesen, dass er,

Maximilian, Anwalt werde, die Kanzlei dann übernehme wenn er, der Vater, dereinst in den verdienten Ruhestand treten würde ... Nein, so einfach durfte er es sich nicht machen. Er hatte den Vater alleine gelassen. Alleine mit seiner abgrundtiefen Traurigkeit. Alleine in dem großen, verwaisten Haus. Und er, Maximilian, hatte nicht nur über Skripten und Büchern gesessen, sondern hatte auch das ungebundene Studentenleben genossen. Ihm war die Studienzeit wie im Fluge vergangen, für den Vater aber waren es wohl lange, kalte Jahre gewesen. Es war nur allzu natürlich, dass ihn nach der Zeit so tiefer Einsamkeit diese andere Art zu leben in den Bann zog. Es machte ihm Freude, sich mit der schönen, jungen Frau an seiner Seite zu zeigen und sie mit Geschenken zu überhäufen. Damals konnte Maximilian den Vater nicht verstehen, heute wusste er, dass sein Vater in Eva das Leben schlechthin suchte. Nach der Hochzeit des Vaters reiste Maximilian unverzüglich wieder ab. Es war ihm zu kalt geworden in dem Haus seiner Kindheit.

DIE BEGEGNUNG

Maximilian betrachtete, wie sich die Kerze in dem hellen Licht der Flamme verzehrte; glich sie nicht Yella, die sich in ihrer Sehnsucht nach Liebe verzehrte ... Maximilian erinnerte sich an die Zeit, als er nach dem Studium in einer kleinen Anwaltskanzlei Arbeit gefunden hatte und von seinem Studentenzimmer in eine winzige Wohnung am Rande der großen Stadt übersiedelt war. Wie einsam fühlte er sich damals gar allzu oft. Nein, das laute, ungezügelte Studentenleben vermisste er nicht, er war's schon lange überdrüssig, vielmehr sehnte er sich nach der Wärme und Zärtlichkeit einer Frau. Zwar hatte er schon viele Mädchen kennen gelernt, doch keines hatte bis dahin an sein Herz gerührt. Manchmal aber, wenn er des Nachts in seinem Bett lag und keinen Schlaf finden konnte, da war es ihm, als umfingen ihn sanfte Augen, da wurde es ihm dann so unsagbar wonniglich ums Herz und seine Sehnsucht wurde still, ganz still. Es war in diesen Momenten des Glücks, dass ihm die Schatulle seiner Mutter in den Sinn kam, Annchens kleine, golden glänzende Schatulle. Dann wünschte er nichts mehr, als dass sie sich auftäte, den Wunsch der Mutter offenbarend. Und eines Tages spürte er den unwiderstehlichen Drang, zu Annchens Grab zu gehen. Annchens Grab, das er nicht mehr aufgesucht hatte seit dem Tage, da man sie darin bestattet hatte. Gebein ist es, nichts als Gebein, hatte er sich trotzig gesagt, Gebein, von dem sich meine Mutter entfernt hat ... Annchen hatte tanzende Grübchen in den Wangen, spazierte über blühende Wiesen und war unverweslich. Doch war es wohl seine Angst gewesen, dem kalten Tod in die Augen sehen zu müssen; seine Angst, dass das Schweigen, das zwischen ihn und seine Mutter gefallen war, ein ewiges sein könnte und alle Hoffnungen auf ein Wiedersehen zerstäubten, alles, alles, alles eitel Illusion war. Der kalte Marmor des Grabes, die dunkle Erde, das stumme Mäuerchen darum waren von einer schaurigen Endgültigkeit, die Maximilian nicht zu ertragen vermochte. Nun aber zog es ihn an eben diesen Ort. Es war ein kalter, schneeloser Wintertag und die Abenddämmerung begann sich allmählich sanft über die große Stadt zu legen, als Maximilian durch das schwarze, schmiedeiserne Tor schritt, hinter dem die laute Welt in starrem Schweigen versank. Glichen nicht die Schwingen des Tores den schweren Flügeln eines dunklen, riesigen Vogels ... Maximilian wurde bang ums Herz und musste dennoch weiter schreiten, immerzu weiter schreiten an den dunklen Zypressen vorbei, die ihn stumm zu grüßen, schienen und unter jedem seiner Schritte stöhnte ächzend der Kies, denn, feineres Leben schwebte sonst über diesem Wege. An den Gräbern aber standen die steinernen Wächter und auf ihren kalten, dunklen Leibern reckte sich mit zuckenden Armen der helle Schein der Kerzen empor und es war ihm, als riefe ihn eine Stimme und als sänge es in den Lüften, und er schritt fort und fort und war mit einem Male an dem Grabe seiner Mutter. „Annchen" stand schlicht in verbleichendem Gold auf dem glatten Stein, darunter, in kühlen Zahlen, die kurze Spanne ihres Erdenlebens. Das Grab war nicht verwahrlost, wie er es erwartet hatte, es flackerte sogar ein schüchternes Licht in der Laterne, die auf einem kleinen Sockel seitlich vom Grabstein stand. Plötzlich war es ihm, als zittere ein Schatten über den Marmor, und als er sich erschrocken umwandte, stand ein junges Mädchen vor ihm. Es war ein fremdes Antlitz, in das er blickte, und doch schien es ihm so vertraut. Es waren fremde Augen, in die er versank, und doch war es ihm, als hätte er schon oft in diese Augen geblickt. Nun bist du also endlich gekommen, Maximilian", sprach sie mit sanfter Stimme, so lange hat deine Mutter auf dich gewartet ...

Maximilian blickte wie gebannt auf das Mädchen, das nun weitersprach, hast du denn in all den Jahren nicht gespürt, dass ihre Sehnsucht stärker ist als der Tod? – Ihre Sehnsucht nach deiner Zuwendung ...? Maximilian rang nach Worten, fragte schließlich mit versagender Stimme, wer bist du? Das Mädchen blickte ihn mit ihren großen Augen klar und bestimmt an und ging ein paar Schritte auf ihn zu. Ich heiße Yella, erwiderte sie dann mit ihrer hellen Stimme, und ich bin die Freundin deiner Mutter ... das Mädchen hielt kurz inne und ihr Blick schien nun in unendliche Weiten zu schweifen. Da fuhr sie leise fort, ich bin die Freundin von so vielen, die am Schweigen der Lebenden leiden ... Yella senkte ihren Blick zu Boden. Es war still, so still und Maximilian wagte kaum zu atmen. Dunkel war es geworden und die zarte Gestalt Yellas schien in dem Dunkel beinahe zu verzittern. Erst jetzt sah er, dass sie über dem dünnen Kleid nichts trug, als ein wollenes Schultertuch. Da erwachte er aus seinem dumpfen Staunen, wollte sie in seinen Mantel hüllen. Sie aber wehrte ab, nein, nein, es war ihr nicht kalt. Nun ruhten ihre Augen wieder auf ihm, waren voll Zärtlichkeit und Wärme. Du fragst dich wohl, sagte sie, wo die Wirklichkeit zu Ende ist und der Traum beginnt, der Traum endet und die Wirklichkeit beginnt ... ach, Maximilian, was ist schon Wirklichkeit und was ist Traum ... ich sage dir – es gibt keinen Unterschied . Yella reichte ihm ihre Hand und sprach, komm, lass uns jetzt gehen. Da hielt also Maximilian ihre Hand in der seinen, klein und warm war sie und voller Leben, und so schritten sie nun Seite an Seite den Kiesweg hin, dem schwarzen Tore zu, schritten sie Seite an Seite über seine Schwelle in die Welt hinaus. Dann kam der Abschied und Maximilian, wie betäubt, ließ sie gehen, sah sie noch in eine enge Gasse einbiegen, dann, war sie seinen Blicken entschwunden. Lange noch verharrte Maximilian regungslos an der Stelle, an der sie ihn verlassen hatte. Im kalten Licht des Mondes. In dieser Nacht träumte Maximilian von Annchens Schatulle. Sie stand weit geöffnet...

FRÜHLINGSERWACHEN

Die Erinnerung an die erste Begegnung mit Yella überwältigte ihn schier. Müde barg er das Gesicht in seinen Händen. An der Wand tickte die alte

Pendeluhr, doch für ihn, Maximilian, gab es keine Zeit mehr. Mitten im Jetzt sank er ins Damals und das Damals wurde ihm zum ewigen Jetzt. Ja, es gab keinen Unterschied mehr zwischen Traum und Wirklichkeit. Wie sagte doch Yella, Wirklichkeit ist das, was in dir lebendig ist ... Lebendig aber war in ihm die Liebe zu ihr, der so Fernen und doch so Nahen. Was Maximilian in all den Tagen, ja, Wochen, bis zu dem Zeitpunkt, da er sie wieder sehen sollte, lernen musste - und das erkannte er immer klarer – war, vermehrt auf die Stimme seines Herzens zu lauschen. In der ersten Zeit, nachdem er Yella gefunden und wieder aus den Augen verloren hatte, fragte er sich immer wieder, wer dieses Mädchen war, und woher sie ihn und seine Mutter kannte. Täglich ging er zum Friedhof und suchte sie an Annchens Grab. Zwar brannte stets ein Licht in der Laterne, doch, wann immer er sich auch einfand, Yellla war nicht zu sehen. Allmählich schwand seine Hoffnung, sie dort wieder zu finden, wo er ihr zum ersten Mal begegnet war und er wäre verzweifelt, hätte in ihm nicht eine so starke Sehnsucht gebrannt, die in seinem Herzen zur Gewissheit wuchs, dass er Yella eines Tages wieder sehen würde. Müde legte sich der Winter zur Ruhe und der Frühling zog ins Land, vertrieb die grauen Träume und küsste mit zärtlichen Lippen die Natur aus ihrem langen, tiefen Schlaf wach. Die Luft war erfüllt von dem süßen, schweren Duft der erblühenden Bäume und die Vögel sangen Lieder voller Liebessehnsucht und Lebensfreude. Selbst die Menschen in den Straßen der großen Stadt waren nun froher geworden, lebendiger. Auf ihren Gesichtern lag der Schimmer freudiger Erwartung. Auch Maximilian fühlte sein Herz durchtränkt von diesem Frühlingserwachen und eine tiefe Sehnsucht erfüllte ihn nach der Stille eines Ortes fernab der großen Stadt. Schließlich beschloss er, ein paar Tage Urlaub zu nehmen und der Stadt den Rücken zu kehren. Zuerst dachte er daran, einige Zeit bei seinem Vater auf dem Lande zu verbringen, doch schon allein der Gedanke an das Wiedersehen mit Eva war ihm unerträglich. Da stiegen Bilder einer liebreizenden Landschaft aus seiner Seele – Erinnerungen an die Knabenzeit, als er mit seinen Eltern frohe Tage in dieser Gegend verbracht hatte, und er spürte, dass sein Herz nichts mehr ersehnte, als diesen Ort. Ja, dorthin zog es ihn, ja, drängte es ihn, und nur dorthin sollte seine Reise gehen. Tags darauf schon saß er im Zug und fuhr seinem Urlaubsziel entgegen. Wie freute er sich auf die wunderbare Zeit, die vor ihm lag. Er hatte viele

Bücher mitgenommen, die er, im Grase liegend, zu lesen gedachte. Auch wollte er sich Zeit nehmen, um zu malen. Tatsächlich liebte er es sehr, Aquarelle anzufertigen. Es waren ihm auch schon einige leidlich gute Bilder gelungen, Bilder, die ihm Erinnerung an schöne Augenblicke in der Natur waren. Später betrachtete er sie dann, diese heiteren Zeugen vergangenen Stunden. Es tat ihm gut, ein Stück Vergänglichkeit mit dem Pinsel festhalten zu können, denn Maximilian lebte so gerne, dass ihn jeder Augenblick, der entfloh, im Herzen schmerzte.

DAS WIEDERSEHEN

Es war kurz nach Mittag und die Sonne stand gleich einem gleißenden Ball am Himmel, als Maximilian in der blumengeschmückten Bahnstation der kleinen Ortschaft ankam. Frohgemut blickte er auch schon kurze Zeit später aus dem Fenster einer winzigen Dachmansardenwohnung, die er für die Urlaubstage gemietet hatte. Wie schön war es doch hier – ringsum die stolzen Berge, wohlig die Füße in saftiggrüne, Blumen übersäte Wiesenmatten steckend und dann, in der Ferne, der See, wie ein kostbarer Saphir inmitten all dieser Schönheit ruhend. Ja, nichts konnte ihn mehr halten! Das Reisegepäck stand wartend in der Stube, doch Maximilian zog es nur mehr nach draußen, in die herrliche Natur, hin zum See. Und als er mit langen Schritten dem Ort seiner Sehnsucht entgegeneilte, war's ihm wie ein wunderbarer Traum; da ließ er sich auf einem bemoosten Stein am Ufer des Sees nieder und betrachtete den vergnügten Tanz des Lichtes in den sich kräuselnden Wellen. Hier konnte seine Seele still werden. Wie lange wohl mochte er so verweilt haben, die Zeit schien in die Ewigkeit des Augenblicks hinein aufgehoben zu sein. Plötzlich war es ihm, als berührte ein lichter Falter mit zarten Schwingen sein Herz und Maximilian erwachte aus seiner Versunkenheit. Und dann gewahrte er sie, Yella, am Ufer des Sees stehend, in eben dem dünnen Kleid, das sie bei ihrer ersten Begegnung mit ihm getragen hatte. Ja, da stand sie, wie damals, das schöne, dunkelblonde Haar gelöst bis an die Hüften fallend, und als ihn der helle Strahl ihrer großen Augen traf, schien ihr Blick aus einem langen Traume aufzutauchen, gleichsam den unergründlichen Tiefen des Sees entsteigend. Da standen nun die beiden Menschenkinder, jedes in den Augen des anderen schier ertrinken wollend. Still war es, so still, jegliches Wort, nicht ein Mal angedacht, am liebenden Da-Sein verzitternd; sie hatten immer schon aufeinander gewartet und nun war die Zeit ihrer Liebe gekommen.

ERSTE SCHATTEN

Maximilian fühlte sein Herz heftig gegen die Rippen pochen. Er erhob sich von seinem Sessel und durchmaß mit nervösen Schritten die Stube. Dann, erneut beim Fenster, durch das ihn die kalte Nacht anstarrte, hielt er inne und blickte hinaus in das unermessliche Dunkel. Ein kleiner Seufzer entrang sich seiner Brust – wie hell waren doch die ersten Tage ihrer keimenden Liebe gewesen! Wie verzaubert schien ihm die Welt, wie durchsichtig auf die Liebe hin, damals, als alles begann. Waren nicht all der Hass, das Leid, der Schmerz dieser Welt nur vordergründig und hinter allem pulsierten Wärme und Geborgenheit, bebte Licht, so viel Licht? Ja, über ihr ganzes Sein war sanftes Licht gleichsam ausgegossen. Sie sahen etwas an und abertausend Gebilde wurden daraus geboren. Unentwegt entstand ihnen die Welt neu. So gingen sie den hellen Pfad ihrer Träume. Alles war so einfach, ja, ihr junges Glück war schier eingebettet in diese Einfachheit, lebte aus dieser Einfachheit. Gotteskinder waren sie inmitten von Gotteskindern! Dann aber, zurückgekehrt in die große Stadt, fiel der Alltag wie ein grauer Nebel in ihre Welt. Ja, das Atmen schien schwerer zu werden, das Leben verlor an Leichtigkeit. Maximilian begann Fragen zu stellen. Es waren nicht seine Fragen. Es waren die Fragen seiner Freunde, die ihn bedrängten. Wer war Yella, und woher kam sie ... Yella aber sah ihn nur still an, dann lachte sie auf und erwiderte, ich bin eine verwunschene Prinzessin und wohne in einem unsichtbaren Schloss. Maximilian wurde wütend, packte sie an den Schultern und schüttelte sie. Du, du, verspotte mich nicht, schrie er. Yella aber begann still zu weinen. Da ließ er von ihr ab und barg das Gesicht in seinen Händen. Es lag eine kalte Stille im Raum. Plötzlich spürte er ihren Blick, und da er seine Hände von seinem Gesicht löste, sah er in ihre großen, traurigen Augen. Ach, Maximilian, sagte sie leise und ihre Stimme schien aus weiter Ferne zu kommen, ist mein Gestern wirklich wichtig für dich, ist es wirklich wichtig für uns? Heute lebe ich, bin ich bei dir. Hinter mir liegt zitternd ein dunkler Schatten. Er wird länger und länger, ach, Maximilian, manchmal hab' ich ihn auch schon vor mir gesehen. Maximilian schloss Yella in seine Arme und spürte, wie sie bebte. Ja, sie fror, sie fror in dieser Welt. Auf den höchsten Berg waren sie geflogen, hatten eine Wolke fassen können, bis in den Himmel waren sie mit ihr geflogen ... und plötzlich war sie in tausend Regentropfen zerflossen. Ja, plötzlich saßen sie auf Erden und die Regentropfen wurden zu Tränen, die Yellas Wangen hinabströmten.

EIN ABSCHIED

Am Schreibtisch lechzte stöhnend die Kerze auf, ein heller, schmerzend kämpfender Funke, gleich einem Sterbenden, der sich noch ein Mal hoffend aufbäumt, bevor er sich ermattet in die Arme des Todes fallen lässt, dann, verloschen. Wie ein schwarzer Vogel kam das Dunkel in die Stube, die großen Schwingen ruhig auf und ab schlagend, drang es vor bis in die Tiefe von Maximilians Seele, dort verweilend, verweilend. Yellas Tränen brannten nun in seinen Augen. Wie war Yella doch anders als all die anderen Frauen, denen er in seinem Leben begegnet war. Nicht schlechter, nein, und auch nicht besser; Yella war kein Engel. Sie war schlichtweg anders. Ein ewiges Mädchen schwebend zwischen Himmel und Erde. Sie war für ihn ein Geheimnis, ein abgrundtiefes Geheimnis. Immer wieder versuchte er sie zu erreichen, doch sie schien ihm ferne, so ferne. Vielleicht war auch dies der Grund dafür, dass in ihm zunehmend das Verlangen wuchs, von ihrem Körper mehr und mehr Besitz zu ergreifen; sie ganz für sich haben zu wollen bedeutete ihm, sie zu lieben. Er konnte ihr Verweilen in scheuen Zärtlichkeiten nicht verstehen. Sie zu berühren, ja schon der Gedanke daran, entzündete in ihm eine feurige Leidenschaft. Musste es nicht für sie, Yella, ebenso sein, wenn sie ihn nur liebte ... Sie aber wies ihn stets ab ... Du, Maximilian, bitte, bitte, gib mir Zeit ... Er konnte nicht verstehen, warum sie sich ihm nicht schenken konnte. War dies nicht der Beweis dafür, dass sie ihn nicht wirklich liebte? Sie aber wollte sich ihm nur dann ganz hingeben, wenn er sie auch heiratete. So ein Mann bin ich nicht, Yella, erwiderte er dann, heiraten und vielleicht auch noch fünf Kinder haben, hm?! Ja, nickte Yella daraufhin bestimmt, heiraten und fünf Kinder haben, genau das. Maximilian konnte Yella nicht begreifen. Damals. Heute wusste er, dass sie die Geborgenheit der Ehe suchte, um auf der Welt nicht erfrieren zu müssen. Damals meinte er, sich in einer Ehe nicht verwirklichen zu können, wollte er lieben und frei sein. So begannen sie aneinander zu leiden, begannen sie aneinander zu zerbrechen. Einmal warfen sie einander mangelnde Liebe vor, dann lagen sie sich wieder in den Armen, ewige Liebe schwörend. Doch während er sich immer mehr nach ihr verzehrte, begann er Yella zusehends zu verlieren. Sie suchte nach einem Halt auf Erden, den er ihr versagte. Yella konnte so nicht weiterleben, entzog ihm immer mehr ihre Nähe, wurde immer scheuer. Ihr Blick war unstet, ja, beinahe gehetzt. Verlor er sie an einen anderen Mann? Verlor er sie, weil sie in sich selbst sich verlor? Sie entfernte sich von ihm, sie entfernte sich von ihrem Wesen, sie entfernte sich von ihrem Leben. Seine Worte konnten sie nicht mehr erreichen, seine Berührungen glitten an ihr wie an kaltem Marmor ab. Ihr Herz hatte ihn verlassen, lange bevor ihre Schritte im Hausflur verhallten. Yella, fragte er bang, Yella, sag an, was ist mit dir? Sie aber, sah ihn traurig an, ich werde heiraten, sprach sie in die Kälte des Raumes hinein, ja, sehr bald werde ich heiraten. Dann wandte sie sich von ihm ab und ging ohne Gruß an ihm vorbei in die dunkle Nacht hinein.

EIN ZETTEL AN ANNCHENS GRAB

Damals hatte Maximilian jedes Gefühl dafür verloren, ob er Yella jemals wieder sehen würde. Er litt unsagbar daran, dass er nicht wusste, wo sie war, ja, ob sie denn überhaupt noch lebte, Wie sehnte er sich danach, die Wärme ihrer Haut zu spüren und den Duft ihres Haares zu atmen, wie sehnte er sich nach ihren Armen und nach einem Wort von ihr. Bilder der Erinnerung bebten in seinem Herzen, ach hätte er sie doch mit einem silbernen Netz einfangen, sie einatmen können, um sie auf ewig zu bewahren. Wie bunte Perlen rollten sie nun über den Boden bis hin zum Fenster, die Wände hinan, hinaus in die schwarze Nacht. Mitten im Leben hatte ihn der Tod angerührt. Sehr oft ging er nun an Annchens Grab, in der Hoffnung, Yella wieder zu sehen. In den ersten Wochen ihrer Freundschaft war er oft mit ihr zum Grabe der Mutter gegangen. Sie gehört zu uns, hatte Yella gesagt. Sie gingen auch zu anderen Gräbern, gingen zu all jenen, die von der Welt vergessen worden waren, und überall entzündete Yella ein Licht. Nun aber brannten schon lange keine Lichter mehr und auch in seinem Herzen war es dunkel und kalt geworden. In seiner Verzweiflung steckte er ein kleines Zettelchen zur Laterne an Annchens Grab. „Wo du auch weilst, Yella, in meinem Herzen bist du mein. In Liebe, Maximilian“, war auf diesem Zettelchen zu lesen. Maximilian litt, litt so unsäglich. Die Welt drehte sich nur um seinen Schmerz. Tagsüber, in der Kanzlei, versuchte er seinen Schmerz über der Arbeit zu vergessen, des Nachts schlief er unruhig, seine Träume waren dumpf und oft, wenn ihm die Einsamkeit unerträglich wurde, flehte er zu Annchen. Er konnte sie einfach nicht vergessen, Yella, den lichten Engel, den er so gequält hatte, Yella, den dunklen Dämon, der ihm solches Leid zufügte.

In heiterer Leichtigkeit tanzte der Sommer ins Land, tanzte über in goldener Reife stehende Felder bis mitten ins Herz der großen Stadt, tanzte über Maximilian hinweg. Es war Maximilian, als gleite die Zeit wie feiner Sand durch seine Hände und er, so leer, so leer, sein Leben gleich einem dunklen Strom tränenfeuchten Abgründen entgegenfließend.

DIE ENTSCHEIDUNG

Maximilian konnte das Dunkel nicht mehr länger ertragen. Er entfachte eine neue Kerze und als ihr sanftes Licht die Stube durchflutete, wurde ihm gar wohl ums Herz. So wohl war es ihm auch gewesen, als Yella wieder zu ihm zurückgekehrt war, damals, an jenem verregneten Spätsommermorgen. Er hatte am Fenster gestanden und die Regentropfen betrachtet, die am schwarzen Asphalt aufperlend, in unzählige Pfützen zerflossen, als ob sie nie gewesen wären. Wohnte nicht in jedem Regentropfen der Traum eines Menschen? So sinnend war's ihm plötzlich, als streifte ein sanfter Lufthauch gleich einem Kuss seine Wange. Da wandte er sich vom Fenster ab, und ging (und wusste nicht, warum) zur Eingangstüre, um zu öffnen. Draußen vor der Türe aber stand Yella, fröstelnd in ihrem dünnen Kleid, das regennasse Haar schwer über die

Schulter fallend, die Augen scheu auf ihn gerichtet. In ihren Händen hielt sie einen kleinen, zerknitterten Zettel, den sie ihm nun bebend entgegenstreckte – es war jener Zettel, den er zur Laterne an Annchens Grab gesteckt hatte. Maximilian sollte nie erfahren, wo sie während der Zeit ihrer Abwesenheit geweilt hatte, denn all seine Fragen verstummten am Glück der wieder gefundenen Liebe. Alles wollte er nun tun, um sie nicht mehr zu verlieren, alles wollte er tun, um sie glücklich zu machen. So zog er sie an sich und sie hielten einander fest, so fest, ja, Yella sollte seine Frau werden.

Der Vater war entsetzt über Maximilians Entscheidung. Dieser, den er noch nie aufbrausend erlebt hatte, war außer sich, wie kannst du mir das antun, mein Sohn, schrie er, ein Mädchen zur Frau zu nehmen, das keine Familie hat und keine Geschichte und das noch dazu völlig mittellos ist. Was wird man bloß dazu sagen! Und wenn du schon auf mich keine Rücksicht nehmen willst, so denke doch wenigstens an deine junge und schöne Mutter! Bei diesen Worten verspürte Maximilian einen ein Stich im Herzen. Er fühlte das Blut heiß in seine Wangen wallen und entgegnete empört dem Vater, meine Mutter, du nennst Eva meine Mutter?! Ich habe nur eine Mutter, die ich niemals zu lieben aufhören werde, von deren Liebe ich mich bis zum heutigen Tage getragen fühle, und sie, Annchen, würde sich mit mir über dieses Mädchen freuen! Da war es plötzlich still im Raum, sehr still, schweigend standen sich Vater und Sohn gegenüber. Der Name der Verstorbenen war wie ein Lichtstrahl zwischen sie gefallen. Annchen, leise stöhnte der Vater auf. Solange war ihr Name nicht mehr ausgesprochen worden. Solange hatte er nicht mehr an die gedacht, die er doch einmal so liebte ... Plötzlich hatte er das Bedürfnis, den Sohn, dieses Kind ihrer Liebe, in die Arme zu schließen, in dieser Umarmung zu bleiben und immer wieder den Namen zu hören, der nun in seinem Herzen pochte. Doch dann schrak er vor seinem Sohn zurück, Fremdheit senkte sich zwischen sie, der Lichtstrahl verzitterte und der Alte polterte weiter, wie kannst du es jetzt wagen, ihren Namen in den Mund zu nehmen, wie kannst du nur behaupten, dass die Wahl, die du getroffen hast, ihr Wunsch sei?! Du frevelst an der, die sich nicht mehr wehren kann! Maximilian blickte den Vater traurig an; wie konnte er auch verstehen, wie konnte überhaupt jemand jemals verstehen ... Schwer ließ sich der Vater nun auf seinen Stuhl sinken, der neben dem

Schreibtisch stand. Er atmete kurz und hastig. Eine Strähne seines schütteren Haares war ihm in die Stirn gefallen und er strich sie mit einer müden Handbewegung zurück. Nun blickte er hoch in die ernsten Augen des Sohnes; keiner mehr wollte nach dem Willen des anderen fragen. Es war beschlossene Sache. Die Heirat mit Yella für Maximilian, die Ablehnung derselben durch den Vater.

WEINTRAUBEN

Maximilian erhob sich und schritt zum Fenster. Es war Neumond – Neumond. Wie am Tage vor ihrer Hochzeit ... Waren nicht die Neumondnächte die finstersten Nächte ... nachtdunkel schimmerten auch Yellas Augen, als sie von Annchens Grab zurückkam. Sie war hingeeilt, um Annchen zur Hochzeit einzuladen. Bitter erinnerte sich Maximilian an Evas spitze Worte, Sag an, Max, geht sie denn immer noch Tote besuchen? Wie hatten sie dann beide über Yella gelacht. Wirklich, meinte Eva, plötzlich wieder ernst geworden, deine Yella ist psychisch krank. Oder findest du es normal, wie sie ist? Also Max, nach allem, was du mir bisher von deiner Frau erzählt hast, muss ich mir ernstlich Sorgen machen – um sie ... vor allem aber, um dich! Eva lag völlig nackt neben ihm auf dem großen Bett in dem billigen Hotelzimmer, das sie sich für die Nacht gemietet hatten. Sie hatte den Kopf mit dem schwarzen Haar in die eine, aufgestützte Hand gelegt, während die langen Finger ihrer anderen Hand genüsslich in eine Schale langten, die prall mit den köstlichsten Weintrauben gefüllt war. So naschte sie von den süßen Früchten und steckte auch ihm immer wieder eine Beere in den Mund. Schamröte stieg in seine Wangen, als er sich nun an diese Nacht, an die vielen Nächte, mit Eva erinnerte, in denen er Yella, in denen er seinen Vater betrogen hatte, ausgerechnet Eva, die erdhafte Eva, war es gewesen, die ihn in ihren Bann gezogen hatte und alles, was ihn einst an Yella bezaubert hatte, ihr verträumtes Wesen, ihr Staunen über das Wunder des Lebens, ihr Schauen hinter die sichtbare Welt, ihre Mädchenhaftigkeit, ja, all das zog er nun in Evas Beisein in den Schmutz. Gewiss, er war zutiefst verletzt von Yella gewesen; sie schien ihm eine Wortbrüchige, ja, eine Lügnerin. Sein ganzes Vertrauen hatte er ihr geschenkt, seine Freiheit für sie geopfert, auf die Kanzlei des Vaters verzichtet, ihr ein Zuhause gegeben. Doch sie verweigerte sich ihm. Verdammt, Yella, ich bin ein Mann, hatte er sie angeschrieen, was willst du eigentlich noch von mir...? Ach, und sie konnte immerzu nur weinen. Ein Mal aber sah sie ihn mit großen, verzweifelten Augen an und sagte, ich habe Angst, solche Angst, zu ... Yella hielt kurz inne und ihre Stimme zitterte, als sie weitersprach ... verlieren ... Maximilian wich unwillkürlich einen Schritt zurück - Und was glaubst du zu verlieren? fragte er sie dann mit gedämpfter Stimme und spürte die metallene Kühle des Eheringes an seiner Hand. Yella schlug die Augen nieder. Es war still im Zimmer. Nur das Ticken der alten Pendeluhr über dem Klavier war zu vernehmen. Dann sah Yella ihn wieder an und die Worte kamen nur zögernd von ihren Lippen ich habe Angst, das Mädchen in mir zu verlieren, ich habe Angst, meine Träume zu verlieren, ich habe Angst, dich zu verlieren, ach, Maximilian ... Yella brach nun wieder in Tränen aus, bevor sie schluchzend weitersprach, ach, Maximilian, ich habe Angst, mich zu verlieren ... Yella wollte in seine Arme fliehen, doch er wies sie heftig ab. Und das hast du vor unserer Hochzeit nicht gewusst, fuhr er sie kalt an. Du lieber, lieber Mann“, schluchzte Yella, ich schwör's dir, ich habe geglaubt, dass alles gut wird, wenn uns der Liebe Gott segnet und ich deine Frau werde! Ach, Unsinn, Yella, du lügst, du hast kein Herz, erwiderte Maximilian barsch. Yella aber weinte nur noch mehr, nahm dann seine Hand und drückte sie an ihre Brust. Nein, das ist nicht wahr, Maximilian, schluchzte sie, ich spür‘ doch, dass ich ein Herz habe; nein, nicht weil es pocht, vielmehr, weil es schmerzt und schier vergehen will vor Sehnsucht ... Maximilian aber wurde nur noch wütender. Er stieß Yella von sich. Yella, diese Fremde, an die er sich gebunden hatte. Ja, Eva, ausgerechnet die erdhafte Eva war es, in deren Armen er fand, was er in Yella vergeblich gesucht hatte. Damals.

ENTLANG DER STRASSE DUNKLER TRÄUME

Die Nacht war schon vorangeschritten. Kalt war's in der Stube und Maximilian hüllte sich fröstelnd in eine dicke Decke, bevor er wieder seinen Platz auf dem alten Stuhl vor seinem Schreibtisch einnahm. Der helle Schein der Kerze warf zuckende Schatten in den Raum und es war ihm schier, als fielen sie mitten in sein Herz hinein. So vieles erkannte er heute, was ihm einst gleichsam hinter dichten Nebelschleiern verborgen geblieben war: er, Maximilian, hatte er nicht immer schon um den Himmel gerungen? Sie aber, Yella, musste kämpfen, um auf die Erde zu kommen. So waren sie füreinander bestimmt, sich durch ihre Liebe das zu schenken, wonach sie sich in ihrem tiefsten Seelengrunde doch so verzehrten. So liefen sie entlang der Straße dunkler Träume. Maximilian ertrank beinahe in Selbstmitleid, wollte nicht wahrhaben, dass seine Frau litt wie er – war sie doch diejenige, die Schuld an allem Elend trug; er, ja, er hatte doch wirklich alles getan, um sie glücklich zu machen. Beinahe zu spät tauchte er aus diesem bitteren Groll auf, den er gegen Yella hegte. Nur zu gut war ihm noch das Gesicht des dicken Chinesen in Erinnerung, der sich wie ein breitbrüstiger Wachhund vor der Tür zu Yellas Krankenzimmer aufgepflanzt hatte. Hast du ihn gesehen, fragte sie beinahe flüsternd, als Maximilian sich zu ihr auf die Bettkante setzte. Von wem sprichst du, hatte er gefragt und nahm zögernd ihre kleine Hand, die wie verloren auf der Bettdecke lag, in die seine. Er sah, dass ihr Unterarm ganz blau war von den Infusionen, die sie wohl bekommen hatte. Ich spreche von dem dicken Chinesen, entgegnete Yella. Ach, den meinst du ... ja, ich habe ihn gesehen. Er hält vor der Türe Wache. Kaum hatte er das gesagt, begann Yella bitterlich zu weinen. Er hat mir alles weggenommen, meine Ohrringe und die Kette mit dem Kreuz daran. Ich bin jetzt ganz alleine. Maximilian nahm sie in den Arm und streichelte zärtlich über ihr Haar. Mach dir keine Sorgen, Yella tröstete er sie, du bekommst gewiss alles zurück, wenn du wieder nach Hause darfst. Da begann sie noch mehr zu schluchzen, ach, Maximilian, nimm mich mit, bitte nimm mich mit. Ich will weg von hier! Maximilian drückte sie noch fester an sich, warum hast du das getan, wollte er sie fragen, stattdessen aber sagte er nur, Yella, ich kann dich nicht mit nach Hause nehmen du bist krank, aber es wird alles wieder gut werden, ich weiß es ganz gewiss, und dann wird auch zwischen uns beiden wieder alles gut. Da schluchzte Yella nur noch mehr. Er, Maximilian, aber ließ sie alleine zurück An diesem Tag. Mit dem Chinesen, der an der Türe Wache schob, als wollte er damit verhindern, dass Yella fort flöge. Es waren düstere Wochen für Maximilian. Schau doch, Max, Yella ist jetzt gut aufgehoben, sagte Eva, man muss sie einfach vor sich selber schützen. Dann saß er wieder bei der ständig weinenden Yella, oder, hielt sie in seinem Arm und konnte den mageren Körper unter dem viel zu großen Nachthemd, das man ihr angezogen hatte, fühlen Ja, zerbrechlich schien sie ihm jetzt mehr denn je, die hellen Augen übergroß, Angstseen in dem kleinen, wächsernen Gesicht. Das lange Haar hatte man ihr lieblos zu zwei Zöpfen geflochten, sodass sie wie ein kleines, verloren gegangenes Mädchen aussah. Ach, wie hasste er sie, und wie liebte er sie. Es kamen Tage, da hörte Yella zu weinen auf. Da saß sie meist auf dem Fenstersims, ließ die nackten Beine baumeln und blickte durch das vergitterte Fenster, durch das ja doch nichts zu sehen war, da es das Leben durch seine milchige Scheibe verbarg. Yella legte nur kurz den Kopf zu Seite, wenn sie seine Anwesenheit bemerkte, blickte ihn mit ihren leer geweinten, traurigen Augen an und wandte sich dann wieder zum Fenster hin. War Yella noch erreichbar? War Yella noch da? Da spürte er, dass nur seine Liebe sie retten konnte. Er stopfte ihre wenigen Habseligkeiten in die Reisetasche, die er mitgebracht hatte, hüllte Yella in seinen großen Mantel, um sie vor der Kälte des Herbstmorgens zu schützen und brachte sie nach Hause, trug sie über die Schwelle ihres Heimes und küsste sie wieder und immer wieder und sie erwiderte seine Zärtlichkeiten mit immer stärker werdenden Leidenschaft, als erwachte sie aus einem langen, bösen Traum, der sich zitternd im Dunkel verlor. Ja, nur danach hatte sie sich gesehnt. Nach seiner bedingungslosen Liebe, die nichts mehr begehrte , als sie, Yella.

WENN DIE BLÄTTER FALLEN

Maximilian schloss die brennenden Augenlider. Die Erinnerung an diese hellen Stunden mit Yella ließen sein Herz vor Liebe schier überquellen. Oh, war's nicht, als wären sie von einem lichten Engel berührt worden ... ja, sie liebten einander, sie liebten einander mit Himmelsglut und Erdenstärke! Ja, sie liebten einander. Tage. Nächte. Ewigkeiten. Einmal aber, als sie in seinen Armen ruhte, sagte er, selbstzufrieden in seiner männlichen Schlichtheit, siehst du Yella, man muss nur wollen, da löste sich Yella langsam aus seiner Umarmung und das sanfte Licht ihrer Augen umfing ihn zärtlich. Nein, Maximilian, entgegnete sie dann und ihre Stimme war voller Wärme, wollen ist nicht genug, ich habe lernen müssen an dir und an meinem Leben. Yella senkte den Blick und schwieg kurz, gleich aber sah sie ihn wieder an und es war ihm, als träfe ihn die Klarheit ihres Blikkes wie ein Strahl mitten ins Herz. Vor allem aber habe ich gebetet, mein Schatz, sprach sie jetzt weiter, wie habe ich in all den dunklen Stunden um unsere Liebe gebetet. Maximilian wollte aber gar nicht ernsthaft werden, zog sie wieder an sich und zeichnete mit seinen Fingerspitzen spielerisch die feinen Konturen ihres Antlitzes nach. Also, der Liebe Gott persönlich und die Engel und Heiligen haben dir erlaubt, mit mir zu schlafen, ja, scherzte er. Yella nahm seine spielende Hand in die ihre und küsste zärtlich die Innenflächen. So ist es, Maximilian, entgegnete sie und hauchte einen weiteren Kuss auf seine Hand, sie haben es tatsächlich erlaubt. Maximilian lachte, ach, wie bist du sonderbar, meine kleine Frau, aber, hab‘ ich dir nicht immer gesagt, dass es Spaß macht, miteinander zu schlafen! Yella hielt in ihren Liebkosungen inne und meinte dann nur schlicht, du, Maximilian, es mach mir nicht Spaß, mich dir ganz hinzugeben, sondern Freude. Es ist die Freude, die aus deinem Herzen in das meine fließt. Maximilian zog sie wieder an sich, küsste sie über und über, dann blickte er sie liebevoll an und fragte, jetzt möchte ich nur noch eines wissen, Yella – hast du verloren ... oder gewonnen ... Yella strich sich eine Haarsträhne aus dem erhitzten Gesicht, blickte in seine Augen, ruhte darin, so lange, dann, beinahe versunken, entgegnete sie, und ihre Worte waren beinahe nur Hauch, Maximilian ... ich habe mich verloren, ich bin nicht mehr die gleiche, die ich vorher war ... doch in diesem Verlorensein habe ich gefunden, habe ich die ganze Welt gefunden. Ja, Maximilian, durch dich hindurch liebe ich die ganze Welt...!

Um Yella eine Freude zu bereiten, erfüllte er ihren sehnlichsten Wunsch und fuhr mit ihr an den Ort, an dem sie zu Beginn ihrer Liebe so glücklich gewesen waren. Wie war doch alles so vertraut, die wunderbaren Berge, die noch immer grünen Wiesen, nun geschmückt mit Herbstzeitlosen und verspielten Maasliebchen, ja, und dann, der See, der sie still und geheimnisvoll anblickte. Von seinen Ufern grüßten vereinzelt Bäume, hoch aufgeschossen und stolz auf ihr nun herbstlichbuntes Gewand. Wie waren sie glücklich, Yella und Maximilian. Sie tanzten über die Wiesen und wurden es nicht satt, einander zu herzen und zu küssen. Dennoch war es Maximilian manchmal, als kündigte sich etwas an, als hinge es gleich dunklen Gewitterwolken dräuend über diesem ihrem süßen Traum vom

Leben und als der Wind in wilder Umarmung begann, die Blätter von den Ästen zu pflücken, sah er Yella erschrecken. Doch, war nicht die Sonne hell und warm ...Ja, die Sonne war so hell und warm, dass sie noch so manchen verlockte, im See zu baden. Auch er und Yella hatten Badesachen angezogen. Maximilian probierte mit der großen Zehe – doch nein, der See war ihm viel zu kalt. Yella aber bückte sich, schöpfte mit beiden Händen Wasser und als es durch ihre kleinen Hände floss, glitzerte es wie kostbare Silberfäden in den See zurück. Mein Schatz, sagte sie, man muss sich einfach überwinden, nach den ersten Schwimmbewegungen spürt man die Kälte nicht mehr. Maximilian war nicht zu überzeugen, setzte sich ans Ufer und sah zu, wie Yella langsam ins Wasser ging. Es war ihr kalt und scherzend rief er ihr zu, he, Yella, sind noch Stehplätze frei auf deinen Armen?! Yella lachte und tauchte mit einem Male unter. Dann schwamm sie mit sicheren Bewegungen davon. Maximilian sah ihr verliebt nach. Er wusste, sie war eine gute und ausdauernde Schwimmerin, und sie war schön, so schön, seine kleine Frau. Das Gold der Herbstsonne tanzte in den sich leicht kräuselnden Wellen und golden leuchtete es auch in Yellas Haaren auf. Irgendwann konnte er das Gold der Wellen nicht mehr vom Gold in Yellas Haar unterscheiden. Yella war nicht mehr zu sehen. Er rief nach ihr. Immer wieder rief er nach ihr. Doch Yella kam nicht mehr zurück. Verloren standen ihre kleinen Sandalen, die sie so gerne getragen hatte, am Ufer.

DIE SCHATULLE

Maximilian dachte voll Schmerz an den Tag zurück, da er an Annchens Grab stand und weinte. Es lag noch der Brautkranz da, den er gemeinsam mit Yella an ihrem Hochzeitstag darauf niedergelegt hatte. Er nahm ihn mit zitternden Händen hoch und drückte ihn an sein Herz. Oh, Yella, Yella, Yella. Und es gab keinen Ort für ihn, wo er ihrer gedenken konnte. Ausgerechnet Yella, die immer an den Gräbern derer betete, die von der Welt vergessen waren, hatte kein Grab. Es war dunkel am Friedhof und er wusste nicht, wo er sein Licht für sie hätte anzünden können.
Da lag er in dieser Nach schlaflos in seinem Bett ... oder, schlief er doch? ... es war plötzlich so hell in der Stube und als er müde seine Augen dem

hellen Schein zuwandte, blickte er in Yellas Augen, ruhte in ihnen, ruhte Ewigkeiten in ihnen. Ruhte in der Liebe. Und als er wieder langsam aus all dieser Wonne auftauchte, wurde er ihrer ganzen Gestalt gewahr. Wie durchnässt sie doch war! Haare und Kleid troffen, sodass sich kleine Pfützchen am Fußboden bildeten. Entsetzt griff er nach seiner Decke, um Yella darin einzuhüllen. Sie aber winkte freundlich ab. Und plötzlich wusste er, dass es seine Tränen waren, die sie so durchnässten. Mit einem Male wurde ihm bewusst, dass sie nicht glücklich werden konnte, solange er sie mit seinen Tränen festhielt. Yella aber war ihm jetzt nahe, ganz nahe und in ihren Händen hielt sie Annchens kleine, golden glänzende Schatulle. Weit stand sie geöffnet und als eine seiner Tränen hineinperlte war es ihm, als hebe sich ein dumpfer Schleier von seiner Seele ... war nicht er selber diese Schatulle, die randvoll mit Leben, mit Liebe gefüllt war ... Liebe und Schmerz hatten ihn geöffnet. Wieder fühlte er Yellas Augen auf sich gerichtet, oh, wie er sie liebte, ja, ein Mal geliebt *war* in alle Ewigkeit hineingeliebt, oh, Yella, Stern in kalter Weltennacht ... Wie sie ihn liebte, in alle Ewigkeit hinein liebte!

AM FENSTER

Maximilian entledigte sich der schweren Decke, die er um seinen Körper gelegt hatte, faltete sie sorgfältig zusammen und legte sie auf das Bett, das unbenutzt im Raume stand. Dann ging er festen Schrittes hin zum Fenster. Ein neuer Morgen wurde geboren, und als Maximilian die Fensterläden öffnete, flutete das Licht mit jugendlicher Frische in die Stube. Ja, zwischen Annchen, Yella und ihn war der Schweigemantel des Todes gefallen. Doch eines Tages würde er sich heben und er würde sie wieder sehen. Sein Herz sagte ihm, dass keiner verloren ging, der in der Liebe war. Es gab keinen Tod, wenn man liebte. Es gab nur die vorübergehende Trennung. Maximilian atmete die erquickende Morgenluft. Dann sank er nieder. Dankte Annchen. Dankte Yella. Dankte Gott. Dankte für die Liebe. Es gab noch so viel zu lieben, es galt noch so viele Lichter anzuzünden auf dieser Welt. Maximilian dankte der Liebe. Es galt ja so viel zu lieben in alle Ewigkeit hinein....

DIE GLASPRINZESSIN

„Es verlangt den reinen Himmel, die Erde mit Liebe zu durchdringen. Verlangen nach Liebe ergreife die Erde, der Regen des Himmels befruchte sie und sie gebäre.“
(Aischylos: Danaiden, Verteidigungsworte der Aphrodite)

Wer ist Danaë, und wohin ist sie gegangen. Spuren sehe ich im Gras. Spuren von kleinen, goldschimmernden Schuhen. Bist du gestern hier gegangen, oder heute...

Danaë? Danaë ...

DER SPRUCH DER PYTHIA

Umweht vom Atem des Abgrunds steigt Pythia, des Apoll Priesterin, empor, die nachtschwarzen Augen nach innen geweitet. Akrisios erschaudert bei ihrem Anblick. Du wirst durch die Hand deines Enkels sterben, singt nun lautlos ihr Mund, singt lautlos in seinem Herzen fort, wird niemals wieder in seinem Herzen zu singen aufhören. Akrisios wankt, fällt auf die Knie, wankt, sinkt, erdenschwer, ganz zu Boden; das also ist die Botschaft des Gottes an ihn, an ihn, den Sohn des stolzen Königs Abas von Argos, der aus dem Geschlecht der Danaiden stammt, den Söhnen und Töchtern des Blitze schleudernden Zeus und der allerliebsten Jo. Akrisios stöhnt, stöhnt, will weiter hoffen dürfen auf den Sohn, den er so ersehnt, auf ein erlösendes Wort, nach dem ihn dürstet, doch ringsum ist kaltes Schweigen, das kalte Schweigen des Gottes; nur der schnarrende Flügelschlag des Raben, der nun von Pythias Schulter abhebt und im Dunkel des Raumes kreist, ist zu vernehmen. Langsam nur erwacht Akrisios aus seiner dumpfen Verzweiflung, richtet sich zögernd auf, kommt wieder zum Stehen, sucht vergebens nach Trost in den blickleeren Augen Pythias, wendet sich bebend ab, wendet sich zum Gehen, mit schwerem Schritt, ist an der Schwelle, taumelt ins Licht, in die Wärme des Tages, taumelt zurück in die Heimat, nach Argos, ins helle Land.

Eurydike ist's, die Schweigende, die nachtschöne Gemahlin, die ihn empfängt, mit dem Kind am Arm empfängt, mit ihrem Kind, ihrem einzigen Kind, Danaë. Fröhlich lacht die Kleine nun den Vater an, will von ihm gehalten und liebkost werden. Akrisios will sie halten und liebkosen, hält und liebkost sie, Danaë, sein Kind, sein einziges Kind. Sie sieht Hypermnestra ähnlich, spricht Aglaia, seine Mutter, später, als sie alle zu Tisch sind. Hypermnestra? Ja, sie war hell und goldschimmernd wie diese deine Tochter hier. Akrisios taucht nun mit seinen Blicken in Danaës große Bernsteinaugen. Plötzlich durchschaudert es ihn, Pythias dunkler Gesang beginnt erneut in seinem Herzen zu brennen. Dieses lichte Kind soll ihm den Tod bringen...?

DER TURM

Des Nachts fährt Akrisios zitternd aus seinem Schlafe hoch; schweißnass sind seine Hände und wild pocht das Blut in seinen Schläfen – dieses lichte Kind wird ihm den Tod bringen. Eurydike hebt die traumschweren Augenlider und blickt ihn still an. Sie weiß alles, durchfährt es ihn. Ich weiß alles, sprechen ihre abgrunddunklen Augen. Was soll nun geschehen...?

Neben Eurydike, umspielt vom milchigen Mondenlicht, liegt die träumende Danaë, und unter ihren sanften Atemzügen hebt und senkt sich leicht die Decke, in welche das schlummernde Kind gehüllt ist. Akrisios kann seine Augen nicht abwenden von den anmutigen Gesichtszügen Danaës, ihrem wohlgeformten Kinn mit dem fröhlichen Grübchen darin, ihrem vollen, herzförmigen Mund, ihrer feinen, an der Spitze leicht nach oben zulaufenden Nase, den lichten, sanft geschwungenen Augenbrauen; kann seine Augen nicht abwenden von ihrem honigfarbenen Haar, das nun gelöst über ihre schmalen Schultern hinab fließt. Und dennoch, Pythias Gesang liegt schwer auf seinem Herzen. Akrisios hat Angst, Todesangst.

Was soll nun geschehen? ...

Eurydike legt schützend ihre schmale Hand auf Danaës Scheitel.

Horch, der Nachtvogel singt...

Was soll geschehen...

Akrisios, angstgetrieben, will handeln, muss handeln. Handelt. Langsam. Noch hat er Zeit, viel Zeit. Stein um Stein lässt er herantragen, Stein um Stein um Danaë legen. Schwere Steine, Steine aus dunklem, undurchsichtigem Glas. So entsteht Tag für Tag, Monat für Monat, Jahr für Jahr ein Turm, Danaës Glasturm. Er ist zu ihrem Schutz, lügt Akrisios, sie ist zu schön und zu kostbar für diese Welt, nur so kann ich das Erdendunkle von ihr abhalten und das Daseinshässliche. So lügt Akrisios. Will seiner Lüge glauben. Glaubt seiner Lüge.

Hab' keine Angst, sagt Nona, die Amme, als sie allein mit Danaë im Abenddämmer des Turmgemachs zurückbleibt. Sie nimmt Danaës Hand und legt sie mit den Fingerspitzen an das kühle Glas. Du wirst im Dunkel sehen lernen, spricht Nona weiter, durch alles Trübe hindurch. Danaë spürt das Glas unter ihren Fingerspitzen durchsichtig werden und es ist ihr, als greife sie in das Licht des Tages, als fließe es durch ihre Fingerspitzen bis hin zu ihrem Herzen, es öffnend, aufreißend. Danaë kann im Dunkeln sehen. Durch alles Trübe hindurch fühlt sie den Atem der Welt, das Erdendunkle und Daseinsgrässliche. Hab' keine Angst, sagt Nona wieder, es ist die Verlangen verleihende Göttin, die dich leben lässt. Danaë aber hat Angst vor dem Leben, vor diesem Leben. Sie legt ihre Fingerspitzen an Nonas Herz, will Nona sehen, doch Nona verbirgt sich im Abgrund ihrer dunklen Augen. Danaë folgt ihr hinab in diesen Abgrund. Gib Acht, warnt Nona. Gib Acht, gib Acht, hallt es auch von den dunklen Glaswänden wider. Danaë aber tastet sich weiter in dieses Grab, in dieses kalte Grab. Es ist still hier, so still, nur manchmal ist's, als schleiften die glatten Körper von Schlangen über den Boden. Danaë schaudert. Da – plötzlich ruft es wieder. Ist es Nonas Stimme? Vielleicht. Ganz nahe ist jetzt die Stimme, ganz nahe an ihrem Herzen, in ihrem Herzen ist die Stimme ... Danaë, wen suchst du hier...? Akrisios, meinen Vater, suche ich, erwidert Danaës fliehender Atem. Erneut ist es still, so still. Danaë harrt aus, den schmalen Rücken ängstlich an die dunkle Wand gedrückt. Sie ist nicht allein, spürt die knisternde Nähe von Menschen – oder, sind es Schatten, Schatten? --- Zögernd tastet Dana mit den Fingerspitzen in das huschende Dunkel, spürt es durchsichtig werden und ... berührt den Vater, den Vater, der auf seinem Lager ruht. Akrisios schreckt hoch, sieht mit wirren Blicken um sich, will sehen, kann nicht sehen. Ich möchte nicht Gericht über dich halten, spricht nun Danaë, sondern verstehen. Akrisios sinkt auf sein Lager zurück, die Augen angstgeweitet. Warum, warum, klagt Danaë in seinem Herzen fort. Akrisios ringt um Fassung, ringt mit sich selbst, bricht in Tränen aus, schluchzt, stöhnt, stöhnt in die bange Stille hinein ... du darfst nicht erwachsen werden, du, meine Danaë, musst mein kleines, unschuldiges Mädchen bleiben, immer, immer...! Danaë zieht bebend ihre Hand zurück, steht einen Herzschlag lang wie erstarrt, den schmalen Rücken an die dunkle Wand gedrückt. Dann, aus der Erstarrung sich lösend, weinend, weinend. Will sich in die Arme des Schattens fallen lassen, fällt ins Leere. Ihre Hände sind kalt, so kalt. Kalt von den Tränen? Kalt von den Tränen, den Tränen des Vaters, kalt von seinen ungelebten Träumen, kalt von seiner Angst, seiner Lebensangst, seiner Todesangst. Vergib ihm, raunt es nun aus der Leere. Nona? Nona, vielleicht. Vergib ihm, raunt es erneut, die Geister der Ahnen tanzen in seinem Herzen, sie kühlen es und sie setzen es in Brand, sie töten und sie lieben. Die Geister der Ahnen? Die Geister der Ahnen: die schwarzen Danaostöchter, auf den grausamen Befehl des Vaters hin ihre Ehemänner in der Hochzeitsnacht erdolchend und Hypermnestra, die lichte Danaostochter, sich dem Befehl des Vaters widersetzend, liebend, liebend ... –

Danaë schaudert, birgt das Antlitz in ihren Händen, will nichts mehr wissen, will alles wissen ... Wo ist Eurydike, die Mutter, warum schweigt sie, warum ist sie nicht da ... doch es herrscht Stille, lange herrscht Stille, nur manchmal ist's wieder, als glitten Schlangenkörper an ihren Füßen vorbei. Plötzlich fühlt sie Augen auf sich gerichtet, dunkle Augen, abgrunddunkle Augen, Nacht inmitten der Nacht. Eurydike ist da, sprechen die Augen, Eurydike war immer da. Danaë spürt, wie sie in diese Nachtaugen hineingezogen wird, versinkt völlig in diese Nacht, taucht wieder aus dem Dunkel in den Dämmer des Glasgemachs. Träumt oder wacht Danaë? – Nona ist bei ihr. Nona? Vielleicht. Trink, spricht sie und reicht Danaë einen Becher, gefüllt mit köstlicher, schimmernder Milch. Die Verlangen verleihende Göttin schickt dir diesen Trank, mein Kind, setzt Nona fort, während Danaë trinkt, trinkt, mit immer größer werdendem Durst trinkt, den Becher bis an seinen Grund leert. Danaës Durst aber ist nicht zu stillen, wird nie mehr zu stillen sein – auf dieser Welt.

Mein Kind, wovon träumst du, fragt Nona später, während sie Danaës goldene Lockenflut bürstet. Ich träume nicht, entgegnet Danaë und legt ihre Fingerspitzen an das trübe Glas, ich träume nicht, ich fühle. Ich fühle das sanfte Licht der Allerliebsten, wie es mein Herz umspielt und tanzen lässt, wie es mein Herz in Brand setzt und zugleich in Tränen auflöst. Nona weicht in das Abenddunkel des Gemachs zurück, und ihre Stimme ist leise, so leise – nun bist du also bereit, mein Kind. Bereit wofür, bereit für wen, pocht Danaës Herz. Bereit für den, der durch Mauern und Wände blicken kann, er hat dich immer schon geliebt und will dich mit seiner Liebe durchdringen.

DIE GOTTESGELIEBTE

Nacht um Nacht liegt Danaë wach und harrt auf den Geliebten, versucht die Glut ihres Herzens zu stillen, indem sie die Fingerspitzen an die kühlen Wände des Turmgemachs legt; in einem zauberischen Garten wandelt sie dann, ringsum blaue, riesenhafte Berge mit schneeumglänzten Häuptern. Aus den dunklen Mäulern der Felsen silberkristallene Wasser in gewaltiger Zunge hinabschäumend und der Horizont in verschlafenem, milchigem Rosa schimmernd. Dann wiederum vertränt all das Wunderbare und Danaë ist allein in dem Dämmer ihres Turmgemachs, wartend, wartend, sich verzehrend, nach dem zuckenden Schein des Blitzes verzehrend. Die Liebe aber ist anders, Danaë, die Liebe kommt unverhofft. Mitten am Tage kommt sie, oder, ist's doch Nacht? Kommt die Liebe? War sie nicht immer schon da? Nun nimmt sie deine bebenden Fingerspitzen, Danaë, und legt sie an ihr Herz, oh, wie's dich durchschimmert, Danaë, träumst du, oder wachst du ... ach, ich träume und ich wache, golden ist mir, so golden, ja, golden bin ich in der Liebe Gold, Liebe, liebste Liebesliebe, DU, immer DU ---

DAS KIND

Noch tauen in goldenen Tropfen die zärtlichen Küsse Gottes auf Danaës liebeglühendem Leib, auf Danaës liebebrennendem Herzen. Danaë, wach auf, du Schläferin! Danaë aber möchte nicht aufhören, in der Liebe Gottes zu ruhen, wagt es nicht, sich zu bewegen und die Augen zu öffnen, so, als gelte es, einen flüchtigen Traum zu bewahren. Doch dies ist kein Traum, Danaë, die Liebe ist für immer in deine Seele eingebrannt. Hörst du nicht den Morgenvogel singen? Gerötet ist sein Kirschblütengefieder vom rubinfarbenen Widerschein der heraufdämmernden Sonne. Steh' auf, Danaë, dein Leben beginnt, Himmel und Erde atmen in dir...!

Langsam erhebt sich Danaë von ihrem Lager, öffnet sachte die Augen, Augen, in denen ein unglaublicher Goldschimmer liegt; Danaë weiß es gewiss: sie trägt das unsagbar Wunderbare in sich – Sein Kind trägt sie in sich. Behutsam legt sie ihre Hände auf ihren Leib, legt in all den fliehenden Monaten immer wieder die Hände auf ihren Leib, spürt, wie das Kind in ihr wächst und zum Leben drängt, kann es kaum erwarten, das Kleine endlich im Arm halten zu dürfen, gleichzeitig aber hat sie Angst um dieses Kind, unsägliche Angst hat sie um dieses Kind, welches in das dumpfe Glasdämmer eines Turmes hineingeboren werden soll. Dann ist das Kind da; mit kräftigen Armen birgt es Nona aus dem schmerzenden Schoß Danaës und legt es ihr an die milchschwere Brust, von der es sogleich in kräftigen Zügen trinkt. Danaë betrachtet zärtlich dieses Kind, wird nicht müde, sein himmelduftendes Haar zu atmen und seine samtige Haut zu fühlen, wird nicht müde, über dieses Wunder zu staunen. Wie schön ist es doch, wie unvergleichlich schön ist es, dieses Kind der Liebe! Später dann, als das Kleine zufrieden an ihrer Brust schlummert, schläft auch Danaë ein, glücklich, so glücklich, wonnetrunken.

Einer aber findet in dieser Nacht keinen Schlaf: Akrisios. Von dunklen Nachtbildern gequält, die gewitterschwül auf seinem Herzen dampfen, wirft er sich ächzend auf seinem Lager hin und her. Ist's ein Rabe, der düster blickend auf dem Fenstersims lauert? Sind's Pythias blickleere Augen, die dort im Dunkeln brennen? Und dann, dieser Schrei, dieser Schrei, der aus der Tiefe des Turmes zu ihm zu dringen scheint. Der Schrei eines Kindes? Der Geburtsschrei eines Kindes! Akrisios wirft die Decke von sich und springt von seinem Lager hoch. Angstgehetzt durchmisst er bebenden Schrittes den Raum, vorbei an Pythias brennenden Augen, vorbei an dem düsteren Raben, reißt die Fensterläden auf, spürt die eisige Nachtluft seinen hitzenden Körper beißen, schaudert, lauscht hinaus ins Dunkel, doch, ringsum nur Schweigen, kaltes Schweigen. Akrisios presst die geballten Fäuste gegen sein hämmerndes Herz, versucht ruhig zu atmen, die Angst wegzuatmen, wankt, sinkt zu Boden, erdenschwer, kann sich nicht mehr erheben, bleibt so, angstgelähmt, bis die Nacht von seinem Herzen kriecht, aus dem Raum kriecht und in ersten Garben das helle Licht des Tages auf Argos niederfällt, auf ihn niederfällt. Da erhebt sich Akrisios, erhebt sich langsam, versucht die brennenden Augen Pythias zu vergessen und den düster blickenden Raben. Doch da ist er wieder, dieser aus der Tiefe des Turmes zu ihm dringende Schrei, dieser Schrei des neugeborenen Kindes. Akrisios presst die Hände gegen die Ohren, um nicht zu hören, doch der Schrei ist in seinem Herzen, der Schrei ist überall. Es kann nicht sein, stöhnt Akrisios, das Unmögliche kann nicht sein; und dennoch ist es, das Unmögliche. Das Unmögliche ist geschehen. Akrisios weiß es, weiß es nun ganz gewiss: Danaë hat das Kind geboren. Das Unheil will seinen Lauf nehmen. Wutentbrannt stürzt er zum Glasturm, reißt die Schnur, an welcher der Schlüssel zu Danaës Gefängnis hängt, von seinem Hals, öffnet die schwere Glastüre und poltert mit schweren Schritten ins Abenddunkel des Turmes. Akrisios packt Nona, die am Bett der schlafenden Danaë wacht, an ihrem langen, schlohweißen Zopf, schleift sie daran zur Türe, erwürgt sie in seiner unbändigen Wut.

Dann steht er, schwer atmend, am Lager Danaës, dieser seiner Tochter, seinem einzigen Kind. Ein kleines Mädchen war sie gewesen, damals, als der letzte Stein sie vor ihm für immer verbarg. Ein kleines Mädchen mit honigfarbenen Locken und großen, fragenden Augen. Nun sieht er sie also wieder, schöner noch, als sein Herz sich's je erträumte, Danaë seine Tochter, sein einziges Kind. Mit einem Male will er sie, die er so lange entbehrte, halten und liebkosen, doch im selben Augenblick gewahrt er den Säugling in ihrem Arm und spürt die Angst mit eisiger Hand nach seinem Herzen greifen, muss der Angst entgegenhandeln, muss der Angst entgegenschreien. Von wem ist dieser Bastard, Danaë, brüllt

Akrisios in die Stille des Gemachs hinein. Danaë aber, so grausam aus ihrem wonnetrunkenen Schlaf gerissen, setzt sich, zu Tode erschrocken, auf und presst den leise wimmernden Säugling an sich. Ich frage dich noch ein Mal, wer ist der Vater dieses Bastards, brüllt Akrisios erneut. Da schlägt Danaë ihre Augen zu ihm auf, diese großen, fragenden Augen, die er in all den Jahren nicht hat vergessen können, und dennoch sind's ihm nun fremde Augen, Augen, in denen ein unsagbarer Goldschimmer liegt. Unwillkürlich muss Akrisios vor diesem ihrem Blick zurückweichen. Danaë aber erhebt sich von ihrem Lager, geht mit dem Kind auf dem Arm auf ihn zu, kommt immer näher, ist nun vor ihm, sieht ihn unverwandt an. Das Kind, spricht sie mit klarer Stimme, dieses Kind ist von dem, der durch Mauern und Wände blicken kann. Akrisios prallt an ihren Worten zurück, taumelt, taumelt zur Schwelle, kann sich nur mehr mühsam aufrecht halten, ringt um Fassung, entzieht sich ihrem Blick, fasst sich, steht nun wieder auf sicheren Beinen vor der Tochter. Du lügst, Danaë, wirft er ihr heiser entgegen. Niemals, erwidert sie mit fester Stimme. Da packt er sie wutentflammt, zerrt sie hinaus ins Helle, zerrt sie bis zum Altar des Zeus und Danaë bekennt wieder und wieder, dass dieser, nur dieser, der Vater ihres Kindes ist. Dann sinkt sie, tränenüberströmt, das Kind noch immer an die Brust gedrückt, an den Stufen des Altars nieder. Du Wahnsinnige, du Wahnsinnige, kreischt Akrisios und rauft sich sein Haar. Dann lässt er eine große, hölzerne Truhe bauen und stößt Danaë samt ihrem Kinde hinein. Lange noch hört Danaë das laute Hämmern und Klopfen. Schließlich ist die letzte Holzlatte befestigt. Danaë und ihr Kind bleiben im Dunkel zurück. Grobe Männerarme tragen nun die Truhe hinab zum Strand und werfen sie mit roher Gewalt ins aufschäumende Meer. Leb' wohl, Akrisios, du Sohn der Ewigunerfüllten, flüstert Danaë mit tränenerstickter Stimme, lebe wohl, Argos, du helles Land, das ich so kurz nur habe schauen dürfen...

NACHTMEER

Danaë, Danaë, wo bist du? Hab' ich dich nun verloren in diesem Meer, in diesem hafenlosen Nachtmeer? Doch nein – schon sehe ich dich dahin treiben, wo die Sonne längst verloschen ist, Danaë ---

Hör' sie nun mit sanfter Stimme ihrem Kindlein Wiegenlieder singen und hör' sie mit tränendumpfen Worten zu ihrem Gott flehen. In diesem Sarg.
Lichtdürstend tastet sie mit fiebernden Händen über die schiefernden Wände; rissig werden ihre Fingernägel und blutig ihre helle Haut- ringsum aber atmet nur das Dunkel dieses in der Lichtleere des Nachtmeeres treibenden Sarges.
Wo bist du, klagt Danaë, du, mein lichter Geliebter, mein goldener Gatte, nach dem ich mich so verzehre, wo bist du, herrlicher Vater des Kindes in meinem Arm, was habe ich dir getan, dass du mich fliehst ... ach, so komm' doch und erlöse mich. Oder soll den dieses wunderbare Kind im Abenddunkel ertrinken, sollen wir auf immer verloren sein?
Die Liebe aber schweigt. Schweigt sie? Ja, sie schweigt ... Und dennoch ist sie da. Liebt ungebrochen: mit leisem Säuseln naht der Vater des Fahrtwindes, nimmt Danaë zärtlich in seine Saphirarme, wiegt sie mit sanftem Atem über das Schwarz des Nachtmeeres hinweg bis an Seriphos' Küste.

SERIPHOS

Einsam wie immer, das Netz weit ausgeworfen, die nackten Füße vom kalten Wasser umspült, steht er am Strand: Diktys, der Fischer. Ein hoch aufgeschossener, breitschultriger Mann mittleren Alters ist er. Die fliehenden Jahre haben die dunklen Haare an seinen Schläfen ergrauen lassen und Wind und Sonne sein kantiges Gesicht mit den hochfliegenden Wangenknochen und der großen, an einen Raubvogelschnabel erinnernden Nase, gegerbt. Aufmerksam blicken seine Augen, eines dunkel und eines hell, hinaus in unendliche, nebelverhangene Weiten, als er das seltsame Gefährt auf Ozeans schaumgekrönten Wogen schaukeln sieht. Wieder und wieder wirft er das Netz aus, bis es ihm schließlich gelingt, die Truhe an Land zu ziehen. Aber, welch seltsamer Fang ist dies! Neugierig beginnt Diktys mit seinen gedrungenen, starken Händen Latte um Latte von der Truhe zu lösen und – wie erstaunt ist er – als er die Fracht erblickt: eine angstbleiche junge Frau mit ihrem Kindlein im Arm. Behutsam hilft ihr Diktys aus dem dunklen Gefängnis, doch, kaum berühren ihre Füße den Sand, sinkt sie, das Kindchen noch immer an sich gedrückt, besinnungslos zu Boden. Da nimmt Diktys beide in seinen Arm, Mutter und Kind, trägt sie über staubige, immer wieder abreißende Wege, durch matt schimmernde Täler und graue Felsentore hin zu seiner einsamen Hütte, trägt sie über die Schwelle und bettet sie auf ein bescheidenes Lager.

Es ist ein seltsamer Schlummer, der Danaë umfangen hält und Diktys wacht an ihrer Seite, wacht an ihrer Seite mit seinem hellen und mit seinem dunklen Auge, lauscht der Nachtsprache, in der sie ihr Leben erzählt, lauscht, lauscht ...

Und dann erwacht Danaë, wischt sich die Nacht von den Augenlidern und erhebt sich, noch immer schlaftrunken, von ihrem Lager. Willkommen, Danaë, spricht Diktys und legt ihr das Kind an die Brust, welches wie verdurstend trinkt. Nachdem das Kind gesättigt und zufrieden eingeschlafen ist, bettet es Danaë in das Körbchen, welches Diktys für das Kleine bereitet hat. Danach richtet sie sich auf und wendet ihr Antlitz Diktys zu, der nun zum ersten Mal den Goldschimmer in ihren Augen erblickt. Er schaudert, dennoch weicht er nicht zurück, weicht auch nicht zurück, als Danaë näher kommt, immer näher, dann, vor ihm steht. Wer bist du, fragt sie und legt ihre Fingerspitzen auf sein Herz. Diktys aber schweigt, schweigt lange, bis er endlich ihre an seinem Herzen bebenden Finger mit seinen Händen zärtlich umfängt. Ich habe dich aus dem Nachtmeer gezogen, goldschimmernde Danaë, spricht nun Diktys in die Stille des Raumes hinein, ich habe dich in meine Hütte gebracht, deiner Nachtsprache gelauscht und dein Kind in eine Decke gehüllt. Danaë spürt Licht und Schatten abwechselnd über das Gesicht des Fischers fliehen und ihre Finger wollen nicht aufhören zu beben. Da wird der Druck seiner Hand fester und seine Stimme flehender, Danaë, Danaë, ich liebe dich, alles will ich tun, damit du glücklich wirst. Danaë beginnt noch mehr zu beben, dann aber spürt sie, wie die Helle seines einen Auges sie warm umfängt , will der Helle seines Auges glauben, will nach all dem Dunkel der Helle seines Auges glauben. Ich erbitte nur dies eine von dir, spricht Danaë, und entzieht ihm sanft ihre Hand, lass mich mit meinem Kind nur immerzu im hellen Sonnenschein leben, immerzu, immerzu

---

So fliehen die Jahre und das Kind wächst unter Seriphos' Sonne heran, lernt von der Weisheit der Quellen, der Blumen, der Tiere und der Wolken, lernt von der Weisheit der Einsamkeit und der Stille. Eines Tages aber tritt Diktys hin zu Danaë, die gerade mit einem Korb süßer Früchte aus dem Garten kommt. So kann es mit dem Kind nicht weiter gehen, spricht er. Danaë stellt den Korb nieder und blickt Diktys erstaunt an. Was willst du damit sagen, fragt sie, und streicht sich unsicher eine helle Haarsträhne aus der Stirn. Da nimmt Diktys sie um die Schulter und führt sie hin zum Fenster, von wo aus sie das Kind sehen können, welches fröhlich durch den Garten tollt. Das Kind ist völlig ungezähmt, Danaë, setzt Diktys mit eindringlicher Stimme fort, ich will es von nun an im Palast meines Bruders erziehen lassen. Im Palast deines Bruders, wiederholt Danaë ungläubig, das Kind soll in den Palast deines Bruders ziehen ... Wir alle werden in seinen Palast ziehen, entgegnet Diktys düster. Danaë löst sich fassungslos aus seinem Arm und weicht im selben Augenblick zutiefst erschrocken vor seinem kalten Blick zurück. So hat mich also dein dunkles Auge nicht getäuscht, spricht sie schaudernd, du bist Polydektes, der dunkle König von Seriphos. Ja, Danaë, entgegnet er, die hellen Sommertage sind vorbei, nun will ich mir nehmen, was mir nach all den Jahren zusteht ... denn, ich begehre dich, begehre dich mehr, als je ein Mann auf Erden eine Frau begehrt hat. Danaë erzittert vor dem Feuer in seinem dunklen Auge, will fliehen, in den hellen Garten fliehen. Polydektes aber packt sie am Handgelenk und lässt sie nicht mehr los. Du gehörst mir, faucht er wütend und zieht sie an sich, hat sie völlig in seiner Gewalt. Danaë hat Angst. Danaë ist Angst. Schon wirft er sie zu Boden, das dunkle Gesicht ganz nah dem ihren und sein schwerer Körper über ihr, da gelingt es ihr, ihn anzuschauen, und Polydektes kommt zur Besinnung, lässt ab von ihr, denn noch hat er sich nicht an den Goldschimmer in ihren Augen gewöhnt. Noch nicht. Schwerfällig erhebt er sich vom Boden, will ihr die Hand reichen, doch Danaë wendet sich angeekelt von ihm ab, erhebt sich dann ebenfalls vom Boden, müde, so müde, streicht das Kleid mit bebenden Händen glatt und beginnt, das honigblonde Haar, welches nun ungeordnet bis an ihre Hüften fließt, zu einem Zopf zu flechten.

In eben diesem Moment aber kommt das Kind zur Türe herein, sieht die sommerreifen Früchte des Gartens verstreut am Boden liegen, sieht das angstbleiche Gesicht der Mutter und spürt die Kälte des Raumes. Da huscht's wie ein Schatten über sein kindliches Antlitz, und es läuft zu seiner Mutter, umarmt sie ungestüm, küsst sie wieder und wieder, als wolle es sie schützen, immerzu schützen, immerzu vor dem hereinbrechenden Dunkel schützen; als Danaë aber in seine Augen blickt, erschrickt sie, erschrickt sie vor dem Ernst, der in diesen Augen liegt, denn, ihr Sohn ist erwachsen geworden. Innig drückt sie ihn nun an sich, hält ihn fest, so fest, will ihn nie wieder loslassen. Er jedoch löst sich aus ihrer Umarmung, nimmt sie an der Hand, zieht sie hin zur Türe, will mit ihr in den rettenden Garten laufen – kaum aber ist die Schwelle überschritten, ist auch Polydektes schon da; breitspurig, die kräftigen Arme in die Hüften gestemmt, den Kopf weit in den Nacken geworfen steht er vor ihnen und lacht, lacht dröhnend und hässlich, lacht mit weit aufgerissenem Mund. Danaë ist's, als blicke sie in das Maul eines riesigen, alles verschlingenden Raubfisches; ja, mit einem Male ist es da, das Erdendunkle und Daseinsgrässliche, das sie dereinst durch die schützenden Wände ihres Turmes hindurch geatmet hat; mit einem Male bricht es über sie herein, bricht es gleich tosenden Wassermassen über sie herein, mit einem Male ist sie mittendrin, Glas zerspringt klirrend, Holz birst, Fischerhütte und Garten ertrinken in den braunen Fluten, versinken gleich einem flüchtigen Traumgebilde vor Danaës Augen, versinken im Nichts; ein gähnender, schwarzer Abgrund hat sich aufgetan, das Reich des dunklen Königs von Seriphos, und Danaë stürzt hinein, stürzt, stürzt, stürzt ...

Danaë, hörst du mich, Danaë – bist du lebendig? ... Ob ich lebendig bin? Was macht denn den Lebendigen aus? ----

DIE VERLASSENE

Wie lange mag das wohl her sein, Danaë...
Du weißt es nicht? Du weißt es nicht. Ja, die Zeit ist über dich hinweggeeilt, hat Tage, Jahre und Monate mit ihren groben Füßen zertreten...

Seh' deinen Sohn im Dunkel des Palastes von dir Abschied nehmen, das feine, junge Antlitz von sonnenhellen Locken umspielt, unter den lichten Brauen, seedunkle Augen. Du aber ruhst mit tränennassen Augen an seiner Brust, weißt um seinen Traum, bevor er davon spricht ... siehst ihn gleich einem Vogel über Wälder, Berge, Flüsse und Meere fliegen, so weit, so unsagbar weit, immer westwärts, bis hin zur schlangenhaarigen Göttin siehst du ihn fliegen, um sie zu töten und dich zu retten, dich, Danaë, seine Mutter. Du ahnst, Polydektes hat's ihm geraten. Willst deinen Sohn halten, zurückhalten. Sein Entschluss aber ist gefasst, nichts kann ihn mehr von seinem Vorhaben abbringen. Du weißt es. Ja, Danaë weiß es. Wer aber wird den Weg dir weisen, fragt sie nun bang. Die Weisheit der Quellen, der Blumen, der Tiere und der Wolken, die Weisheit der Einsamkeit und der Stille wird mich führen, erwidert er und blickt sie lange und zärtlich an, hab' keine Angst Mutter. Da drückt sie ihn noch ein Mal innig an sich, dann lässt sie ihn ziehen, blickt ihm nach, lange, lange blickt sie ihm nach, bis er ins Dunkel der Nacht hinein verschwunden ist.

Danaë ist alleine, mit ihren Tränen alleine, mit ihrer Angst alleine, mit ihrer Angst, die sich gleich eisernen Klammern um ihre Brust legt, enger und immer enger. Danaë will der Schwüle ihrer Seele entfliehen, öffnet das Fenster, weit, ganz weit, breitet ihre Arme aus, weit, ganz weit, spürt die Kühle der Nacht in ihr Atem werden, atmen, atmen, möchte – ausatmend – fliehen, der Angst entfliehen ... aber, wohin entfliehen, wohin, die Angst ist überall, die Angst vor dem Daseinsgrässlichen: die Angst ihren Sohn zu verlieren, alles zu verlieren, was sie liebt, die Liebe zu verlieren in einen namenlosen Abgrund hinein zu verlieren. Das ganze Elend der Welt packt sie an, bricht über ihr zusammen. Danaë bricht zusammen. Welch Schmerz, welch unsagbarer Schmerz! Danaë möchte sterben. Sterben ---? Danaë kann nicht sterben; hat sie nicht dereinst aus dem Becher der Verlangen verleihenden Göttin getrunken, ruhte sie nicht in den Armen der Liebe, ist die Liebe nicht für immer in ihr Herz eingebrannt ... ---
Danaë darf nicht sterben. Danaë muss leben, will leben, will leben, um der Kälte der Welt entgegenzulieben...

Langsam richtet sie sich auf, blickt dem entgegen, der sie vernichten will; und schon löst er sich aus der Tiefe des Raumes, Schatten aus dem Schatten: Polydektes. Längst hat er sich an den Goldschimmer in ihren Augen gewöhnt und wähnt Danaë ohne ihren Sohn verloren: Geschmeidig gleich einer Schlange, das dunkle Auge unentwegt auf sein Opfer gerichtet, kommt er näher, immer näher, umkreist sie mit träge-schleifendem Schritt, schließlich packt er zu, packt sie mit seinen Raubtierpranken und drängt sie an die Wand. Ganz nahe ist sein Gesicht nun dem ihren und sein Atem, der wie gehetzt seinen mächtigen Brustkorb hebt und senkt und seine Nüstern bläht, stinkt nach Fäulnis. Lass ab von mir, Polydektes, fleht Danaë mit versagender Stimme, ich bin Gottes Geliebte. Polydektes zuckt zurück, fängt sich aber sogleich und verhöhnt sie mit dröhnender Stimme, Gottes Geliebte bist du also, Danaë ... Ha! – Wo ist er denn all die Jahre gewesen, dein Gott, und – wo ist er jetzt, dein Geliebter, warum kommt er nicht mit Donner und Blitz, um dich zu retten ... Polydektes hält plötzlich inne und es ist ihr, als wolle er ihr Herz mit seinem funkelnden Auge verbrennen. Still ist es jetzt im Raum, totenstill. Mit einem Male aber kommt Polydektes mit seinem Mund ganz nah an ihr Ohr, hebt mit leiser Stimme zu sprechen an. Zu sprechen? Spricht er? Oder ist's nur ein eisiger Lufthauch, der ihre matte Seele erzittern lässt ... dein Gott ist tot, Danaë, denn ein Gott, der schweigt, ist tot ... du, meine Danaë...

Danaë sinkt erbleichend nieder. Polydektes' Worte sind ihr der Stoß hinab ins finstere Grab, an heiliger Stätte liegt sie nun begraben:

IM GRABE GOTTES

Ach, was hast du bisher von Dunkelheiten gewusst, Danaë ... bist du nun am Ende deines Lebens angekommen ... du hast geschmeckt, gefühlt, gerochen, geschaut, gelauscht, du hast geliebt und du wurdest geliebt, Danaë, was willst du mehr ...

Ich will schmecken, fühlen, riechen, schauen, lauschen, will geliebt werden und will lieben ... mehr und mehr und immer mehr. Ich leide solchen

Hunger, leide solchen Durst nach dem silbernen Leben, nach der goldenen Liebe.
Danaë legt die bebenden Fingerspitzen an ihr weinendes Herz. Silbernes Leben, pocht es, goldene Liebe, Danaë, welch' große Worte! Was ist, wenn alles Leben und Lieben leerer Wahn ist, entfliehender Traum? Was ist, wenn am Ende wirklich keiner ist, der Antwort gibt, wenn am Ende wirklich keiner ist, der allen Abgrund und alles Nichts mit seiner Liebe umfängt? Hat Polydektes nicht ausgesprochen, wovor dir lange schon graute? Was ist, Danaë, wenn es siegt, das Du-lose, das Liebe-leere?

Hör' auf, hör' auf, schluchzt Dane und schlägt die Hände vors Gesicht, ich kann nicht leben ohne Ihn und kann nicht sterben, ach, ich kann nicht leben ohne Dich und kann nicht sterben, liebste Liebesliebe; wie leben und wohin sterben – ohne Dich ... Ach ja, was hab' ich bisher von Dunkelheiten gewusst ... Tränennass ist Danaës Herz, ein im Schatten dunkel-dräuender Wolken zitternder Bergsee. Danaë taucht ein, sinkt tiefer und tiefer, bis an seinen Grund. Bis an seinen Grund? Bis an seinen Grund: Danaë lernt auf dem Nichts zu stehen. Dann taucht sie wieder auf aus diesem See, diesem Tränensee. Kräftig schlägt das Herz unter ihren Fingerspitzen, will träumen, glauben, hoffen, lieben. allem Nichts zum Trotz.

Da fühlt Danaë, wie das Licht der Allerliebsten in das Dunkel ihres Grabes tropft und Danaë öffnet weit ihre Arme, um es zu empfangen.
Es ist Nacht, doch vom Osten her beginnt sich ein milchiger Schimmer über den Himmel zu spinnen und sich zu Rosen, zu ungezählten Rosen zu kräuseln.
Silbernes Leben, pocht Danaës Herz, und goldene Liebe...!

DIE ANKUNFT DES SOHNES

In diesem Augenblick hört sie ihren Sohn rufen, Mutter, Mutter, lebst du noch? –
Lebst du noch, Danaë? – Ob ich noch lebe? Was macht den Lebendigen aus?

Mutter, Mutter, ruft er nun wieder, hörst du mich? – Ich höre dich, ich höre dich, mein Sohn, ach du, du hast mich in diesem Grabe gefunden...! Dane tastet sich durch das Dunkel, immer dem Klange der geliebten Stimme nach, steht vor ihm, liegt in seinen Armen, kann's nicht fassen, und doch ist's so, er ist da, der Sohn ist da! Alles wird nun gut, spricht er, während er sanft ihre Tränen trocknet, ich habe die schlangenhaarige Todesgöttin getötet und mit ihrem Haupt das dunkle Auge des Polydektes versteinert. Diktys ist nun König über Seriphos und du bist gerettet.

Da löst sich aus Danaës Seele ein zarter Schatten – die Braut ihres Sohnes ist's, Andromeda, die er aus den Fesseln des Meerungeheuers gelöst hat. Danaë öffnet ihre Arme ganz weit, die Tochter zu empfangen, und als sie an ihrem Herzen liegt spürt sie, es geht nach Hause. Nach Hause, beben ihre Lippen glückselig. Ja, Mutter, spricht der Sohn, wir gehen nach Hause, nach Argos, ins helle Land. – Und Akrisios, was soll mit Akrisios geschehen, mein Sohn, fragt Danaë nun bang. Da sieht er sie unsagbar zärtlich an und spricht: Ich will zu ihm gehen und mich mit ihm versöhnen, Mutter.

SONNENHELLE SCHEIBE AM HORIZONT

Lange schon liegt Seriphos, dieses Felsenland, hinter ihnen. Danaës Haar, noch nachtmatt, beginnt jetzt im hellen Sonnenschein wieder golden zu schimmern. Nun löst sie daraus die letzten Bänder und läuft voran, weit voran, dem Vater entgegen. In den dunklen Nächten ist die Vergebung für den Vater in ihr gewachsen, Danaë will nun zu ihm. Zu ihm, der sich nach dem Leben verzehrte und, den Tod fürchtend, nicht leben konnte. In den dunklen Nächten hat sie die Geister der Ahnen in seinem Herzen tanzen gesehen, sie tanzten in ihrem Herzen fort, die todessüchtigen Danaostöchter, zerbrochene Tränenkrüge in den abgezehrten Händen, dann, die lebensehnende Hypermnestra, die Hände stets geöffnet, um zu empfangen und zu schenken, liebend, liebend –
Ja, Danaë hat dem Vater vergeben, längst vergeben, will nur mehr eines: zu ihm, zu ihm.

Da erblickt sie ihn auch schon. Danaë, ist er's wirklich? Mit einem in die Ferne schweifenden Blick steht der Greis am Mondenhügel, im Schatten eines großen Zypressenbaumes steht er. Das Alter hat seine einst große, kräftige Gestalt niedergedrückt und sein schwarzes, dichtes Haar weiß und schütter werden lassen. Er ist's wirklich. Danaës Herz erkennt den Vater, ruft nach ihm, ruft immer wieder, Vater, Vater. Da kehrt sein Blick aus der Ferne zurück, ruht auf Danaë, seinem Kind. Du bist da, stammeln seine rissigen Lippen lautlos, endlich bist du da, oh, wie habe ich mich nach dir gesehnt, wie habe ich auf dich gewartet, Danaë, mein Kind, mein einziges Kind. Im selben Augenblick liegt Danaë an seiner Brust, und er spürt ihr Herz pochen, ich weiß es, Vater, ich weiß es. Oh, vergib mir, mein Kind, vergib mir, fleht der greise Vater und seine Tränen fließen auf sie nieder. Danaë aber legt seine Fingerspitzen auf ihr Herz und er fühlt, sie hat ihm vergeben, längst vergeben. Müde sinkt sein Haupt auf ihre Schulter und sie halten einander fest, so fest, halten einander lange, unsagbar lange fest.

Danaë, haucht er schließlich, während er sein tränennasses Gesicht in ihrem goldschimmernden Haar birgt, ach, Danaë, sag' mir, was macht den Lebendigen aus? Da nimmt Danaë seine bebenden Hände in die ihren; so kalt sind seine Hände, so kalt von den vielen Tränen, so kalt von all den ungelebten Träumen, so kalt von seiner Angst, seiner Todesangst. Danaë sieht die schwarzen Danaostöchter auf seinem Herzen tanzen, weiß, sie wollen ihn töten. Danaë schaudert, doch kaum einen Atemzug später lodert die Liebe brennend heiß in ihrer Seele auf, ja, Danaë ist die wahre Tochter der Allerliebsten und die wahre Gemahlin des Zeus, sie kann tanzen und lieben wie Hypermnestra. Danaë ist Liebe. Ungestüm legt sie die Hände des Vaters auf ihr liebeglühendes Herz.

Spür' das Feuer, Akrisios, schreit dieses Herz, spür' es brennen, brennen, brennen und gib selber Antwort! Akrisios taumelt, taumelt. Am Horizont naht eine sonnenhelle Scheibe. Akrisios sinkt nieder, ruht in den Armen Danaës, küsst sterbend ihre Fingerspitzen, taucht in den unsagbaren Goldschimmer ihrer Augen.

Im Angesicht des Todes zu lieben, spricht er mit ermattender Stimme, im

Angesicht des Todes zu lieben, meine Danaë, mein Kind, mein einziges Kind, dem Tode zum Trotz zu lieben, das macht den Lebendigen aus.

Ein unvergleichlicher Goldschimmer liegt nun auf seinem Antlitz. Alles ist golden, so golden. Gold ist er in der Liebe Gold ...

Danaë ... Spuren sehe ich im Gras. Spuren von kleinen, goldschimmernden Schuhen.
Wer ist Danaë und wohin ist sie gegangen ... Danaë? ---
Danaë ist nach Hause gegangen, mitten in die Liebe hinein.
Danaë, das bist du ------

ANHANG

LITERATURNACHWEIS

Aischylos: Die Schutzsuchenden. Philip Reclam jun. GmbH & Co, Stuttgart 1999,

Eigl, Kurt, Schwab, Gustav: Die schönsten Sagen des klassischen Altertums. Kremayr & Scheriau, Wien 1995.
Giebl, Marion: Das Orakel von Delphi. Geschichte und Texte. Philip Reclam jun. GmbH & Co, Stuttgart 2001,

Kerényi, Karl: Die Mythologie der Griechen. Die Heroen-Geschichten. DTV München, 2. Auflage 2002,

Moormann Eric M., Uitterhoeve Wilfried: Lexikon der antiken Gestalten mit ihrem Fortleben in Kunst, Dichtung und Musik. Übersetzt von Pütz, Marinus. Alfred Körner Verlag, Stuttgart 1995,

Ovid: Metamorphosen. Übersetzt und herausgegeben von Michael von Albrecht. Philip Reclam jun. GmbH & Co, Stuttgart 1994,

Sautner, Reinhold: Lexikon der Mythologie. Ein praktisches Handbuch. Kremayr & Scheriau, Wien 1982,

ANMERKUNGEN

Die Allerliebste: Der Mond, die Verlangen verleihende Göttin, Aphrodite.

Die ewig Unerfüllten: Jene, welche die Erfüllung durch Hochzeit oder Einweihung nie erreichen; sie tragen in der Unterwelt unaufhörlich in zerbrochenen Krügen Wasser, oder sie schütten es in ein bodenloses Gefäß; die neunundvierzig ihre Ehemänner erdolcht habenden Danaostöchter sind ein Beispiel der ewig Unerfüllten.

Die Gottesgeliebte: Danaë bei Horaz.

Hypermnestra: Älteste Tochter des Danaos. Sie verschont ihren Ehemann, Lynkeus, aus Liebe. Deswegen wird sie vor Gericht gestellt. Aphrodite persönlich übernimmt die Verteidigung des Mädchens (vgl. das einleitende Aischyloszitat).

Die schlangenhaarige (Todes)Göttin: Medusa.

Die sonnenhelle Scheibe am Horizont: Diskus, mit dem der Sohn Danaës irrtümlich seinen Großvater, Akrisios, tödlich verletzt.

Vater des Fahrtwindes: Zeus.

DAS KLEINE LEBEN DER SELIE M.

Eng aneinander geschmiegt saßen sie auf dem gemütlichen Sofa. Durch das große Fenster tanzte das Licht des frühen Morgens, ließ das altersmatte Haar der Mutter wehmütig aufschimmern und spielte scheu mit den hellen Locken der Tochter. Auf den Knien der beiden Frauen, erinnerungsschwer, das Fotoalbum. Langsam wendete die Mutter Seite um Seite, immer wieder verweilend, die Finger beinahe zärtlich über die vergilbenden Bilder gleiten lassend. Stille war in die Stube hineingegossen, nur das Knistern des zwischen den einzelnen Bildseiten ruhenden Spinnenpapiers konnte man hören. Plötzlich bat die Tochter, die Mutter möge doch im Blättern inne halten – das kleine Bildchen eines jungen Mädchen war es, das ihre Aufmerksamkeit auf sich gezogen hatte ... zwei große, helle Augen unter lichten, sanft geschwungenen Brauen blickten sie an. Welch ein schönes Gesicht, dachte die Tochter und wollte immerzu darin verweilen. Behutsam zeichnete sie mit den Fingerspitzen die feinen Umrisse des Mädchenantlitzes nach. Das ist Sélie, antwortete die Mutter dem fragenden Herzen der Tochter, Sélie, die Freundin meiner Kindertage. Die Tochter blickte erstaunt hoch – von Sélie hatte die Mutter noch nie erzählt. Ja, ja, so mochte es wohl sein, meinte die Mutter nachdenklich, doch die Freundin sei schon lange tot, viel zu lange tot. Die Tochter kam vom Blick Sélies nicht mehr los, wollte alles über sie erfahren. Später, zögerte die Mutter, doch die Tochter gab nicht nach, wollte sofort in das Geheimnis Sélies tauchen. Da begann die Mutter zu erzählen und die Tochter lauschte, lauschte, spürte Sélie in ihrem Herzen lebendig werden.

Sélie ist da, beinahe noch ein Kind, jedoch hoch gewachsen und zart, viel zu zart, das Haar, in sanften Wellen hinab zur schmalen Taille fließend, blond, viel zu blond, die Augen vom tiefen Blau eines klaren Herbsthimmels, dem Himmel nahe, viel zu nahe. Sélie ist da. Nicht mehr die Mutter ist es, die erzählt. Sélie erzählt. In ihrer Hand liegt eine große, herrliche Muschel, aus deren dunklem Leib Kristalle in den wunderbarsten Farben erglitzern. Sélie sagt, komm mit, und reicht mir die Muschel. Ich lege sie an mein lauschendes Herz und spüre mich gleichsam an den Grund der Muschel sinken, durch Traum und Zeit hindurch, mit Sélie, zu Sélie. So gelangen wir an einen kleinen Brunnen, aus dem Milch fließt. Sélie formt ihre Hände zu einer Schale und trinkt, trinkt wie eine Verdurstende. Da beuge auch ich mich hinab – zuerst nur, um meine Lippen zu netzen, doch dann, die unsagbare Süße schmeckend, trinke ich, trinke ich, will ich nie mehr zu trinken aufhören. Doch Sélie drängt, weiter zu gehen, ein langer, langer Weg liege noch vor uns. Sie wischt mit dem Handrücken über ihren Mund, um das Milchbärtchen zu entfernen und lacht dabei vergnügt. Du siehst aus wie eine kleine Katze, meint Sélie, während ich mit der Zunge genüsslich die letzten Tropfen Milch von meinen Lippen lecke.

Wir gelangen an ein einsames Bauernhaus, dunkelrot im Schimmer der sinkenden Sonne. Die Bauersfrau grüßt uns freundlich und hält zwei Schimmel am Zügel fest. Sie möchte uns die Pferde schenken, doch Sélie lehnt ab, wir müssten zu Fuß gehen.

Es ist ein seltsamer Weg, den Sélie mich führt, durch im schwarzen Dämmer liegende Wälder und zerklüftete Täler, vorbei an dunklen Bergen und herbstmatt weinenden Wiesen. Am Wegesrand, in verschiedenen Größen, Glaskugeln in den Farben des Regenbogens schillernd. Halt, rühr' sie nicht an, warnt Sélie, du müsstest sterben. Wir gehen Hand in Hand, später wieder, läuft sie voran, oder, vielmehr, tanzt sie voran. Dann, mitten am Wege, ein Grabdeckel, hineingemeißelt in seinen hellen Marmor, die Gestalt eines jungen Mädchens, ihr Mund, mit einem Band verschlossen. Lös' das Band, sagt Sélie. Ich denke, Stein vom Stein lösen, wie kann das sein. Sélie aber lacht, probier's doch einfach ... Stein vom Stein lösen ... es gelingt! Geschmeidig liegt das Band nun in meiner Hand. Ich werfe es Sélie zu. Sie fängt es, schwingt es über dem Kopf, lässt es fliegen, fliegen – wir blicken dem Band nach, wie es sich kräuselt und dreht, zu einem lichten Bogen sich formt und dehnt. Komm, lockt Sélie mit ihrer glockenhellen Stimme und tanzt auf den Bogen zu. Auch ich tanze in schnelleren und immer schnelleren Drehungen, bis ich Sélies Umarmung spüre. Sie wendet mir ihr Antlitz zu, es ist sommerhell, nein, herbstgold ist es, dann, winterweiß glänzend. Wir tanzen durch den Lichtbogen und ich weiß, dass ich am Grunde der Muschel angekommen bin. Bei Sélie.

Bin Sélie. Ich trage mein Lieblingskleid; es ist zartblau und am Rocksaum mit Maßliebchen bestickt. Mein Zimmer ist lichtdurchflutet, auf der Bettdecke ruhend, Blonde, meine Puppe, das zarte Porzellangesichtchen, umrahmt von gelblich-weißen Locken, die Augen, verdeckt von dunklen Wimpern. Ich nehme sie hoch und wiege sie in meinen Armen. Nun schlägt sie ihre Augen auf, lächelt mich an. Ich drücke einen Kuss auf ihre rosigen Wangen. Lege sie zurück aufs Bett, decke sie behutsam zu und gehe hinüber zum Fenster; es ist verhangen von zyklamefarbenen Blümchen, die sich sanft im Wind bewegen. Ich schiebe sie ein wenig zur Seite, um hinaus in den Garten blicken zu können; es ist ein wunderschöner, großer Garten mit alten, starken Bäumen inmitten wogender Gräser und duftender Blumen. In diesem Garten liege ich nun, im Schatten einer Birke liege ich; hell blickt das Himmelsblau durch die wispernden Blätter, die Wolken, zarte Federchen am Horizont. Neben mir, im Grase, mein Hündchen, gewiss, das kleinste und allerliebste Hündchen der Welt; spitze Ohren hat es, dunkle, große Augen und eine fürwitzige, nach oben gerichtete Schnauze mit einer schwarz glänzenden Knöpfchennase. Zartbraun ist sein Fell und lang, der Schwanz, buschig, meist keck nach oben gebogen, nun aber, fröhlich ins Gras klopfend, während Hündchen mit seiner weichen, warmen Zunge hingebungsvoll die Innenflächen meiner Hand liebkost. Plötzlich springt Hündchen aufgeregt hoch, läuft zum Tor, die roten Bändchen an seinen Beinen im Gras leuchtend. Ich richte mich neugierig auf und sehe Efi, meine Freundin, Hündchen nun im Arm, eilig auf mich zukommen; bei jedem ihrer Schritte wippt der lokkige, rotblonde Pferdeschwanz hin und her. Ich mag Efi sehr. Wir gehen gemeinsam zu Schule. Wir lachen gemeinsam. Wir spielen gemeinsam. Jetzt betrachten wir die Wolken. Efi, neben mir im Gras. Die Mutter wird über die Grasflecken auf deinem schönen Kleid böse sein, meint Efi. Ich aber muss über Efis Sorgen lachen – mich kümmern weder Grasflecken noch die scheltende Mutter, wenn die Blumen duften, die Sonne mich wärmt und die Wolkenschäfchen am Himmel spielen. Efi und ich, wir spielen nun mit. Jede von uns hat ihr Lieblingsschäfchen zum Fangen und Liebkosen. Efis Schäfchen ist sehr klein, so wie auch Efi sehr klein ist. Mein Schäfchen hingegen ist groß gewachsen wie ich, natürlich. Wir spannen die Schäfchen vor einen Wagen, nehmen darin Platz und mit Hü und Hott fahren wir über den Himmel spazieren. Dann, vergessen sind Schäfchen und Wagen, ruft Efi – Achtung, ich fliege! Sie breitet ihre

Arme aus und wir tanzen nun wie Schmetterlinge von Blume zu Blume. Irgendwann sinken wir ermüdet ins Gras. Ich werde Tänzerin, sage ich zu Efi, eine ganz berühmte Tänzerin, gewiss noch berühmter als Fanni Elßler. Sehe mich, in zarte Schleier gehüllt, die Zöpfe gelöst, gleichsam über die Bühne schweben. Ich schwebe, schwebe, schwebe – und das Publikum spendet tosenden Beifall, klatscht, klatscht, klatscht ... Efi klatscht, klatscht, klatscht. Efi möchte auch berühmt werden, vielleicht Schauspielerin, vielleicht ... Da steht sie nun vor mir, mit stolz erhobenem Kopf, die Stupsnase noch höher als sonst, und beginnt mit ernsthafter Miene Gedichte zu rezitieren. Die Begeisterungsstürme bleiben natürlich nicht aus, ich klatsche, bis meine Handflächen brennen. Selbst Hündchen bellt freudig, als hätte er Gefallen an dem Vortrag gefunden. Es steht also fest, eines Tages werden wir ganz respektierliche Damen sein, die Haare hochstecken, auf Stöckelschuhen stolzieren und kostbare Ohrgehänge tragen. Nach einiger Zeit meint Efi, dass sie ganz gewiss auch heiraten werde. Sie würde dann in einem großen Haus wohnen und viele Kinder haben – und Tiere – werfe ich ein, ja, schwärmt Efi, viele Tiere, in einem kleinen Weiher, Enten, auf der Wiese, Schafe und Hühner ... Ach ja, wir sind schon wieder ganz weit weg. Übrigens, Efi verliert sich nun völlig in ihren Zukunftsträumen, mein Mann hätte auch einen Bruder – ich setze mich flugs auf ... und der würde natürlich mich heiraten, stimmt's? Stimmt, nickt Efi eifrig, und wir beide könnten dann auf immer zusammen sein. Wir fallen einander um den Hals und schwören, auf immer, auf immer ... Ach, schwärme ich, mein Leben soll eine einzige, himmlische, atemberaubende Liebesgeschichte werden und an meinem Hochzeitstag will ich Maßliebchen im Haar tragen ... Wir lassen uns wieder ins Gras fallen. Plötzlich meint Efi nachdenklich, du, Sélie, wie ist das eigentlich, wenn man einen Mann lieb hat ... wie soll das schon sein, erwidere ich mit der Überheblichkeit der um ein paar Monate Älteren. Na, du weißt schon, gibt Efi nicht nach, so richtig lieb haben zwischen Mann und Frau ... man küsst und umarmt sich, sage ich dann. Mehr nicht, will Efi wissen – sie liegt nun bäuchlings neben mir, den Kopf in ihre Hände gestützt und sieht mich mit ihren großen, hellen Kinderaugen staunend an. Mehr nicht, bekräftige ich sachlich. Und die kleinen Kinder ... Efi will es nun ganz genau wissen – die entstehen dabei, sage ich. Ach, meint Efi, so einfach ist das. Ja, so einfach ist das, gebe ich zur Antwort. Vom Haus her ist die Stimme der Mutter zu hören, Sélie, komm, das Abendbrot steht am Tisch. So spät ist es schon? Tatsächlich, so spät ist es schon. Efi springt auf. Ich bitte sie, doch noch ein Weilchen bei mir zu bleiben, Efi aber hat sich zum Gehen entschlossen, ihre Mutter würde sich gewiss schon um sie sorgen. Im Torbogen stehend blicke ich Efi lange nach, wie sie fröhlich hüpfend davon eilt, sich immer wieder nach mir umwendend, winkend, Kusshändchen werfend. Als sie meinen Blicken letztlich ganz entschwindet, fühle ich große Einsamkeit und Verlorenheit in meinem Herzen. Der Himmel ist nicht mehr frühlingsblau und die Leiber der Wolken werfen ihre langen Schatten auf mich, dunkle Ungeheuerwolken auf Himmelsgrau. Mit einem Male ist mir sehr kalt. Fest drücke ich Hündchen an mein Herz und eile ins Haus; hellhäutig ist das Haus meiner Kindheit und es duftet nach frisch gebackenem Kuchen. Mutter erwartet mich, erwartet mich mit offenen Armen. Ich schmiege mich an sie, halte mich fest, so fest, möchte immer in dieser Wärme und Geborgenheit verweilen, möchte die Zeit anhalten...

Die Zeit, ach, die Zeit, dieses grausame Maß des Irdischen, Atemmaß, zum Mädchen mich formend, zur jungen Frau, Veilchenduft, dann, herbe Reseden ... die Tage hetzen mich durchs Leben, die Wochen, die Monate und Jahre, doch, bin ich nicht immer noch die kleine Sélie ... forschend blicke ich in den Spiegel, suche ein träumendes Mädchen, finde eine junge Frau; siebzehn Jahre bin ich nun, das Leben vor mir, sollte es nicht ein weites, sonnendurchflutetes Land sein, grenzenlos, grenzenlos ...? Aber ach, es ist eng, so eng, die Sonnenstrahlen in tausende und abertausende von Tränen zerfließend. Mutter fühlt meine schweren Gedanken. Sie legt ihre Hand zärtlich auf meine Schulter. Komm, Sélie, sagt sie mit ihrer sanften Stimme, lass uns ein bisschen Klavier spielen. Ich berge meine Wange an ihrer Hand und blicke zu ihr hoch. Sie sieht so müde aus und unsagbar traurig. Wir setzen uns ans Klavier, doch schon nach einigen Takten ruhen unsere Finger wie gelähmt auf den Tasten. Mutter sitzt regungslos, dann bricht sie in Tränen aus, springt von ihrem Sessel hoch und läuft aus dem Zimmer. Meine Finger ruhen immer noch auf den Klaviertasten. Ich verstehe Mutter. Sie kann die Stille des Hauses nicht ertragen und nicht die Musik; es ist Vater, der ihr fehlt. Es ist Vater, der uns fehlt. In der Stille und in der Musik. Mit der Fröhlichkeit eines jungen Vogels hatte er oft stundenlang auf der Flöte gespielt. Nun lauert er wohl irgendwo in einem Schützengraben, keine Flöte an den Lippen, vielmehr, ein Gewehr im Anschlag. Vielleicht. Vielleicht aber ist er auch schon tot – seit langen Monaten haben wir keine Nachricht mehr von ihm. Heiß spüre ich die Tränen auf meinen Wangen glühen. Soldaten riechen nach Blut und Tod. Auch er. Auch er? Vater, Vater, schreit mein Herz, ich sehne mich so sehr nach dir, sehne mich so sehr nach dir. Ich klappe den Klavierdeckel zu und gehe zum Fenster. Still und friedlich träumt der Garten unter mir. Ich schließe die Augen und versuche, mit ihm zu träumen. Vom Frieden zu träumen. Versuche die Soldaten zu vergessen, die Kampfflugzeuge und die Bomben. Ich bedecke die Augen mit meinen Händen und möchte nie mehr an die durchängsteten Nächte in den Schutzräumen denken. Nie mehr, nie mehr. Doch es will mir nicht gelingen. Es ist Krieg. Es ist Krieg – und ich bin mittendrin.

In dieser Nacht finde ich lange keinen Schlaf, habe Angst, die Sirenen könnten wieder aufheulen und ich müsste wieder in die Enge des Kellers fliehen. Es bleibt aber ruhig und irgendwann schlafe ich dann doch ein und ich beginne zu träumen, träume von einem See. Schmale Stege führen über seine dunklen Fluten, immer wieder, fehlende Latten, und ich habe Angst, in die Tiefe zu stürzen. Da gewahre ich im Wasser die zarte Alabastergestalt eines Mädchens, Haupt, Hände und Füße abgetrennt neben dem bleichen Leib liegend, in ihrer Scheide, ungezählte Zigarettenstummel. Ein hässlicher Seehund schwimmt nun heran, zieht immer enger werdende Kreise um die zerschlagene Gestalt. Ich empfinde abgrundtiefes Grauen und laufe davon. Beinahe schon am sicheren Ufer angekommen aber, versperrt mir ein abscheuliches, glitschiges Krötentier den Weg; in seinem Maul, welkende Rosen. Es gibt kein Entrinnen, ich weiß es gewiss. Mitten aus dem Grauen erwache ich schweißgebadet. Es ist ja nur ein Traum, sage ich mir, und lasse meine verstörte Seele vom hellen Licht des Morgens trinken, das in mein Zimmer flutet. Es ist ja nur ein Traum, sage ich mir, später, beim Frühstück, geborgen in Mutters Liebe; es gibt Brot, ein bisschen Butter und sogar ein Schälchen Milch dazu. Ja, heute ist genug zu essen da, für uns alle, auch für Hündchen. Nun sitzt er geduldig neben mir, die braunen Augen still auf mich gerichtet, und freut sich schon auf den Morgenspaziergang im Garten. Er ist ein altes Hündchen geworden, aber noch immer gibt's nichts Schöneres für ihn, als durchs Gras zu tollen, zu schnuppern und zu lauschen. Aber, gibt's denn für mich etwas Schöneres, als inmitten von Blumen und Düften zu sein ... die Zeit hört auf, es gibt nur mehr den Augenblick des Daseins.

Hündchen aber ist heute unruhig. Er kommt immer wieder zu mir, möchte hochgenommen und liebkost werden. Auch ich bin heute unruhiger, wie ein kalter Schleier liegt die dunkle Melodie des Traumes auf meiner Seele. Eine unbestimmte Ahnung bebt in mir, drängt mich, zurückzugehen, doch, ehe ich noch meine Schritte wenden kann, vernehme ich grölende Männerstimmen und schon sehe ich sie, zuerst schemenhaft, dann, immer deutlicher, aus einiger Entfernung auf mich zukommen: Soldaten. Es sind fünf Soldaten, fremde Soldaten, betrunkene Soldaten. Nun haben auch sie mich entdeckt. Sie lachen und grölen noch mehr. Eilends nehme ich Hündchen hoch und laufe in Panik zum Haus zurück. Wie lange, wie unendlich lange ist der Weg nach Hause...! Ich höre die Soldaten keuchend näher und näher kommen. Ich kann nicht mehr laufen, ich kann nicht mehr. Diese Angst, diese A n g s t, diese A N G S T ... ! Hat es zu regnen begonnen? Es hat zu regnen begonnen. Es regnet in Strömen und überall beginnen sich schmutzige Pfützen zu bilden. Mein Herz schreit, es ist nur ein Traum, es ist nur ein Traum. Ich erreiche die Türe, schiebe den Riegel vor, bin gerettet, bin nicht gerettet, höre einen Männerkörper, schwer wie einen gefällten Baum, immer wieder gegen die Türe prallen. Mutter schreit. Ich laufe die Stiegen hinan, zu ihr, zu ihr, doch dann breche ich erschöpft zusammen, oder – ist es die Stiege, die in der Mitte auseinander bricht ... Hündchen entfällt meinen Armen, zerfällt in unendlich viele Krümel, zerbröselt wie ein Keks, nein, schreit, wimmert, verblutet, verblutet an einem schmutzigen Männerstiefel, der ihn tritt, immer wieder tritt. Nun fallen sie über mich her, wild gewordene, stinkende Tiere. Nach Blut und Tod stinkende Tiere. Es gibt kein Entrinnen. Es gibt nur noch den Schmerz. Ich versinke in diesem Schmerz. Die ganze Welt versinkt in diesem Schmerz, Sonne, Mond und Sterne versinken in diesem Schmerz. Ich versinke in diesem Schmerz. Bin der Schmerz. Ein Mal habe ich eine Sternschnuppe fallen sehen, doch sie war viel schneller als mein Wunsch. Das Tier über mir, krötengesichtig, das Tier in mir, ein ekeliger Seehund. So ist das also zwischen Mann und Frau, Efi, Angst ist es und Schmerz, totale Erniedrigung, in den Staub getreten werden und Todesverzweiflung. Irgendwann fallen sie von mir ab, gleich voll gesogenen, blutsatten Egeln fallen sie von mir ab, mich zurücklassend in all dem Blut, dem Schmerz, der Scham, dem Schmutz. Es ist ja nur ein Traum, ein langer, schrecklicher Traum, aus dem ich nur zu erwachen brauche...

Sélie, ruft eine Stimme. Sie scheint aus sehr weiter Ferne zu kommen. Sélie, ruft es nun wieder, diesmal näher, ganz nahe, neben mir. Es ist Mutters Stimme. Sélie, immer wieder Sélie ... aber – wer ist Sélie, wo ist Sélie ... Ich sehe einen Raum voller Spiegel, in der Mitte geknickte Spiegel, darin ein Spiegelbild, mein Spiegelbild? ... Mein Spiegelbild, hundertfach gespiegelt, geknickt, zerbrochen, zerstört, Sélie, hundertfach gespiegelt, geknickt, zerbrochen, zerstört.

Du hast lange geschlafen, Sélie, sagt Mutter und wiegt mich im Arm, wie damals, als ich noch ein kleines Mädchen war. Ich lass' es geschehen. Lass' es geschehen, dass sie mich füttert mit demselben silbernen Löffel, wie damals. Ich lass' es geschehen, lass' es geschehen, als gäb's ein Zurück ins Heitere, ins Licht. Doch, kann es ein Zurück geben, wird es jemals ein Erwachen geben? Dunkler Traum an dunklem Traum, ist dies mein Leben, mein kleines Leben?

Der Frühling flieht vor der Schwüle des Sommers. Sommer 1945. Der Krieg ist vorbei; vorbei die schrecklichen Nächte in den Kellern, vorbei der Motorenlärm der nahenden Kampfflugzeuge, vorbei das Dröhnen der Gewehrsalven. Überall Soldaten. Fremde Soldaten. Heimkehrende Soldaten. Doch ich, ich habe keine Angst. Ich habe keine Angst mehr. Mir ist das Schreckliche geschehen. Schrecklicher kann nur der Tod sein, so man ihn flieht. Aber, flieh ich ihn denn, hat er mich nicht längst gepackt...

Im Schatten des Kirschbaumes entdecke ich Maßliebchen, so viele Maßliebchen, ungezählte Maßliebchen, lege mich zu ihnen wie einst, in meinen Kindertagen. Ober mir der Himmel, schimmernd in seinem harten Sommerblau, nirgendwo eine Schäfchenwolke...

Heiter wird meine Seele, denke ich an das Hühottspiel mit Efi. Wie gerne würde ich zu ihr fahren, zu ihr fliehen, zu ihr fliegen, weg aus dieser unsagbaren Verlorenheit. Doch, nirgendwo ein Wolkenschäfchen, das ich vor meinen Wagen spannen könnte; und – wohin fahren, wohin fliehen,

wohin fliegen, wo ist die dem Krieg Entflohene, die so Ferne, die liebe Gefährtin meiner Kinderzeit ... Große Traurigkeit legt sich auf meine Seele, klebrige, kalte Traurigkeit umhüllt mein ganzes Sein, muss an Vater denken und an Hündchen, wo sind sie alle, wo ...
Ich bin ja da, sagt die Mutter, ich bin bei dir, weine nicht. Sie setzt sich zu mir ins Gras, kümmert sich nicht um Grasflecke, kümmert sich schon lange nicht mehr um Grasflecke. Ihre liebenden Augen ruhen auf mir, umarmen mich, umfangen mich ganz, du bist schön meine geliebte Tochter, sprechen sie, ach, du bist schön, meine geliebte Mutter, antwortet mein Herz. Plötzlich fühle ich Mutter erbeben, Sélie, du hast zugenommen ... Verunsichert streiche ich mit den Händen über meinen Leib, über meinen leicht gewölbten Leib; ach, ich habe es schon lange zuvor bemerkt und – bin ich nicht schon lange zuvor darüber erbebt ... Wir fallen einander in die Arme, wir weinen, wir schluchzen. Mir ist's, als blickten mich Efis große, helle Kinderaugen staunend an; und die kleinen Kinder, höre ich sie wieder fragen ... die entstehen dabei, höre ich mich antworten. So einfach ist das? So einfach ist das, Efi.
Mutter erzählt von den anderen Frauen, Mädchen, ja, Kindern. Sehe sie vor mir, geschändet wie ich, in den Staub getreten wie ich, auf riesigen Lastwagen zur „Reinigung" in die Stadt gekarrt werden; ich aber, viel zu krank, damals, wäre gewiss auf dem langen Weg zur Stadt gestorben ...
Nun muss ich dieses Leben ertragen, muss es austragen, dieses Leben, dieses Kind. Dieses Kind, dessen Vater ich hasse, dieses Kind der Gewalt und dennoch – mein Kind. Mutter drückt mich ganz fest an sich, wir schaffen es, Sélie, macht sie uns beiden Mut, wir schaffen es, du, das Kind und ich. Ich schließe meine Augen und ziehe mich in mein Herz zurück. Es ist mir, als wäre eine Türe hinter mir zugeschlagen. Ich rüttle an der Türschnalle, doch sie zerschmilzt unter meinen Händen. Dunkler Traum an dunklem Traum ...
Doch, vielleicht hat mich das Leben doch noch nicht vergessen...

Spüre den matten Atem des Windes um meinen Leib spielen, fühle mich mit einem Male so leicht, schmetterlingsleicht fühle ich mich, versuche noch ein Mal zu tanzen, mit gelöstem Haar und bloßen Füßen zu tanzen. Tanzen, tanzen, von Blume zu Blume tanzen, drehen, drehen, immer

schneller drehen ... vielleicht komme ich doch noch im Leben an, wenn ich mich schnell genug drehe ... wer weiß...
Sehe ihn aus dem Nebel tanzend auf mich zukommen. Er will mir vom Leben erzählen. Ja, du, erzähl' mir noch ein Mal vom Leben, ich schreie nach Leben. Sinke in deine starken Arme, in deine zärtlichen Arme, ich kleines, schmutziges Mädchen. Blickst mich lange an, so lange, dann, Stirn, Nase, Augenlider und Mund mir küssend, die dunklen Träume gleichsam wegzaubern, mich in den Himmel zaubern wollend, aber, mein todwunder Leib braucht Zeit, meine todwunde Seele braucht Zeit, so viel Zeit. Du willst sie mir schenken? Vertrauend auf die alles heilende Macht der Liebe willst du sie mir schenken? Du liebst mich also? – Ja, Sélie, ich liebe dich, den Liebreiz deines Antlitzes liebe ich, die geschmeidige Anmut deines Körpers, dein seidiges, sonnenhelles Haar. – Und meine Wunden, meinen Schmutz? – Alles an dir liebe ich, Sélie, dein Weinen und dein Lachen ... – Und das Kind? – Ich sage ja zur Zukunft mit dir, ich will auch zu deinem Kind ja sagen. Du hast auf Erden einen Freund, Sélie, und der bin ich. Wird's nun doch licht? Ja, ja, alles wird licht, Sélie.

Sonnendurchbebte Tage. Wir tanzen zwischen Himmel und Erde. Ich darf fröhlich sein. Endlich darf ich wieder fröhlich sein. Der Tag der Hochzeit, Mutter flicht mir Maßliebchen ins Haar, jede Blume flüstert, werde glücklich, meine Kleine, werde glücklich, ich liebe dich, Sélie, Sélie, ich liebe dich, sagt er, sagst du, bis der Tod euch scheidet, spricht der Priester, spricht es in die Helle des Tages hinein. Bis der Tod uns scheidet? Der Tod? Der Tod? Gibt es ihn denn noch, den Tod? Wir lieben uns, wir leben inmitten der Ewigkeit...
Des Nachts, wir liegen Seite an Seite, wir umarmen einander. Deine Arme, zärtlich und gut, dann, stark und fordernd, immer fordernder, dein Leib, schwer wie ein gefällter Baum, fremd, so fremd, krötengesichtig bist du, seehundleibig, nach Blut und Tod stinkend. Ich habe Angst, A n g s t, A N G S T. Todesangst. Schreie, schreie, schreie, stoße dich von mir, laufe, laufe, laufe um mein Leben, falle zu Boden, zu Boden. Sélie, Sélie rufst du, rufst immer wieder meinen Namen. Langsam beginnt sich meine Seele wieder aus dem dunklen Damals zu tasten. Sélie, verzeih, bettelst du, nimmst mich Bebende in die Arme, lässt mich in ihnen

ruhen, ausruhen. Es wird alles gut, alles wird gut, Sélie, tröstest du mich immer wieder. Ich aber kann nur weinen, weinen.

In dieser Nacht träume ich von einem kleinen, blauen Vogel der aus hellen Höhen zu mir kommt, sich in ein Kind verwandelt, sich in mein Kind verwandelt und, erwachend, spüre ich zum ersten Mal, dass es lebt, ja, es ist mir, als ob ein Vögelchen mit seinen Flügeln in meinem Leibe sanft um sich schlüge.

Es lebt, wächst gleich einer Geschwulst, wird größer und größer, will geboren werden. Ich habe Angst vor dir, du Kind der Gewalt, du Kind eines Ungeheuers. Wer bist du? Warum bist du zu mir gekommen? Was willst du? Es ist ein schmerzhaftes Geborenwerden, als wüsste dieses kleine, nach Leben drängende Wesen, dass es um alles geht – geliebt oder gehasst zu werden auf dieser Welt. Mein Körper wird von Schmerzen herumgeworfen, ich will nicht kämpfen für das Kind, will kämpfen, will es nicht gebären, will es gebären, bin müde, so müde, will nicht mehr atmen, muss atmen ... die Stunden fliehen, die Zeit hat aufgehört zu sein, dieses Kind, dieses Kind, Kind, warum tust du mir so weh, willst du vielleicht gar nicht geboren werden ... ich kann nicht mehr, jetzt gehe ich unter in diesem Ozean der Schmerzen, die Welt weicht zurück, es wird dunkel, so dunkel. Dann, ein leises Wimmern – du bist geboren! Durch mich geboren. Du, Fleisch von meinem Fleisch. Du bist ein kleiner Junge. Man legt dich in meinen Arm. Noch ganz blutig bist du, runzelst deine kleine Stirn unter dem schwarzen Haarschopf, versuchst die Augen zu öffnen – und jetzt, jetzt blickst du mich an ... da entspannt sich dein Gesichtchen und in deinen runden Veilchenaugen spiegelt sich Wiedererkennen – ja, du weißt, dass ich deine Mutter bin. Da öffnet sich mein Herz weit, so weit ... Du, nie zuvor habe ich die Liebe so gefühlt! Du, du, Herz von meinem Herzen, in mir, Sonne, Mond und Sterne, du, Kind, ich liebe dich, gehe unter – im Ozean der Liebe! Nun liegst du an meiner Brust. Bei jedem Schlückchen, das du machst, nickt dein liebes Köpfchen, trinkst, bis dein Mündlein übergeht, gurrst zufrieden wie ein Täubchen, schläfst mit milchtriefenden Lippen ein. Er aber steht neben uns, wie ein Fremder stehst du neben uns, spüre, wie die Gesichtszüge des Kindes dich erschrecken, dich von Tag zu Tag mehr erschrecken, da du in ihnen zu entdecken suchst, was für dich nicht zu entdecken ist. Sehe das Kind unter deinen kälter werdenden Augen heranwachsen,

spüre, wie es seinen Liebreiz an dich verschwendet, oh, du, wie mich das schmerzt, wie mich das schmerzt!
Ja, es ist kälter geworden. Auch zwischen uns beiden ist es kälter geworden. So viel Zeit braucht mein todwunder Leib, so viel Zeit meine todwunde Seele, hast mir schon zu viel Zeit geschenkt, viel mehr, als man es von einem Mann verlangen kann, ich weiß, du kannst nicht mehr warten, bist müde vom Warten, zweifelst an meiner Liebe, beginnst mich zu fliehen, musst mich fliehen, zurück in den Nebel fliehen, aus dem du zu mir getanzt bist. Regentage, Regentage ...

An der Bushaltestelle – Efi, so schön, so glücklich, so lebendig. Ich, so blass, so traurig, so lebensleer. Wir sehen einander an, sehen einander lange an, spüren den Abgrund, den die Zeit zwischen uns aufgerissen hat. Komm über die Brücke, Sélie, sagen Efis Augen ... Ach, Efi, die Brücke würde mich nicht tragen, bin zu schwer, zu tränenschwer ...
Der Bus kommt, Efi steigt ein, wendet sich noch lange nach mir um, winkt, winkt. Auch ich winke, winke noch lange, die nackten Arme, Reif überzogen; welkes Laub stöhnt unter meinen müden Schritten.
Wie einsam bin ich und verloren auf dieser Welt...
Dann, wieder zu Hause. Setze mich ans Klavier, lasse mich von der Musik wegtragen, weit wegtragen, in das liebe –und lichtdurchflutete Reich der Kindheit. Vater begleitet mich auf der Flöte, Mutters erdwarme Stimme erklingt. Ich bin so glücklich, für einen Atemzug lang bin ich so glücklich, beim nächsten Atemholen, so traurig, so abgrundtief traurig ... Vaters Flöte wird mich nie wieder begleiten, Mutters erdwarme Stimme wird nie wieder erklingen, in diesem dunkelhäutigen Haus. Beide sind tot, tot, unwiederbringlich tot. Ich drehe mich zu langsam, der Tod holt mich immer wieder ein.
Bitte nicht weinen, bitte, nicht weinen, Mama, hör' ich den kleinen Jungen betteln, meinen kleinen Jungen betteln. Er legt tröstend seine liebe Kinderhand mit den winzigen Grübchen am Handrücken in die meine, sieht mich mit seinen großen, dunklen Augen flehend an. Ich drücke ihn fest an mein Herz, liebkose ihn über und über, gieße all meine Liebe über ihn aus, ach, wie ich dich liebe, mein Junge! Wo ist der Vater, fragen jetzt deine Augen. Ich weiß, wo der Vater ist, ich weiß, wo du bist, du, Mann, den ich so liebe. Bist, wo das Leben pulsiert, bist wo das Leben erzählt, musst dem Leben lauschen. Wie streckt mein Herz seine Hände

nach dir aus. Komm doch, komm doch zu mir zurück, ich will alles versuchen, um dir meine Liebe zu beweisen, um dich glücklich zu machen. Oder, liebst du mich nicht mehr? Der kleine Junge läuft, dich zu holen. Ich stehe am Fenster und blicke ihm lange nach. Geh' mit ihm, geh' mit ihm. Bitte. Ein Maßliebchen liegt in meiner Hand, zähle seine Blättchen, er liebt mich, er liebt mich nicht, er liebt mich, er liebt mich nicht – das Liebesorakel ... er liebt mich nicht ... er liebt mich nicht? Nein, das kann nicht sein. Puste das Blümchen hinab in den Garten, sehe es traurig zu Boden tanzen, am Boden zu einem Blutstropfen verperlend. Wo bleibt nur mein kleiner Junge und wo mein geliebter Mann? Es wird so dunkel in der Stube, so dunkel wird's auch draußen im Garten. Da ist's mir, als löste sich aus dem großen, knorrigen Eichenbaum eine seltsame Gestalt, nein, vielmehr – ein Schatten. Er reicht mir ein Ei, ich soll hindurchblikken. Ich aber habe große Angst davor und weigere mich. Da wirft er das Ei in weitem Bogen ins Dunkel, verzittert selbst im Dunkel. In der Ferne höre ich das Ei aufsplittern, spüre sein goldschimmerndes Leben in die dürstende Erde sinken. Wie ist mir kalt, so schrecklich kalt. Sélie, Sélie, ruft es nun aus dem Schwarz des Gartens. Wer ist's, der nach mir ruft, bist es du, mein Junge, bist es du, mein Mann ... erneut höre ich meinen Namen rufen, Sélie, Sélie ... Neige mich weit aus dem Fenster, um nach dem Rufer Ausschau zu halten. Hier bin ich, spricht nun die Stimme, und ich neige mich noch mehr dem Abgrund zu; und da sehe ich ihn, er steht unter meinem Fenster und blickt zu mir empor. Der zuckende Schein der Fackel, die er gesenkt in seinen Händen hält, fällt auf sein junges Antlitz, ein bleiches, wunderschönes Antlitz. Da durchfährt es mich eisig – kenne ich ihn denn nicht schon lange? Ja, ich kenn dich schon lange! Bin mein Leben lang mit dir um die Wette gelaufen ... und erneut hör' ich dich rufen, Sélie, Sélie...! und aus den Blättern des alten Eichenbaumes singt es schauerlich zurück, Sélie, Sélie! Ein kalter Windhauch streift über meine Wange, flüstert, du schuldest mir dein Leben. Mein Leben? Was ist mein Leben? Dunkler Traum an dunklem Traum, das ist mein Leben, mein kleines Leben...

Die Tränen des Mondes schimmern matt auf meinen Wangen, fließen hinab, in den Garten hinab, erlöschen zischend in der flammenden Fackel des Jünglings. Spüre, wie mich die Schwere der Tränen nach unten zieht, verliere den Halt, falle, stürze in den Abgrund, durch Traum und Zeit falle ich, vorbei an dem Krötengesichtigen, dem Seehundleibigen.

Rauchfarbener, dumpfer Topas. Dann, glühender Rubin, schimmernder Smaragd, gleißender Saphir, leuchtender Karfunkel – gleich feinem Blütenstaub mich umhüllend ... zärtliche Mutterarme, wärmende Vaterworte, die weiche Zunge von Hündchen auf meiner Hand, sehnende Küsse des Geliebten mich himmelwärts zaubernd, Kinderaugen, Kinderlachen, Blumen, überall, Wolkenschäfchen, lispelndes Birkenlaub, Musik, Musik ... so schön ist mein Leben? So schön ist mein kleines Leben! Nichts ist umsonst gelitten und umsonst geliebt! Ja ich werde geliebt und ich liebe, bin bei mir angekommen, in meinem Herzen angekommen ... Wie hell ist es hier! Hoch bäumt sich das Licht der Fackel auf, sinkt zusammen, Licht im Licht ... wie ist mir licht, wie ist mir gut, wie gut ist's mir, wie fühl' ich mich geliebt! Ja, ich lebe inmitten der Liebe...!
Sélie – Ja?! – Sélie, ich habe auf dich gewartet...! - Wo bist du Liebe? – Hier bin ich, hier, komm näher, noch näher ... noch drei Schritte, noch zwei, noch einen Schritt ... und du bist bei mir angekommen, in meinem Herzen angekommen ... Sélie, warum zauderst du, Sélie ----
Ach, ich kann nicht kommen, kann noch nicht kommen, mein kleiner Junge, Herz von meinem Herzen, weint dort, am Fuße der Pappel weint er, hörst du ihn nicht Liebe? Ich muss auf ihn warten, muss bei ihm sein, bis er, nach Hause zurück kehrt …

Sélie, wo bist du, Sélie, frage ich. Hier, antwortet Sélie und ich wende meinen Blick dem Klang ihrer Stimme nach. Sélie ist nicht zu sehen. Erneut rufe ich nach ihr, doch es antworten nur die starren Wände des Nichts, das mich umgibt: dort, dort ... Dann, Stille ---- Sélie, ausgespannt zwischen Himmel und Erde? Sélie, ausgespannt zwischen Himmel und Erde. Mit der Liebe weinend.
Plötzlich ist mir kalt, so kalt. Ziehe meine Schuhe an und laufe davon, durch Traum und Zeit hindurch laufe ich, dem Silberfaden entlang, zurück in mein Leben, mein eigenes, kleines Leben.

Eng aneinandergeschmiegt, Mutter und Tochter, auf den Knien, erinnerungsschwer, das Fotoalbum. Noch ein Mal taucht die Tochter in den Blick Sélies ein. Nie werde ich dich vergessen, Sélie. Behutsam wendet die Mutter die Seite und leise knistert das Spinnenpapier, ich liebe dich, ich liebe dich, Sélie, auf immer, auf immer, auf Wiedersehen!

Für alle Menschen, die den Mut haben, für die Zukunft unserer Kinder alles zu wagen, selbst wenn sie dafür sterben müssten.

ADRIAN TANZT NICHT MEHR

Die Menschen führen Krieg gegen das Leben. Warum?

Vor-Worte

Die meisten meiner Geschichten entzünden sich an einem Wort oder an einem Satz, an einem Bild oder einem Gefühl, das aus der Tiefe meiner Seele steigt. Diese Geschichte entstand aus einem Satz; er war plötzlich da, war unvermutet in mein Bewusstsein gespült worden: „Adrian tanzt nicht mehr“ schrieb ich auf ein Stück Papier und begann mich zu fragen, wer Adrian war, und warum er nicht mehr tanzte. Da beschloss ich, der Wahrheit um Adrian auf den Grund zugehen …

-

Noch sehe ich Adrian tanzen, in seinen morgenfeuchten Locken spielt das helle Tageslicht, in seinen Augen die Tiefe des Himmels und die Weite der Erde, noch sehe ich Adrian tanzen, leichten, federnden Schritts, und wenn er sich dreht, dreht die Welt sich mit ihm und der Himmel tanzt, dort, am Randes des Abgrunds …

1

Eigentlich hatte sein Leben ein bisschen wie die Weihnachtsgeschichte begonnen - auch seine Mutter hatte ihn nach der Geburt in Windeln gewickelt. Allerdings barg sie ihn danach nicht im wärmenden Stroh einer Futterkrippe, sondern ließ ihn einfach dort liegen, wo sie ihn auch geboren und abgenabelt hatte, auf dem kalten Boden einer Toilettenanlage auf dem Bahnhof am Rande der großen Stadt. Später, nachdem ihn eine Reinigungsfrau am frühen Morgen gefunden und in das nahe Krankenhaus gebracht hatte, sprachen die Ärzte von einem Wunder, einem Überlebenswunder, denn es war kalt gewesen in dieser Nacht, sehr kalt. Man schrieb den neunten Jänner und unter dem groß gedruckten Datum auf dem Kalender in der Säuglingsstation stand in zarten Lettern der Name Adrian - so nannten ihn nun die Kinderschwestern, und dabei sollte es auch bleiben. Mit dem dunklen Haarschopf, den die Kinderschwestern zu einer Tolle frisiert hatten, den tiefblauen Kulleraugen und dem herzförmigen Mund in dem runden Gesichtchen war Adrian ein ausgesprochen entzückendes kleines Kerlchen, das alle im Arm halten und liebkosen wollten. Sein Foto wurde in allen Zeitungen des Landes abgedruckt und unzählige Anrufe, Anrufe von Frauen, die Adrian adoptieren wollten, erreichten das Krankenhaus, in dem er aufgepäppelt wurde. So einfach aber war das nicht, denn Adrians leibliche Mutter hätte sich ja eines Besseren besinnen können und ihren Kleinen wieder zurück haben wollen. Aus diesem Grunde kam Adrian zu einer Frau, die bereit war, für das Kindchen zu sorgen, bis geklärt war, was weiter mit ihm geschehen sollte, die bereit war, es auf immer bei sich aufzunehmen, die aber auch bereit war, es wieder herzugeben, wenn die leibliche Mutter es zurückfordern sollte. So kam Adrian zu Eirene. Zu diesem Zeitpunkt war Adrian vierzehn Tage alt und Eirene liebte ihn von Anfang an wie ihr eigenes Kind, liebte ihn wie Ilie, ihr eigenes Söhnchen, das eben erst zwei Jahre alt geworden war, stillte ihn aus ihren milchprallen Brüsten, wie sie Ilie stillte und wohl alle Kinder gestillt hätte, die danach dürsteten. Du wirst ihn doch nicht behalten wollen, sprach Ignora, ihre Schwester, wer weiß, was in ihm drinnen steckt, welch ein Wesen kann das schon sein, das eine solch grausame Frau zur Mutter hat. Es kümmert mich nicht, erwiderte Eirene, es kümmert mich nicht, was in ihm drinnen steckt, ist doch jedes Kind ein unsagbares Geheimnis, ich weiß nur eines, er ist mir heilig, denn er ist ein Gotteskind, so wie alle Kinder Gottes Kinder sind, und er hat ein Herz, das ich über und über mit Liebe anfüllen möchte und welches Wesen er ist, siehst du ja, ein armes Wesen, das nach unserer Liebe dürstet. Sie blickte Adrian, der kummervoll die dunklen Augenbrauen hochzog, die kleine Stirn in Falten legte, seinen Herzmund zu einem kleinen o öffnete und ein erstauntes Gesichtchen machte , geradewegs so, als hätte er das Gespräch der beiden Frauen verstanden, zärtlich an und reichte ihm tröstend die Brust, die er sogleich mit seinen kleinen, runden Händchen ergriff und daraus in vollen Zügen zu trinken begann, bis er satt war, und die Milch aus dem Mündchen troff. Dann entspannte sich das possierliche Kerlchen, die Händchen mit den kleinen Grübchen am Handrücken sanken hinab, es hauchte ein glückseliges Hei-hei und schickte sich an, ein Nickerchen zu machen. Ignora blickte ihn nachdenklich an. Wenn nun aber seine leibliche Mutter auftaucht und ihn zurückverlangt, liebe Schwester, fuhr sie fort, was wirst du dann tun? Lass' es gut sein, erwiderte Eirene, heute bin ich seine Mutter, warum soll ich mich um den morgigen Tag sorgen? In ihren Augen jedoch schimmerten Tränen. Adrians leibliche Mutter aber sollte nie auftauchen. Es hatte sich wohl niemals mehr an dem Elend und der Verzweiflung, die sie dazu getrieben haben mochten, ihr Kind wegzulegen, etwas geändert. Auch der Medienrummel verstummte, denn die Zeit war schnelllebig, kaum war das Dröhnen um die Tagesereignisse verhallt, waren sie schon wieder vergessen, kaum wurde von Adrian in den Medien nicht mehr berichtet, gedachte man seiner auch nicht mehr. Adrian, der Verstoßene, aber hatte ein Zuhause gefunden. Auch Sebastian, Eirenes Mann, hatte den kleinen Kerl sehr schnell ins Herz geschlossen und je öfter er ihn im Arm hielt, um so vertrauter wurde er ihm und umso lieber, und bald sagte er, wenn er von Adrian sprach, nicht mehr „der Junge", sondern „mein Junge" und hatte ihn ebenso lieb wie Ilie. Und Ilie? Ilie war natürlich eifersüchtig, wie alle Kinder wohl eifersüchtig sind, wenn sie die Zuwendung der Eltern plötzlich mit einem Geschwisterchen teilen müssen, und heckte daher immer wieder neue Streiche aus, um sich zu vergewissern, dass seine Eltern ihn ungebrochen liebten. Nach und nach aber begann er die Vorteile zu entdecken, die Adrians Anwesenheit mit sich brachte, denn, es war nicht mehr, wie vordem, still und langweilig in dem kleinen Haus, und allmählich wuchs ihm in dem quäkenden Etwas ein Spielgefährte zu.

2

So lebten Adrian und Ilie eingehüllt in die Liebe ihrer Eltern wie Küken

unter den wärmenden Flügeln der Glucke leben, Schutzraum, Schutzraum in einer kalten Welt. Ihr dürft eure Buben nicht so weltfremd aufwachsen lassen, sprach eines Tages Ignora, das Leben ist nicht nur eitel Sonnenschein. Mein Isaak erfährt aus den Medien, wie diese Welt wirklich ist, ihr aber besitzt nicht ein Mal einen Fernsehapparat. Wie ist diese Welt, gab Eirene zurück, ist sie tatsächlich so, wie die Medien es berichten? Vor allem aber frage ich mich, was den Kindern dieses Wissen nützt, wenn sie doch nichts ändern können an dem Unheil, das über die Bildschirme flimmert. Außerdem wachsen meine Buben nicht weltfremd auf, das Leben selbst bereitet sie auf die Welt vor, wie sie wirklich ist, voll bunter Blumen ist sie, voll träumender Bäche und singender Vögel, Blumen welken aber auch, Bäche treten über die Ufer und Vögel fallen nimmersatten Katzen zum Opfer und liegen mit verdrehten Köpfchen tot im Gras. Ignora schüttelte abfällig den Kopf, sie konnte ihre Schwester nicht verstehen, Bilder schwirrten in ihrem Kopf, Radiobilder, Zeitungsbilder, Fernsehbilder, zu viele Bilder, Lügenbilder, Bilderstau.
Als Ignora gegangen war, stand Eirene noch lange sinnend da, wandte sich schließlich zum Fenster und blickte hinaus in den Garten, wo Adrian friedlich im Schatten des großen Nussbaumes in seinem Kinderwagen schlummerte und Ilie still vergnügt in der Sandkiste spielte. Sie war so glücklich darüber, dass die Buben im Freien sein konnten. Es war nicht immer so gewesen, denn kurz nach Ilies Geburt hatte sich in Wermut ein schweres Atomkraftwerksunglück ereignet, ein so genannter Super-Gau, ein größtmöglich anzunehmender Unfall, und Eirene hatte mit ihrem Kleinen monatelang im Haus bleiben müssen. Wermut lag zwar in einem weit entfernten Land, aber Radioaktivität ist immer nah, reist schnell in den Lufttropfen, noch schneller in den Regentropfen, viel zu schnell, und es regnete damals, es regnete in Strömen, und die Erde empfing den Regen wie Segen, und doch brachte er nur den Tod. Die Katastrophe hatte alle völlig unvorbereitet getroffen (wie hätte man sich darauf auch vorbereiten sollen), wenngleich sie nicht unvorhergesehen war, denn die Behutsamen, die mit dem Herzen dachten und nicht in Geldscheinen, hatten die Katastrophe vorausgeahnt und gewarnt, die Experten aber und Politiker, die Bankdirektoren und Wirtschaftshaie, diese ewig Nimmersatten, hatten die Behutsamen als Staatsfeinde bezeichnet, als Zukunftsverhinderer und Fortschrittsverweigerer, hatten sie als ewig Ge-

strige und irrationale Angsthasen verspottet und behauptet, dass derartige Unfälle, wenn überhaupt, nur alle zehntausend Jahre zu befürchten wären, obwohl es schon zuvor tragische Reaktorunfälle gegeben hatte, wenn auch nicht in dem furchtbaren Ausmaß, wie in Wermut. Es war also eingetreten was, wenn überhaupt, nur alle zehntausend Jahre zu befürchten gewesen war, es war also geschehen, was die ewig Nimmersatten belächelt und wovor die vermeintlichen Zunkunftsverhinderer und Fortschrittsverweigerer, die ewig Gestrigen und irrationalen Angsthasen gewarnt hatten, der größtmöglich anzunehmende Reaktorunfall. Wie schnell doch zehntausend Jahre vorübergehen, hatte Sebastian ironisch bemerkt und dabei traurig in den Garten geblickt, den man besser nicht betrat, denn alles Frühlingsschöne war in diesen Tagen zum Gesundheitsrisiko geworden, die grünenden Gräser, die blühenden Bäume und knospenden Blumen. In diesen Tagen war Eirene völlig verängstigt und verunsichert, denn Sebastian wusste viel über Kernkraft, aber zu wenig darüber, wie sie ihre kleine Familie vor Schaden bewahren konnten und aus den Radiogeräten, den Zeitungen und Fernsehapparaten quollen nur verharmlosende Experten –und Politikerreden. Sie hatten den Menschen die Atomkraft angetan, sich aber immer über deren Gefahren hinweg gelogen und sich nie mit dem Waswärewenndochwideralleerwartungeneintreffenden auseinandergesetzt. Thanatophil ist ein solches Verhalten, hatte Sebastian oft gesagt, thanatophil oder abgrundtief dumm oder beides, thanatophil und abgrundtief dumm. So litten also die Menschen an den Folgen der abgrundtiefen Dummheit einiger weniger Thanatophiler, so waren also die Menschen völlig verängstigt, verunsichert und alleine gelassen. Eirene stillte ihr Kindlein und hoffte, ihm so den größtmöglichen Schutz bieten zu können und hatte doch gleichzeitig Angst, ihm zu schaden, da ja gewiss auch die Milch in ihren Brüsten verstrahlt war. Noch gab es Getreide aus der Zeit vor Wermut, noch gab es Lagerfrüchte, noch konnten sie Wasser trinken aus den Mineralwasserflaschen, die sie im Keller eingelagert hatten, aber dann, was würde dann sein, wenn es zur Neige gegangen war das Mineralwasser, das Getreide, das Lagerobst? Wasser, Getreide und Früchte werden verstrahlt sein, so wie jetzt die Gräser verstrahlt sind, die Blätter und die Blüten, sagte Sebastian, wir werden keine Beeren im Sommer essen können und kein Obst und keine Pilze im Herbst, auch die Milch der Kühe wird verstrahlt sein. Was werden wir dann trinken und essen, fragte Eirene verzweifelt. Wasser, Milch, Getreide und Früchte, erwiderte Sebastian hilflos, wir werden eben mit dem Gift leben müssen, denn es wird uns erhalten bleiben, es wird uns Jahrzehnte erhalten bleiben, wahrscheinlich sogar Jahrhunderte. Wir werden mit dem Gift leben müssen, aber wir dürfen die Hoffnung nicht verlieren, dass wir stark genug sind, weiterzuleben. In diesen Tagen ließen Eirene und Sebastian nichts unversucht, um ihren kleinen Ilie zu schützen, dichteten Türen und Fenster ab, zogen Straßengewand und Schuhe aus, bevor sie die Wohnung betraten und brachten sie in einem eigens dafür bereitgestellten Kasten vor der Eingangstüre unter. Dennoch bangten sie, dass alle Maßnahmen nicht ausreichen würden, um Ilie vor gesundheitlichem Schaden zu bewahren, dennoch hatten sie Angst vor den Spätfolgen. Das ganze schreckliche Ausmaß der Katastrophe aber sollte Eirene erst Wochen später erfahren von Vera, ihrer Schulfreundin, von Vera ihrer besten Freundin, ihrer Herzensschwester, wie sie einander zu nennen pflegten, von Vera, die unmittelbar nach der Matura nach Wermut gereist war, um die Sprache des Landes zu erlernen, sich in den Sohn ihrer Gastfamilie verliebt hatte, in Viktor, einen jungen Ingenieur, und geblieben war, auf ein Jahr zunächst, dann, auf viele Jahre, schließlich, für immer, von Vera also sollte Eirene das ganze schreckliche Ausmaß der Katastrophe erfahren, denn nach Wochen des Schweigens erhielt sie einen Brief von ihr. Liebe Eirene, meine Herzensschwester, schrieb Vera, ich danke dir für deine besorgten Zeilen, die mich erst jetzt erreicht haben, da wir nun bei Viktors Eltern in der Hauptstadt wohnen und dein Brief erst über viele Umwege zu mir gefunden hat. Es geht uns, wie du dir wohl vorstellen kannst, sehr schlecht, denn wir haben unser gesamtes Hab und Gut verloren. Viktors Elternhaus, an dem er so gehangen hat, und in dem wir wohnen durften, seit die Eltern in die Hauptstadt gezogen waren, liegt nun in der Sperrzone, und wir werden nie wieder zurückkehren können, nie wieder werden wir nach Wermut zurückkehren können. Dennoch hatten wir noch Glück in all dem Unglück, weil wir zum Zeitpunkt des Unglücks zu Besuch bei Viktors Eltern waren. Die Hauptstadt liegt doch rund siebzig Kilometer von Wermut entfernt, und es gab auch keinen Regen hier, sodass ich hoffen kann, dass uns wenigstens das kostbarste Gut geblieben ist, unsere Gesundheit. Viktor hatte schon lange Bedenken gegen dieses Atomkraftwerk geäußert, hoffentlich passiert nichts, hatte er immer wieder gesagt, es wäre nicht nur eine Katastrophe für uns und unser Land, sondern eine Katastrophe für die ganze Welt. Nun haben sich Viktors Befürchtungen bewahrheitet, der größtmöglich anzunehmende Unfall ist eingetreten in Wermut, im leistungsstärksten Kernkraftwerk der Welt, von dem die Politiker und Experten immer behauptet hatten, es wäre nach menschlichem Ermessen absolut sicher, im Atomkraftwerk Wermut also ist der größtmöglich anzunehmende Unfall eingetreten, in diesem Stolz der Nation explodierte mitten in der Nacht der Reaktorblock Drei, während alle Menschen friedlich schliefen explodierte er, keiner weiß, warum, vielleicht war es ein technisches Experiment, vielleicht ein menschliches, keiner weiß, was in dieser Nacht wirklich geschehen ist, oder, will es sagen, oder, darf es sagen, wer weiß, nur, dass Reaktorblock Drei explodierte, ist gewiss, dass ein Feuersturm in die Höhe schoss ist gewiss, dass radioaktiver Staub hoch in die Luft geschleudert wurde ist gewiss, dass das gesamte radioaktive Material freigesetzt wurde, so viel radioaktives Material, wie es der Menge von tausend Atombomben entspricht, ist gewiss, oder, genau genommen, ist uns gewiss, denn die Experten und Politiker verharmlosen die Katastrophe in der Öffentlichkeit, belügen die Menschen, um keine Panik zu erzeugen, nein, um der Wirtschaft nicht zu schaden, sagt Viktor, denke auch ich, denken hier manche, sie wollen sich die Milliardengeschäfte mit der Atomkraft nicht verderben lassen, denken wir, darum verharmlosen sie die Katastrophe von Wermut in der Öffentlichkeit, darum belügen sie die Menschen, um sich ihre Milliardengeschäfte mit der Atomkraft nicht verderben zu lassen, genau deshalb lügen und verharmlosen sie. Wie ließe es sich sonst erklären, dass bereits eine Stunde nach der Explosion das Ausmaß der Katastrophe klar war, und dennoch von den Verantwortlichen nichts unternommen wurde, um die Menschen zu schützen?! Nach der Schreckensnacht begann sich ein wunderschöner Frühlingstag über der ahnungslosen Stadt auszubreiten und lockte immer mehr Menschen auf die Straßen, Menschen, die nach einem langen und frostigen Winter nichts mehr ersehnten, als endlich die wohlige Wärme der Sonne auf der Haut zu spüren, Kinder tollten in den Wiesen, Mütter schoben ihre Kinderwägen durch die Stadt, Männer tranken an Ständen Bier und Schnaps, und dennoch lauerte der Tod auf sie, mit jedem Atemzug sogen sie ihn ein, mit jedem Atemzug taumelten sie einem dunklen Abgrund entgegen, sie, die man hätte evakuieren müssen und denen man Medikamente hätte verabreichen sollen, um einiges von dem Grauenvollen, das ihnen bevorstand, abzuwenden, aber, nur ja keine Panik, nur keine Kosten, nur keine Verunsicherung nach der Explosion von Reaktorblock Drei, nach diesem technischen Experiment, oder, menschlichen Experiment, nach diesem Wasauchimmerexperiment. Mittags begannen dann Arbeiter die Straßen zu waschen, mit Seifenlauge zu waschen und erst vier Tage später evakuierte man die Menschen aus dem verseuchten Gebiet, fünfzigtausend Menschen evakuierte man erst vier Tage später, vier Tage zu spät, aus dem verseuchten Gebiet, aus dem verstrahlten Gebiet. Sie werden nie wieder zurückkehren können nach Wermut, nie wieder werden wir zurückkehren können nach Wermut, denn es wird auf Jahrhunderte verstrahlt sein, auf Jahrhunderte wird unsere geliebte Heimat verstrahlt sein. Das haben die Atomkraftfanatiker mit der von ihnen angepriesenen sauberen und sicheren Technologie unserem schönen Land angetan, ruiniert haben sie es, und ruiniert haben sie die Menschen, und ruiniert haben sie die Zukunft, auf Jahrhunderte haben sie aus reiner Profitgier die Zukunft der Menschen ruiniert. Verstrahlte Menschen liegen nun ringsum in den Spitälern, junge Menschen, Studenten, Soldaten und Polizisten, die man gezwungen hatte, den Reaktorbrand zu löschen, und es dauerte zehn Tage, zehn lange Tage dauerte es, bis der Reaktorbrand gelöscht war, junge Menschen, Studenten, Soldaten und Polizisten, die man zu den Lösch –und Aufräumungsarbeiten gezwungen hatte, ohne ihnen ausreichende Schutzbekleidung zu geben , liegen nun verstrahlt ringsum in den Spitälern, die Haut, von der Strahlung dunkelbraun gefärbt, blättert ab, wie müder Mörtel von alten Gebäuden abblättert, ihre Haare fallen aus, fallen allesamt aus, sie sind Todgeweihte, so wie tausende Menschen aus der Umgebung von Wermut Todgeweihte sind, tausende Menschen, die ahnungslos in ihren verstrahlten Dörfern lebten, sorglos aßen und tranken, von dem bitter gewordenen Wasser tranken, weil man sie erst vier Tage nach der Reaktorkatastrophe evakuiert hatte, vier Tage zu spät, nur um Panik zu vermeiden und Verunsicherung, nur um Kosten zu sparen, gespart muss ja immer werden, damit die Wirtschaft wächst und der Reichtum der Experten, Politiker und Atomkraftgewinnler, deswegen müssen tausende Menschen unter Qualen sterben, elenden Qualen, gleich Skorpionstichen, weil man der Atomindustrie nicht schaden darf, diesem Milliardengeschäft, darum müssen wir Menschen sterben. Ich kann sie nicht mehr sehen, diese aalglatten Saubermänner mit ihren eng um den Hals geschlungenen Krawatten, die ihnen die Sauerstoffzufuhr zum Gehirn unterbinden, ich kann sie nicht mehr sehen, diese seriös blickenden, kaltherzigen Manager, Experten und Politiker, wenn sie im Fernsehen auftreten und ihre verlogenen Beschwichtigungsreden halten, ich kann sie nicht mehr ertragen, diese seriös blickenden Krankenkassenbrillengesichter, auf die das Volk immer schon hereingefallen ist, weil es gerne belogen wird, in der Ruhe nicht gestört werden will, weil es in diesem Falle auch leicht belogen werden kann, denn das Gift ist unsichtbar, es riecht nicht und es schmeckt nicht, es kann Tage brauchen oder Jahre, Jahre oder Jahrzehnte, bis es sich festbeißt in der Schilddrüse, in den Lymphknoten, in der Brust, in der Lunge, im Magen, kann Tage brauchen oder Jahre, Jahre oder Jahrzehnte kann es brauchen, bis es tötet, grausam tötet, dieses Gift, dieses Höllengebräu, viele Kinder werden tot zur Welt kommen, viele Kinder werden missgebildet sein und an Gehirnschäden leiden durch dieses Gift, dieses Höllengebräu, es ist bekannt, dass es so sein wird, Wissenschaftler haben es festgestellt und Experten nach Atombombenabwürfen und Atombombenversuchen haben sie es festgestellt, und dennoch weiterhin an dieser mörderischen Technologie festgehalten, diese Saubermänner, diese unter Sauerstoffmangel leidenden Krawattenträger, diese seriös blickenden Krankenkassenbrillengesichter, diese ewig Nimmersatten. Mörder sind sie, von Anfang an Mörder. Ich weine Tränen, Eirene, Tränen weine ich um dieses Land, Tränen weine ich um seine Pflanzen, Tiere und Menschen. Tränen weine ich über die Lebenverachtung der Verantwortlichen. Werden sie denn nie genug bekommen, wissen sie denn nicht, dass auch sie zur Welt gekommen sind, um Menschen zu werden und keine Sparschweine? Über wie viele Gräber wollen sie in ihrer unermesslichen Gier denn noch trampeln? Wollen sie, dass wir alle tot sind? Sie vergessen dabei aber, dass auch sie eines Tages Opfer der Gier sein werden, Opfer der Gier der Würmer und alle Reichtümer dieser Welt werden sie davor nicht bewahren können. Ich habe keine Angst, es könnte, wie man uns weismachen will, das Licht ausfallen, wenn es keinen Strom mehr aus Atomkraftwerken gibt, aber selbst wenn es so wäre, so säße ich lieber mit meinen Lieben bei Kerzenschein und lebte, bevor ich in einer hell erleuchteten Wohnung sterben müsste. Eirene, liebste Freundin, sei über meine bitteren Worte nicht böse, aber ich habe Angst, Todesangst habe ich um meine Lieben, um Viktor in meinem Arm und Gregori, meinen süßen, kleinen Gregori, an meiner Brust. Lebe wohl, Eirene und bitte, bete für uns. Deine verzweifelte Vera, deine Herzensschwester auf immer. So schrieb Vera und Eirene las und weinte und weinte und las. Schließlich wischte sie sich die Tränen vom Gesicht und sagte, ja, Vera, ich werde beten, für Viktor in deinem Arm und für den süßen, kleinen Gregori an deiner Brust, und für dich werde ich beten, meine geliebte Herzensschwester, und ich werde für Sebastian beten und für Ilie und für alle Kinder dieser Welt, damit sie Zukunft haben. Ja, der Katastrophe entgegenbeten werde ich. So hatte Eirene damals gesprochen, und so hatte sie es auch gehalten. Nun konnte man sich also wieder im Freien aufhalten, die Menschen tranken und aßen wie zuvor und hofften, noch ein Mal glimpflich davon gekommen zu sein. Aber das Schreckliche war nicht wirklich ausgestanden, weder für Vera, noch für Eirene, noch für irgendeinen Menschen auf dieser Welt, denn, solange es noch Atomkraftwerke gab, und es gab noch so viele Atomkraftwerke, zu viele Atomkraftwerke gab es auf dieser Welt, dampfende Todessymbole, die ihren Leib in Leben verachtender Hybris frevelnd dem Himmel entgegen reckten, meist in den am dichtesten besiedelten Regionen der Erde, meist in den am dichtesten besiedelten Regionen der Erde reckten sie ihre hässlichen Leiber dem Himmel entgegen, die Atomkraftwerke, diese Todessymbole, diese Krebsgeschwüre der Menschheit, diese Mörder, solange es sie noch gab, war das Schreckliche nicht wirklich ausgestanden. Eirene strich mit dem Handrücken über die Augen, geradewegs, als wollte sie so ihre Angst weg wischen, wischte tatsächlich ihre Angst weg, wollte nur noch an das Heute denken, an das wunderbare Heute mit den Buben. Da wandte sich Ilie, der ihren liebevollen Blick gespürt hatte, nach ihr um. Sie winkte ihm zu, und er, er schenkte ihr sein entzückendstes Lächeln, ein Lächeln, in dem alle Hoffnung dieser Welt träumte. Es ist Zeit, die Kleinen ins Haus zu holen, dachte Eirene, denn sie werden gewiss schon Hunger haben und Durst. Ilie und Adrian hatten Hunger und Durst, hatten Hunger und Durst nach Milch und Brot, Hunger und Durst nach Umarmung, so wie alle Kinder Hunger und Durst nach Milch und Brot und der Umarmung ihrer Mutter haben. Vielleicht ist dies das Geheimnis der ewig Nimmersatten, sann Eirene, dass sie als Kinder zu wenig geliebt wurden und nun nichts mehr die Leere in ihren Herzen auffüllen kann, kein Reichtum, keine Macht und keine Ehre dieser Welt. Ein Vers Ovids kam ihr in den Sinn, „die Beliden, die es wagten, ihre Vettern zu ermorden, schöpften beharrlich Wasser, um es zu verlieren …" und plötzlich empfand sie in all ihrem Groll gegen die ewig Nimmersatten so etwas wie Mitleid und sie beschloss, auch für sie zu beten, ja, es war sogar ungemein wichtig, für sie zu beten. Was immer auch geschieht an Ungerechtigkeit und Übel in dieser Welt, dachte Eirene, Zorn und Hass dürfen nie die Seele überfluten, niemals dürfen Zorn und Hass die Seele überfluten, alle Ungerechtigkeit und aller Zorn dieser Welt kann nur liebend geheilt werden. Ärö, ärö, jauchzte Adrian nach der Mahlzeit satt und beglückt, und als er Eirene seine Ärmchen entgegen streckte, war sein Gesicht Lächeln, war es pure Wonne. Ist Freude, sagte Ilie und deutete mit dem Zeigefinger auf den kleinen Bruder, dann wischte er sich mit dem Ärmel den Milchbart vom Mund, schmiegte sich wie ein Kätzchen an Eirene und war selber Freude, pure Freude.

Und die Zeit floss und floss, floss gleich einem gewaltigen Strome unaufhaltsam einer Mündung entgegen, die keiner kannte. Fluchtbewegung…

3

Ilie und Adrian waren einander die besten Freunde geworden. Stundenlang konnten sie auf dem Boden sitzen und Bausteine aufeinander türmen, oder mit den Bockerln, Kastanien und Zapfen spielen, die Ilie im Herbst gesammelt hatte. Sie unterhielten sich dann in jener entzückenden, melodischen Sprache, die Ilie entwickelt hatte und die nur Adrian verstand. Zillus, fillus, billuba plauderte Ilie, und Adrian antwortete in vergnügten Gluckslauten, awawawadadada. Unsere Buben sprechen wieder altbabylonisch, pflegte Eirene zu scherzen und Sebastian musste dann lachen. Ganz weh vor Liebe wurde es Eirene, wenn sie dem unschuldigen Spiel der Knaben zusah und ihre zarten Nacken betrachtete, in denen sich niedliche, dunkle Löckchen kringelten. Welch ein Geschenk war es, zu Hause bei den Kindern sein zu dürfen, welch ein Geschenk war es, mit einem Mann verheiratet zu sein, der dies auch wertschätzte und unterstützte, denn es war in jenen Tagen üblich, teils aus finanzieller, teils aus gesellschaftlicher Not heraus, Kinder so früh wie möglich, oft schon im Alter von nur drei Monaten, in einem Kindertagesheim unterzubringen, damit sie die Erwerbstätigkeit der Mutter nicht störten und ihre Selbstverwirklichung, auch wenn nicht klar war, welches Selbst denn verwirklicht werden sollte vor den Computerbildschirmen, und hinter den Supermarktkassen, welch ein Geschenk war es also, mit einem Mann verheiratet zu sein, der verstand, dass Kinder die eigene Mutter brauchten und nicht irgendeine Kindergartenpädagogin, die auch noch einige andere Kleine zu betreuen hatte, die sich nach nichts anderem sehnten, als nach Liebe und Geborgenheit, wie gut, dass auch Sebastian so wie sie dachte und sie unterstützte, denn es galt als Schmarotzertum, als ein Sichdrücken vor gesellschaftlicher Verantwortung, wenn Frauen sich für das Natürlichste der Welt entschieden und ihre Kinder selbst groß ziehen wollten. Welche Absurdität, hatte Sebastian gesagt, Kinder zu bekommen, um sie sogleich wieder in Kinderbetreuungsstätten abzugeben, welche Schizophrenie, sich, so wie es bei unserem Adrian der Fall war, über Kindesweglegungen zu empören, wenn gleichzeitig Mütter unentwegt von den Verantwortlichen in der Gesellschaft, den Politikern und Redakteuren, den Wirtschaftstreibenden und den Frauen, die sich alleine anmaßen zu wissen, was allen Frauen gut tut, dazu gedrängt werden, ihre Kinder so früh wie möglich weg zu geben, damit sie ihr Leben nicht stören, welche Perversität, Kinderaufbewahrungsstätten zu finanzieren, Mütter aber finanziell nicht abzusichern, damit sie ohne Zukunftsangst ihre eigenen Kinder aufziehen können. Solange Mütter finanziell nicht abgesichert sind, stellt sich für die meisten Frauen nicht die Frage Beruf oder Kind, sondern gibt es nur ein Berufundkind oder finanzieller Ruin, solange Mütter finanziell nicht abgesichert sind, gibt es keine Wahlfreiheit für Frauen, ist die Emanzipation nicht gelungen. So hatte Sebastian gesprochen und mit seinen Worten ausgedrückt, was sie, Eirene, dachte. Diese gesellschaftliche Entwicklung zielte oberflächlich betrachtet auf die Gleichstellung der Frau, und brachte letztlich doch nur ihre Ausbeutung, diese gesellschaftliche Entwicklung schien die Selbstverwirklichung der Frau zu wollen und bewirkte doch nur ihre Selbstvernichtung und geopfert wurden auf dem Altar des Rechtes der Frau auf Arbeit und Selbstverwirklichung, letztlich aber auf dem Altären der Konsumtempel, das Kostbarste dieser Welt, die Kinder. Sie hatten ein Recht auf Mütter und ein Zuhause, und wurden doch nur verstoßen. Was sollte aus dieser verlassenen Generation nur werden? Ein Mal hatte sie versucht, mit Ignora darüber zu sprechen, aber Ignora konnte Eirenes Gedankengänge nicht nachempfinden. Ihrer Meinung nach waren Kindergartenpädagoginnen die besseren Mütter. Sie haben es gelernt, Kinder zu erziehen und sie altersgemäß zu beschäftigen und zu fördern, hatte sie gesagt und, wie sie es so gerne tat, vom Einzelfall auf die Mehrheit schließend hinzugefügt, wie oft kann man zudem in den Medien davon erfahren, wie Kinder von den eigenen Müttern und Vätern vernachlässigt und sogar misshandelt werden, für sie ist das Kindertagesheim ein wahrer Segen. An all das dachte jetzt Eirene, als sie ihre spielenden Buben betrachtete und die niedlichen, dunklen Löckchen in ihren Nacken. Sternezeit, sann sie wehmütig und dankbar zugleich, Sternezeit sind mir die Stunden mit meinen Kindern, und ahnte, wie schnell sie wohl vorübergehen würden, musste erleben, wie schnell sie tatsächlich über das Ziffernblatt des Lebens hetzten und bald sprach Ilie seine ersten, kleinen Sätze und Adrian tanzte seine ersten, kleinen Schritte. Tanzte? Ja, er tanzte. So wie Ilie das flinke Krabbeln auf allen Vieren geliebt hatte, so liebte es Adrian, sich tanzend fortzubewegen. Er tanzte, tanzte mit nach oben gewandten Handflächen, geradewegs so, als wolle er das Licht einfangen, tanzte mit geschlossenen Augen, als folge er einer inneren Melodie, tanzte rundumrundumrundum, bis er zu Boden sank, lachte und quiekte vergnügt, richtete sich auf und begann erneut mit dem fröhlichen Reigen. Manchmal lag er auch auf dem Boden und lauschte, da kam es gar oft vor, dass Ilie sich zu ihm kuschelte, die Hand auf Adrians Brust legte und gleichfalls zu lauschen begann. Fragte Eirene nach, was es denn zu lauschen gab, entgegnete Ilie schlicht, Musik. Es kam jene Zeit, da Adrian abends vor dem Zubettgehen den Mond entdeckte und mit entzückten Ah –und Ohrufen mit seinem Zeigefinger auf das Objekt der Wonne deutete. Tags darauf malte Ilie mit gelb, gold und orangefarbenen Wachmalstiften ein Bild, das ein einziges Strahlen war … Die Sterne kommen und fallen vom Himmel, zerplatzen in der Erde und machen alles licht, erklärte er der staunenden Eirene. Es war jene Zeit, da Adrian viel lauschte und Ilie viel fragte … kommt man über den Regenbogen zum Lieben Gott, wollte er wissen, oder braucht man dazu eine Leiter? … Der Liebe Gott hat die Bäume gemacht, aber, wer hat den Lieben Gott gemacht? … Leben die Mamas, bis die Kinder sterben? … Wie sehen die Engel aus …? Und wenn ihm Eirenes Antworten nicht genügten, kam er zu dem Schluss, dereinst selbst den Lieben Gott im Himmel befragen zu wollen. Abends krochen die Buben immer noch zu den Eltern ins Bett. Während Adrian auf Eirenes Rücken krabbelte und zusammengerollt wie ein kleines Kätzchen darauf einschlief, lag Ilie rücklings neben ihr. Ich mag nicht auf dem Bauch schlafen, sagte Ilie, denn da kann ich meine Herzgeschichten nicht anschauen, ich schau' sie nämlich mit den Augen an. Dann umarmte er sie noch ein Mal. Du bist mein Mamaschein, sagte er ganz leise, und schlief ein. An den Vormittagen ging Eirene mit den Buben in den Wald, oder, genau genommen, in ein von Gartenhäusern und schmalen Wegen durchzogenes Tannenundwiesengrün. Es war eine Herzensfreude, den Kleinen zuzusehen, wie sie an den Blumen rochen, Schneckenhäuser spazieren trugen und kleine Käfer auf den Händen krabbeln ließen. Ein Mal lief Adrian durch die Gräser und rief „Susu!", und Ilie griff entzückt dieses Wort auf, warf die Arme hoch und fügte hinzu, Susu, ich bin die Fliege Susu, fang' mich, fang' mich! Manchmal setzte er sich auch zu Adrian ins Gras und erzählte ihm kleine Schauergeschichten, wie die Geschichte vom Gockler, der weit, weit weg in einem Wald wohnte, ganz scharfe Zähne hätte und Fische und Menschen äße. Plötzlich rief er, Achtung, der Gockler kommt! Da sprang dann Adrian entsetzt auf und lief geradewegs in die Geborgenheit von Eirenes Armen. Solche Angstmomente aber waren niemals von langer Dauer und bald sah man die beiden Kleinen wieder einträchtig nebeneinander spazieren. Gelegentlich blieb Adrian zurück, stand still mit weit geöffneten Augen und blickte zum Himmel hoch. Ich betrachte, antwortete er Eirene, wenn sie ihn nach seinem Sinnen fragte. Sein Blick schien dann aus weiten Fernen zu kommen und es war ihr, als läge der ganze Himmel in diesen schönen Kinderaugen, das höchste Selbst, Gott, in all seiner Liebe und Seligkeit. Wenn sie nach den vormittäglichen Spaziergängen nach Hause zurückkehrten, winters mit roten Backen, sommers noch den Waldatem im Haar und den Wiesenatem, wenn sie also nach Hause zurückkehrten und auch gegessen hatten, saßen die Buben gar oft an dem großen Küchentisch, formten mit Hingabe die entzückendsten Gebilde aus Plastilin, malten in hellen, zarten Farben auf großen Papierbögen oder bastelten mit viel Phantasie aus buntem Papier, das sie rissen, schnitten und klebten, kleine Häuschen, lustige Tiere, wunderbare Blumen und vieles, vieles mehr. Das ist sehr altmodisch, meinte Ignora eines Tages, wir leben doch in einer hoch technisierten Welt, wie sollen sich deine Buben da ein Mal zurechtfinden können. Martin bemüht sich sehr, unseren kleinen Isaak, bevor er noch im Herbst zur Schule kommt, an den Computer zu gewöhnen, obwohl der Junge, zugegebenermaßen, auch lieber spielen würde und sich mehr für die Geige interessiert, die ihm seine Großeltern zu Weinachten geschenkt haben. Großartig, erwiderte Eirene trocken. Du hast ja keine Ahnung von der Welt, sagte Ignora, was werden deine Kinder bloß machen, wenn sie ein Mal groß sind. In diesem Augenblick schaute Ilie von seiner Bastelarbeit auf. Wenn ich ein Mal groß bin, sprach er, wenn ich ein Mal groß bin, Tante Nora, dann bau' ich einen Rehleintunnell unter der Autobahn, damit die Rehlein nicht mehr überfahren werden. Ignora schaute verdutzt, dann tätschelte sie Ilies Kopf, schon gut mein Junge, sagte sie, damit kann man aber kein Geld verdienen, dann warf sie einen Blick auf ihre Armbanduhr, erhob sich seufzend und glättete mit nervösen Händen ihren Rock, verzeiht, sagte sie, aber es ist höchste Zeit, Isaak vom Kindergarten abzuholen. Als Ignora gegangen war, drückte Eirene ihre Buben an sich. Ihr seid wunderbare Kinder, sagte sie, und ich bin sehr, sehr stolz auf euch.

4

Wie schon so oft zuvor, erwachte Adrian auch in dieser Nacht nach Luft ringend aus dunklem Traum: ein riesiger, schwarzer Falter habe sich aus dem Nachtdunkel gelöst, berichtete er, sei wie ein schwerer Tropfen auf seine Brust gesunken und habe die kalten Schwingen über ihm zusammengeschlagen. Eirene nahm den bebenden Knaben zärtlich in ihre Arme, wiegte ihn, wiegte ihn und küsste seine tränenschimmernden Wangen. Sie wusste um das Geheimnis des Traumfalters, er war in der Helle des Tages gewachsen, hatte sich an Adrians Sehnsucht genährt und an Adrians Angst, an Adrians Sehnsucht nach einer heilen Welt, in der man frei atmen konnte, lauschen und schauen, und an Adrians Angst, dass es vielleicht doch nie wieder so werden könne, zu viele Autos durchschnitten seine kleine Welt, zu viele Flugzeuge vernebelten den Himmel, zu viele Fabriksschlote verdickten die Luft, Sehnsucht und Angst also waren es, die den schwarzen Falter nährten, Lebenssehnsucht und Todesangst. Vor dem Einschlafen noch hatte Adrian gemeint, Sterne zu sehen, dann waren es aber doch nur die blinkenden Lichter eines Flugzeuges im dunklen Himmelsraum gewesen. Adrians Kopf lag schwer an Eirenes Brust. Sie wiegte den bebenden Knaben und wiegte ihn und küsste seine tränenschimmernden Wangen und spürte seinen Schmerz. Er war ihr keineswegs fremd, dieser Schmerz, aber sie hatte irgendwann begonnen, sich mit ihm zu arrangieren, weil sie Angst gehabt hatte, in seiner bodenlosen Tiefe zu ertrinken, hatte sich an den letzten noch verbliebenen Bäumen an den Straßensäumen erfreut und an mutig aus dem Asphalt brechenden Blumen Hoffnung geschöpft…musste man sich denn nicht mit den Lebensumständen arrangieren, um weiterleben zu können? Jetzt aber war er wieder da, dieser Schmerz, war wie ein Funke von Adrians Herz in das ihre übergesprungen. Nur sich nicht fallen lassen, nur jetzt sich nicht ins Bodenlose fallen lassen, versuchte Eirene sich gegen den Schmerz aufzubäumen und begann sich mit ihrer bebenden Seele an kräftigende Lebensbilder und Lebensmelodien zu klammern, bis ihr Wirklichkeit wurde, woran sie sich klammerte, sah bunte, über blühende Wiesen tanzende Schmetterlinge, hörte das Singen des Windes in den Kronen der Bäume, spürte die Frühlingswärme der Sonne auf ihrem Gesicht, lauschte den Geschichten der Wolken und sah einen farbenprächtigen, schillernden Regenbogen sich über blaue Berge spannen. Da schlug Adrian seine Augen zu ihr auf und sagte, dein Herz singt ein Lied, Mama, ein wunderschönes Lied singt dein Herz. Dann sanken seine Augenlider wieder müde auf die Wangen nieder. Adrian war eingeschlafen und um seine leicht geöffneten Lippen spielte ein seliges Lächeln. Da überflutete Eirene ein überbordendes Gefühl von Liebe, ein überbordendes Gefühl von Liebe zu Adrian, zu Ilie, zu den Kindern dieser Welt, zu allen Geschöpfen Gottes, die erleiden mussten, was die Gier der Menschen ihnen antat, Eirene liebte, liebte, liebte, welch ein Schmerz, welch ein unerträglicher Schmerz. Da begann Eirene über dem schlummernden Kind zu beten, sieh, Lieber Gott, Deine Welt, die lieben

Kinder, die unschuldigen Tiere, die duftenden Blumen und Gräser, die wunderbaren Berge und Täler, die springenden Regenbögen über schäumenden Wassern, die singenden Wipfel der Bäume, sieh all Deine wunderbaren Geschöpfe, kannst Du es denn ertragen, dass sie zu Grunde gehen …? Du willst einen neuen Himmel schaffen und eine neue Erde, aber, ich flehe Dich an, verwirf diesen Plan, Lieber Gott, und hilf uns hier und jetzt, verschone uns, so wie Du auch Ninive verschont hast, verschone diese wunderbare Erde, die ich so liebe, ich flehe Dich an, schenke Deiner Erde Zukunft. Eirene spürte den ruhigen Atem des Kindes an ihrer Brust, betrachtete das selige Lächeln, das um seine Lippen spielte, tauchte darin ein, bis sie sich ganz darin verlor, und schlief ein.

5

Als Ilie zur Schule kam, hatte er es anfangs gewiss nicht leicht gehabt, sich in seiner neuen Umgebung zurecht zu finden, denn die Klassenkameraden hatten schnell entdeckt, dass da einer war, der nicht Fernschaute und sich für Computerspiele interessierte, einer, der lieber zeichnete, bastelte und spielte. Jetzt fällt Ilie deine klausnerische Liebe auf den Kopf, meinte Ignora zu Eirene, als sie beide vor dem Schultor auf ihre Buben warteten und Ilie schüchtern in den Schulhof trat. Aber Ilie lernte in dieser neuen Welt zu bestehen. Die Klassenkameraden begannen seine liebenswerte und hilfsbereite Art zu schätzen, und bald war es ihnen nicht mehr wichtig, dass er ihre Interessen nicht teilte. Ilie seinerseits empfand seine Lebensweise als die vorteilhaftere, denn, während die anderen Kinder, seiner Meinung nach, ihre Freizeit fernsehschauend oder computerspielend vergeudeten, blieb ihm nach den Hausaufgaben noch ausreichend Zeit zum Zeichnen, Basteln und Spielen. Zu wenig Zeit, meinte Adrian dennoch, und verkündete im Brustton der Überzeugung, niemals zur Schule gehen zu wollen oder, wenn es schon sein musste, nur hin und wieder, denn lesen kann ich, schreiben und rechnen auch, erklärte er, das genügt mir. Es mochte Adrian genügen, den Erwachsenen aber genügte es nicht, und schließlich war es auch für Adrian an der Zeit, zur Schule zu gehen und aus der anfänglichen Hoffnung auf ein bloßes Hinundwieder folgte letztlich die Ernüchterung des Tageintagaus. Du bist ja kein Einzelfall, tröstete ihn Ignora, in unserem Land müssen eben alle Kinder zur Schule gehen. In unserem Land dürfen alle Kinder zur Schule gehen, verbesserte Eirene. Vielerorts auf dieser Erde ist Kindern ein Schulbesuch nicht möglich, da er, anders als bei uns, bezahlt werden muss und den Eltern das nötige Geld dafür fehlt. In den meisten Fällen ist es sogar so, dass die Kinder arbeiten gehen müssen, damit die Familie nicht hungern muss. Adrian machte kugelrunde Augen. Ich bin sehr glücklich, sagte Eirene und blickte ihn liebevoll an, ich bin sehr glücklich darüber, dass alle Kinder in unserem Land die Möglichkeit haben, zur Schule zu gehen, damit sie etwas lernen und später, erwachsen geworden, einem interessanten Beruf nachgehen können. Adrian wollte Lokführer werden, wenn Lesenschreibenundrechnenkönnen dafür nicht ausreichten, dann war er bereit, das Unvermeidliche zu akzeptieren, für den schönsten und interessantesten Beruf, den es seiner Meinung nach auf der ganzen Welt gab, war er bereit, alles zu tun, und er akzeptierte das Unvermeidliche und ging zur Schule. Eines Tages, als die beiden Buben beim großen, runden Küchentisch saßen, Adrian sein Köpfchen über das Hausübungsheft gebeugt hatte und kleine Buchstaben auf vorgezeichnete Linien malte und Ilie seinen Schulatlas aufgekappt hatte und, wie er es so gerne hielt, Landkarten studierte, während Blick und Zeigefinger durch Täler und über Berge wanderten, über Wiesen und Meere, stockten Blick und Zeigefinger plötzlich im Wandern. Du, Mama, sagte er erstaunt, dort, wo die meisten Bodenschätze sind, wohnen die ärmsten Menschen. Eirene, die gerade das Geschirr abwusch, hielt in ihrer Arbeit inne, trocknete sich die Hände ab und setzte sich zu den Kindern. Du hast Recht, Ilie, sagte sie, dort, wo die meisten Bodenschätze sind, wohnen die ärmsten Menschen, denn andere Menschen, mächtigere Menschen, Menschen aus dem eigenen Land, aber auch Menschen aus anderen Ländern, holen sich, was sie zu brauchen meinen, holen sich alles, weil sie nimmersatt sind, den armen und schwächeren Menschen aber bleibt nichts, außer verödete Felder und verschmutztes Wasser. Adrian hatte aufgehört, seine kleinen Buchstaben sorgfältig auf vorgezeichnete Linien zu malen. Glaubst du, fragte er jetzt nachdenklich, glaubst du, Mama, dass der Liebe Gott sich geirrt hat, als er die Menschen schuf? Eirene schwieg, denn sie wusste keine Antwort. Adrian aber schien gar nicht auf eine Antwort gewartet zu haben, denn schon sprach er weiter, die Menschen verschmutzen das

Wasser, den Boden, die Luft. Sie töten Tiere und töten andere Menschen, alles machen sie kaputt, was schön ist. Weißt du, Mama, vor Bären habe ich große Angst, vor Menschen aber noch viel mehr. Eirene nahm ihre Buben in den Arm. Wie Recht Adrian hatte, viele Menschen waren wie unersättliche, zerstörerische Raubtiere, die ihr Maul öffneten und zermalmten, was ihnen unter die Zähne kam, die sich immer wieder die Zähne ausbissen, aber neue, noch schrecklichere Zähne wuchsen nach. Fressen und Gefressenwerden schien das Gesetz zu lauten, das in ihre Herzen und Gehirne eingebrannt war. Welch eine Welt, welch eine Haifischwelt ...! Niemand hat uns Kinder gefragt, sprach jetzt wieder Ilie, ob wir das auch alles wollen, die Autos, die Flugzeuge und Fabriken. Wir können uns einfach nicht wehren gegen das, was die Erwachsenen uns antun. Ja, fiel Adrian nun Ilie ins Wort, wir Kinder wollen eine Welt ohne Lärm und Gestank, eine Welt, in der die Menschen einander lieb haben und gut zu den Tieren und Pflanzen sind. Wenn ich der Oberste Staatslenker wäre, ereiferte sich nun Adrian, wenn ich der Oberste Staatslenker wäre, würde ich die Autos und Flugzeuge und die Fabriken abschaffen, dann würden die Kinder genug Platz zum Spielen haben ... und reine Luft zum Atmen, warf wieder Ilie ein, mein Freund Bennie hätte dann kein Asthma mehr, denn seine Mama sagt immer, das kommt von der schlechten Luft. Wenn ich der Oberste Staatslenker wäre, rief wieder Adrian, wenn ich der Oberste Staatslenker wäre, würde ich den reichen Menschen sagen, dass sie mit den Armen teilen sollen, damit es allen gut geht. Als Ilie und Adrian so gesprochen hatten, drückte Eirene die beiden noch inniger an sich. Der Liebe Gott hat sich ganz gewiss nicht geirrt, als er die Menschen schuf, sprach sie dann, vielmehr hat er dabei an Menschen wie euch gedacht, an Menschen, die Ihm helfen wollen, Seine Welt, die so viele verderben wollen, zum Guten zu verändern, damit sie werde, wie Er sie erträumt, ein Ort, an dem all Seine Geschöpfe sich wohl fühlen, ein Ort des Friedens und der Liebe, das Himmelreich auf Erden. Dabei können wir Ihm helfen, staunte Ilie? Gewiss, erwiderte Eirene, ihr habt ja schon damit begonnen, indem ihr mit Ihm träumt. Hört nur nie auf zu träumen und lasst das Gute in eurer kleinen Welt Wirklichkeit werden, dann wird sich auch die große Welt zum Guten verändern. Ihr seid Seine Hoffnung für diese Welt. Abends, als Ilie und Adrian in ihren Betten lagen, setzte sich Eirene zu ihnen, schlug die Bibel auf und las ihnen folgendes Gleichnis vor: „Jesus sagte: mit dem Himmelreich ist es wie mit einem Senfkorn, das ein Mann auf einen Acker säte. Es ist das kleinste von allen Samenkörnern, sobald es aber hoch gewachsen ist, ist es größer als die anderen Gewächse und wird zu einem Baum, so dass die Vögel des Himmels kommen und in seinen Zweigen nisten."

6

Das Ende des letzten großen Krieges wurde alljährlich als nationaler Feiertag begangen; Fahnen wurden aus den Fenstern gehängt und an öffentlichen Gebäuden gehisst, Hymnen wurden abgesungen und von den Politikern Festtagsreden gehalten. Obwohl die Freude dieses Tages im wieder erlangten Frieden wurzelte, waren von Anfang an auch Militärparaden abgehalten worden, sie waren allerdings bescheiden gewesen, bescheiden, wie es sich für ein Heer ziemte, das der Landesverteidigung diente und nicht dazu, Angriffskriege zu führen. In den letzten Jahren begann dies allerdings allmählich anders zu werden, das Land rüstete auf; während viele Menschen sich keine Fruchtsäfte mehr leisten konnten, kein frisches Obst, keinen Zahnarztbesuch und keine neuen Brillen, rüstete das Land auf. Panzerkolonnen rollten durch die Straßen, Kampfjets brausten über den Himmel und Soldaten präsentierten modernste Vernichtungswaffen, viel mehr Panzer, Kampfjets und Waffen wurden an diesem Tag präsentiert, als das Land für die Verteidigung seiner Grenzen gebraucht hätte. Die Eliten aus Politik, Wirtschaft, Kunst und Militär, die Redakteure und Regisseure zelebrierten inbrünstiges Opfergedenken und priesen den Frieden und trafen gleichzeitig alle Vorbereitungen für den Krieg. Tod und Vergessen spielten ihnen dabei in die Hände, denn jene, die den letzten großen Krieg überlebt hatten, waren alt geworden und ihr allmähliches Sterben begann die Kriegsgräuel aus dem Volksgedächtnis zu löschen, das Erinnern an Hunger und Durst, das Erinnern an die Kälte und an durchwachte Bombennächte in feuchten, engen Kellerräumen, das Erinnern an ausströmendes Blut, an abgerissene Gliedmaßen, aufgerissene Bäuche und zerstampfte Gesichter, das Erinnern an die toten, die ungezählten Toten, die überall gelegen hatten auf den Schlachtfeldern, auf den Straßen, in den Wäldern und unter den

Trümmern der niedergebombten Häuser und das Erinnern an die Kinder, die verkrüppelten Kinder, die verwaisten Kinder, die verängstigten Kinder, die weinenden Kinder, die schreienden Kinder, die zerschossenen Kinder, die toten Kinder. So begann es allmählich anders zu werden im Lande, unfriedlicher und kälter, denn Tod und Vergessen spielten den ewig Nimmersatten, diesen Kriegstreibern, in die Hände. Sie sprachen von Frieden erhaltenden Maßnahmen und die Menschen glaubten ihnen und protestierten nicht, sie glaubten ihnen und protestierten nicht, weil ihnen das Erinnern fehlte und die Zeit, sie hatten zu wenig Zeit, um der Wahrheit auf den Grund zu gehen, mussten arbeiten, arbeiten, arbeiten, um das einkaufen zu können, was ihnen von geldkranken Meinungsbildnern als glückseligmachend eingeredet wurde, immer öfter aber schon, um das Lebensnotwendige, das Essen, die Wohnungsmiete, bezahlen zu können, verbrachten die Restzeit, Entspannung suchend, meist vor den Computern und vor den Fernsehgeräten, sahen Schirennen, Autorennen, Fußballspiele, Shows, Filme, Shows, Fußballspiele, Autorennen, Schirennen, hatten alle Zeit aufgebraucht, alle Zeit zum Denken und um der Wahrheit auf den Grund zu gehen, es war ja auch bequemer, der Wahrheit nicht auf den Grund zu gehen, es war ja auch bequemer, zu konsumieren, als sich zu informieren. So jubelten sie den Panzern zu, die an ihnen vorüber rollten und schwangen sie ihre Fahnen, als Kampfjets über ihre Köpfe hinweg brausten und bekamen sie Freude glänzende Augen beim Anblick der jungen Rekruten, die zum Gleichschritt angetreten waren und zum Gleichdenken. Längst vergessen waren ihre Großväter, die im letzten großen Krieg zum Gleichschritt angetreten waren und zum Gleichdenken und mitten in den Tod hinein marschiert waren. Es war ein einzigartiges Schauspiel, schwärmte Ignora, als sie am nächsten Tag mit ihrem Mann Martin und mit Isaak zu Besuch kam. Ja, bekräftigte Martin, es war wirklich ein einzigartiges Schauspiel, die Stadt erbebte unter dem Rasseln der rollenden Panzer und dem Dröhnen der tief fliegenden Kampfjets, stell' dir vor, zweihundert Panzer und hundert Flugzeuge, lieber Sebastian, es war ergreifend. Und die Kinder, posaunte Ignora, stellt euch vor, die Kinder durften Soldaten spielen und Isaak durfte sogar in einem Panzer sitzen. Gratuliere, bemerkte Sebastian trokken und nahm einen Schluck Tee, es war also tatsächlich ein gelungenes Fest. Ja, erwiderte Ignora, es war tatsächlich ein gelungenes Fest. Schade, dass ihr nicht dabei wart. Sebastian nahm einen weiteren Schluck Tee und lehnte sich entspannt in seinem Sessel zurück. Ich war ja dabei, meinte er dann gelassen. Eirene und die Buben hatten es vorgezogen, einen Ausflug aufs Land zu unternehmen, ich aber war dabei. Was, rief Ignora, und ihre Augen weiteten sich staunend, du warst dabei? Das kann doch nicht sein! Und Martin setzte verwundert fort, du, als erklärter Pazifist, hast dir die Militärparade angesehen, das kann ich einfach nicht glauben. Und doch ist es so, erwiderte Sebastian, allerdings bin ich nicht als Zuschauer dort gewesen, sondern ich habe mitgespielt. Mitgespielt, fragte Ignora verdutzt. Ja, mitgespielt, bekräftigte Sebastian, ich spielte das Opfer, das der Krieg tötet, ich legte mich auf die Straße, legte mich vor die Panzer, stellvertretend für die tausenden, stellvertretend für die Millionen von Opfern, die ein Krieg fordert, als Meisterstück sozusagen, als Meisterstück des Kriegshandwerks legte ich mich auf die Straße, legte ich mich vor die Panzer. Was, stieß Martin entrüstet hervor, du warst es also, der die Panzerkolonne zum Stillstand brachte und den die Polizei danach abführte. Ja, bestätigte Martin, ich war es, der die Panzerkolonne zum Stillstand brachte, und den die Polizei danach abführte. Also, schämst du dich denn gar nicht, rief Ignora entrüstet. Nein, ich schäme mich überhaupt nicht, mich vor Tötungsmaschinen gelegt zu haben, Tötungsmaschinen, die es auf unsere Kinder abgesehen haben. Ich schäme mich überhaupt nicht, mich gegen den Krieg zu wehren. Krieg, unterbrach ihn Martin gereizt, wer will denn einen Krieg. Du weißt doch ganz genau, dass die Verteidigung unserer Landesgrenzen gesetzlich verankert ist. Gewiss, die Verteidigung unserer Landesgrenzen ist gesetzlich verankert, erwiderte Sebastian, aber unser Land ist nicht dazu verpflichtet, aufzurüsten und Kampfverbände zu stellen, die weltweit einsatzbereit sind. Lieber Schwager, entgegnete Martin, in Zeiten wie diesen ist es sehr wohl wichtig, über ein modernes Heer und über Kampftruppen zu verfügen, über schnelle Eingreiftruppen, die unsere Handelswege schützen, den freien Fluss von Rohstoffen und unsere Zivilisation. Dies zum Thema Landesgrenzen, wenn ich bemerken darf, ätzte Sebastian. Der Begriff Kampftruppen ist übrigens erstaunlich ehrlich gewählt, findest du nicht, Martin? Er ist erstaunlich unklug gewählt, entgegnete Martin, man müsste sie Frieden sichernde Truppen nennen, das wäre treffender. Eine gute Idee, erwiderte Sebastian, ich würde mich an deiner Stelle mit diesem Wortverschönerungsvorschlag ans Kriegsministerium wenden. Hör' auf zu sticheln, empörte sich Martin, du verkennst den Ernst der Lage. Ihr habt ja nicht ein Mal einen Fernsehapparat, ihr seht nicht die Bilder dieser Fäuste ballenden Menschenmassen, die Fahnen zivilisierter Länder verbrennen. Halt' ein, unterbrach Sebastian Martins Redefluss, ein Fernsehapparat ist wahrlich kein Informationsgarant, sondern leistet nur allzu oft einen wesentlichen Beitrag zur Volksverdummung und Volksverrohung, aber dies nur nebenbei bemerkt, was ich dich aber bitten möchte ist, selbst nachzudenken und dich nicht täuschen zu lassen, denn alle Kriege beginnen mit Täuschung und Lüge. Du glaubst doch allen Ernstes nicht daran, dass die Medien, diese Sklaven nimmersatter Eliten, irgendein Interesse daran haben, Bilder von Menschen zu zeigen, die Drachen mit Friedensparolen steigen lassen, Menschen, die ihre Kinder lieben und für ihre Alten und Kranken sorgen, Menschen, die einander Geschichten erzählen, singen und tanzen, mit einem Wort, Menschen, die leben, leiden, hoffen und lieben wie wir, und dennoch gibt es sie in großer Zahl vor und hinter dem Ural bis ans Ende der Welt und kein Soldat würde gegen sie in den Krieg ziehen. Du bist ein Phantast, warf Martin ein, sie sind anders, das ist gewiss, grausamer sind sie und unzivilisierter als wir, sie sprengen Flugzeuge in die Luft und zünden Ferienparadiese an. Und wir, entgegnete Sebastian, wir verbünden uns, um, an ihre Rohstoffe zu gelangen, mit ihren nimmersatten Eliten, die das eigene Volk ausbeuten, stiften aus den gleichen Gründen Unruhen und Kriege an und liefern ihnen auch noch die nötigen Waffen dazu, das ist auch gewiss. Pah, purer Unsinn, fuhr Martin ihn erbost an, was du da sprichst ist purer Unsinn, Schwager, es geht darum, ihnen unsere Werte zu bringen, damit auf der Welt Frieden werden kann. Welche Werte, fragte Sebastian trocken. Welche Werte, welche Werte, rief Martin aufgebracht, Demokratie und Menschenrechte natürlich. Aha, erwiderte Sebastian gelassen, und das mit Waffengewalt. Du glaubst doch allen Ernstes nicht, dass Kriege geführt werden, um Menschen zu verbessern, Kriege sind stets Raubzüge. Weißt du was gewiss ist, lieber Martin, dass sie, unsere so genannten Feinde, von machtkranken und nimmersatten Eliten verängstigt und aufgehasst wie wir, uns ebenfalls für ihre Feinde halten, denn bis in die ärmste Hütte hinein zucken über die Fernsehapparate, diese potentiellen Volksverdummungsundvolksverrohungsinstrumente,

Bilder von wohl beleibten, reichen, prassenden, schamlosen, Gott lästernden Menschen und man hat dort in der Regel keinerlei Ahnung davon, dass es bei uns Menschen gibt, die Friedenstauben steigen lassen, Menschen, die ihre Kinder lieben und für ihre Alten und Kranken sorgen, Menschen, die einander Geschichten erzählen und tanzen, Menschen, die leben, leiden, hoffen und lieben wie sie, und dennoch gibt es sie, wie du weißt, in großer Zahl, Ach, Betrogene sind wir, diesseits und jenseits von Ural und Kaukasus, bis ans Ende der Welt, lassen uns von nimmersatten Eliten vorschreiben, wer unsere Feinde sind, lassen uns von nimmersatten Eliten in Kriege hetzen, die nur ein Ziel haben, ihren Besitz anzuhäufen. Wie sieht also dein Lösungsvorschlag aus, fragte Martin gespielt wohlwollend. Wir dürfen die Verbrechen der Völker nicht mehr gegeneinander hochrechnen, erwiderte Sebastian, vielmehr müssen wir das Gespräch suchen und die Versöhnung, wir müssen Gerechtigkeit schaffen für alle Menschen, dann kann Friede werden. Schau, Martin, die Welt ist nicht schwarz-weiß, die Menschen taumeln irgendwo dazwischen. Das Schwarzweißdenken ist ein Mythos, der zum Krieg führt, deshalb muss es Menschen geben, muss es Staaten geben, die das Verbindende suchen, das Menschenverbindende, die nicht in Kriege und Gewalt investieren, sondern in eine Kultur des Friedens, die nicht Partei ergreifen, sondern versuchen, das Schwarzweißdenken zu entlarven und zwischen verfeindeten Völkern zu vermitteln. Eingedenk der Tausenden, der Millionen von Opfern der letzten beiden großen Kriege, betrieben unsere Machthaber eine solche Politik. Ein veraltetes Modell, unterbrach ihn Martin, es funktioniert heutzutage nicht mehr. Lange Jahre hat es jedenfalls sehr gut funktioniert, beharrte Sebastian. Damit ist es vorbei, erwiderte Martin, die Zuschauerunddialogposition ist unhaltbar in Zeiten wie diesen, vielmehr müssen wir den Enthusiasmus junger Menschen für militärische Missionen wecken, wir können doch nicht immer die anderen für uns kämpfen lassen. Bisher hat keiner für uns gekämpft, widersprach Sebastian, dafür aber sind viele Menschen unterschiedlichster Weltanschauungen in unserer Hauptstadt zusammengekommen, um in einer friedlichen Atmosphäre miteinander zu sprechen und gemeinsam nach Lösungen für anstehende Probleme zu suchen. Ich gebe dir in dieser Hinsicht ja Recht, antwortete Martin, aber die Zeiten sind rauer geworden und, ob du es nun wahrhaben willst oder nicht, Krieg wird es immer wieder geben, er ist gleichsam ein Naturgesetz … und, brach jetzt Ignora ihr langes Schweigen, gottgewollt. Du, als Religionslehrer, lieber Sebastian, wirst diese Tatsache wohl kaum bestreiten können. Krieg ist weder ein Naturgesetz, noch gottgewollt, entgegnete Sebastian, Krieg ist Menschenwerk. Ich hörte aber unlängst im Gottesdienst etwas ganz anderes, widersprach Ignora, ich hörte, dass Gott den Krieg erfunden hat und ihn den Menschen lehrt. Der diese Botschaft las, nannte sie Wort des lebendigen Gottes. Nun meldete sich auch Eirene zu Wort. Wie schrecklich manches ist, sagte sie, was in den Kirchen vorgelesen wird, wurde auch mir eines Tages bewusst. Adrian, damals noch ein kleiner Bub, begann während einer Lesung zu weinen. Es wurde von König David berichtet, der mit Gottes Hilfe den Riesen Goliat mit einer Steinschleuder in die Stirn schoss und tötete. Ich nahm Adrian tröstend in meine Arme und sagte mir, dass ich an diesen Gott nicht glauben konnte, an diesen Gotte, der manche Menschen nicht nur mehr liebte als andere, sondern ihre Gegenspieler auch noch ermordete. Ja, es ist entsetzlich, pflichtete ihr Sebastian bei, dass die Menschen in den Kirchen, den Synagogen und Moscheen hören müssen, dass Gott nichts gegen Gewaltanwendung habe, sie sogar gutheiße, und das Schwert gegen seine Feinde führe. Manche Schriftgelehrte behaupten, es handle sich ja nur um zu deutende Bilder, aber, gleichgültig, welche Deutung wir diesen Bildern letztlich geben, es bleiben grausame Bilder, es bleiben gefährliche Bilder, welche jene Menschen, die an der Bildoberfläche hängen bleiben, über das wahre Wesen Gottes täuschen. Es ist der schreckliche Mensch, der uns aus diesen Berichten entgegentritt, nicht Gott. Gott ist die Liebe und hat keinerlei Feinde, wenn man von Heuchelei, Lüge, Neid, Hass und Gier absieht, aber gegen diese Feinde gilt es nicht anzukämpfen, sondern anzulieben. Große Worte, Herr Professor, weltfremde Worte, konterte Martin trocken. Sebastian aber überhörte den kalten Spott des Schwagers und fuhr leidenschaftlich fort, Gott verabscheut den Krieg, Er will, dass wir Pflugscharen aus unseren Waffen schmieden und Winzermesser, und Er will, dass wir unsere Feinde lieben. Die Führer der drei großen abrahamitischen Religionen müssen sich endlich auf ihre ureigenen Statuten besinnen, auf die Zehn Gebote, vor allem auf das siebte Gebot, du sollst nicht stehlen, auf das achte Gebot, du sollst nicht lügen, und auf das fünfte Gebot, du sollst nicht morden und töten, ja, vor allem auf das

fünfte Gebot müssen sich die Führer der drei großen abrahamitischen Religionen besinnen, müssen es den Gläubigen so lange zurufen, bis es Widerhall findet in den Palästen, in den Parlamenten, in den Chefetagen der Banken und Konzerne, der Zeitungsverlage und Fernsehanstalten. Man kann doch nicht Gott lieben und Kriege führen! Welch ein Frevel! Krieg muss weltweit geächtet werden. Er ist kein Mittel der Politik, sondern Völkermord. Bleib' doch bitte auf dem Boden der Wirklichkeit, lieber Schwager, unterbrach Martin ungeduldig Sebastians enthusiastische Rede, Wirklichkeit ist, dass wir in einer bedrohten Welt leben. Welche Einsicht, ätzte Sebastian, welche Einsicht! Du hast es erfasst, wir leben in einer bedrohten Welt, tausendfach vernichtbar durch immer perfektere Waffensysteme. Aber Abschreckung und Krieg können uns nicht retten, sondern kurbeln die Spirale der Gewalt nur noch weiter an, bis wir alle zugrunde gegangen sind. Die Staaten müssen endlich gemeinsam abrüsten und für soziale Gerechtigkeit sorgen. Nur so kann Friede werden und bleiben. Nur Liebe kann uns retten. Amen, spottete Martin. Amen, sagte Sebastian unbeeindruckt, so sei es, Liebe möge uns retten.
Abends, nachdem Ignora, Martin und Isaak gegangen waren und Sebastian an seinen Stundenvorbereitungen für den nächsten Tag arbeitete, setzte sich Eirene an ihren Schreibtisch und begann einen Text zu verfassen. Darf ich dir etwas vorlesen, fragte sie später, als sie ihre Zeilen beendet hatte, oder störe ich dich? Du störst nie, mein Täubchen, erwiderte Sebastian und blickte sie zärtlich über den Brillenrand hinweg an. Da begann Eirene zu lesen:

Helden
Eins-zwei-eins-zwei.
Im Gleichschritt.
Helden tragen schmucke
Uniformen und blank
Geputzte Stiefel.

Eins-zwei-eins-zwei.
Im Gleichschritt.
Mädchen jubeln ihnen zu,
Blumenkränze im Haar.

Eins-zwei-eins-zwei.
Im Gleichschritt.
Kleine Buben weinen nicht
und große Helden haben keine Angst.

Eins-zwei-eins-zwei.
Im Gleichschritt.
Helden beschützen
Witwen und Waisen.

Eins-zwei-eins-zwei.
Im Gleichdenken.
Abgerichtet für den Krieg.

Auf-nieder-auf-nieder.
Durch Liegestütze
kampfbereit.

Eins-zwei-eins-zwei.
Im Gleichschritt.
Helden verwüsten fremde Länder
Und liegen in schmutzigen
Schützengräben.

Eins-zwei-eins-zwei.
Im Gleichschritt.
Helden vergewaltigen Frauen
Und töten Kinder.

Eins-zwei-eins-zwei.
Im Gleichschritt.
Helden verteidigen ihr Vaterland:
Zimmer, Küche, Kabinett.

Eins-zwei-eins-zwei.
Im Gleichschritt.
Helden kämpfen gegen
andere Helden,
mit geweihten Waffen
kämpfen sie.
Bis alle tot sind.
Tot.
Mit Himmelsgarantie.

Eins-zwei-eins-zwei.
Im Gleichschritt.
Helden hingeschlachtet.

Für wen?

Hingeschlachtet
Auf dem Feld der Ehre.

Namenlos.
Zahllos.

Blank geputzte Denkmäler,
Blank geputzt wie Soldatenstiefel.
Kränze davor.
Heute: unvergesslich.
Morgen: verwehte Erinnerung.

Helden.
Hingeschlachtet:
Für die Mächtigen
Im sicheren Bunker.

Als Eirene fertig gelesen hatte, schwieg Sebastian betroffen. Dann fragte er, von wem stammen diese Zeilen, Eirene? Diese Zeilen stammen von mir, erwiderte Eirene. Da zog er sie auf seinen Schoß und umarmte sie heftig. Möge es niemals wieder so werden, Herzlieb, rief er, möge es doch niemals wieder so werden. Liebe möge uns retten, sagte Eirene. Ja, Liebe möge uns retten, bekräftigte Sebastian. Amen.

7

Es war wie ein Traum. Frühmorgens blickte Eirene aus dem Fenster und entdeckte, dass über Nacht endlich wieder Winter geworden war und Häuser, Bäume und Autos unter einer flauschigen Schneedecke verborgen lagen. Als auch Ilie und Adrian sich wenig später aus ihren warmen Betten schälten und zum Fenster eilten, schwebten immer noch dicke Schneeflocken vom Himmel herab. Ich habe mit dem Schnee gesprochen, damit es schneit, und er hat meinen Wunsch erfüllt, jubelte Adrian, fasste Ilie an den Händen und tanzte mit ihm durch die Wohnung. Auch Sebastian freute sich sehr über den Schnee und versprach den Buben, mit ihnen gleich nach der Schule in den nahen Wald rodeln gehen zu wollen. Gesagt, getan. Mittags, nach der Schule, und nachdem sie gegessen hatten, stapften sie alle durch den kniehohen, watteweichen Schnee in den Wald. Die silbergrauen Winterwolken hatten sich nun hinter den Horizont zurückgezogen und die Sonne schaute jetzt freundlich aus ihrem blitzblauen Himmelshaus, freute sich mit ihnen und ließ ungezählte Schneesternchen aufblinken. Diamantenparadies, schwärmte Sebastian, wir sind mitten im Diamantenparadies. Immer wieder sprangen die Buben auf die Rodel auf, um sich von Eirene und Sebastian ziehen zu lassen, und immer wieder kippte Sebastian die Rodel um, sodass Adrian und Ilie johlend in den Schnee purzelten. Jetzt waren sie mitten im Wald. Ringsum Schnee versponnene Bäume, von denen weiße Glitzerschleier herab woben, hin und wieder Eiszapfen, die spitzen Zähnen gleich, aus der Erde ragten. Wintertraum, dachte Eirene, Wintertraum. Sebastian und die Buben rodelten jauchzend die Waldwege hinab, ließen sich in den Schnee purzeln, sahen wie Schneemänner aus, über und über mit Schneewatte bedeckt, die Nasen rot vor Kälte, die Wangen auch. Eirene aber spazierte durch den Wald, hielt immer wieder inmitten der von den Bäumen nieder webenden Glitzerschleier inne und fühlte sich von den Schneesternchen beschenkt, wie das Sterntalermädchen von den Himmelssternen. Mittlerweile war es Abend geworden. Dunkle Wolkengewebe begannen sich allmählich über den Himmel zu spinnen, aber der blank geputzte Mond fand stets aufs Neue ein Guckloch, um auf die Erde zu schauen. Jeder

Stein wurde nun zum grauen Gespenst und jeder Strauch ein geheimnisumwittertes Wesen. Wintertraum. Heute Nacht wird es bestimmt wieder schneien, sagte Sebastian auf dem Nachhauseweg. Juchhe, rief Ilie und Adrian sagte, stellt euch vor, es hört nie wieder auf zu schneien, und, hakte Eirene ein, keine zerbrechlichen Schneeprinzesschen sinken auf unsere Stadt, sondern kerngesunde, feiste Flockenkerle, die sich nicht so leicht vertreiben lassen. Es hört nicht mehr auf zu schneien, phantasierte auch Sebastian, es hat keinen Sinn mehr, Schnee zu schaufeln und Salz zu streuen, es schneit und schneit und schneit … Juchhe, rief Ilie erneut, die Flugzeuge können nicht mehr fliegen und die Autos nicht mehr fahren. Stattdessen sind aus allen Straßen Rodelbahnen geworden … und überall stehen dicke Schneemänner herum, fiel ihm Adrian ins Wort, Schneemänner mit frechen Karottennasen, lustigen Kohleaugen und verbeulten Blechhüten … und alle Kinder sind fröhlich, spann Eirene den Wintertraum fort, weil sie wieder atmen können, lauschen und schauen, die Fernsehapparate langweilen sich in den Kinderzimmern und auch die Computer, denn, Schneeballschlachten sind angesagt.
Wintertraum … gar zu schnell sollte die Wirklichkeit sie wieder einholen; die Stadt wurde vom Schnee leer geschaufelt und die Straßen und Wege versalzen und mit Streusplitt zugedeckt. Auf Grund zu hoher Staubbelastung, zu viel Salz, zu viel Streusplitt, zu viele Abgase, mussten die Kinder zu Hause bleiben. Die Autos aber durften weiterhin durch die Straßen rollen, die Fabriksschlote die Luft verdicken und die Flugzeuge ihre Schmutzstreifen in den Himmel kerben. Vorbei war der Wintertraum und Eirenes Schuhe hinterließen nach jedem Schritt braune Salzpfützchen.

Und die Zeit floss und floss, floss gleich einem gewaltigen Strome unaufhaltsam einer unbekannten Mündung entgegen. Fluchtbewegung. Selbst die Kinder begannen die Fluchtbewegung des Lebens zu spüren. Ich denke daran, sagte Ilie eines Tages vor dem Einschlafen zu Eirene, und schmiegte sich dabei ganz eng an sie, ich denke daran, dass ich bald ein alter Mann sein werde, und dabei wäre ich am liebsten noch in deinem Bauch. Da kuschelte sich auch Adrian an sie, und sie spürte die kleinen Bubenherzen klopfen, aus Angst vor der Fluchtbewegung des Lebens klopfen. Keine Angst, sagte sie, und versuchte ihrer Stimme Festigkeit zu geben, keine Angst, ich bin ja bei euch. Der Sog der Zeit aber war unbestechlich und grausam, unbestechlich und grausam war der Sog der Zeit …

8

Eigentlich hatte Eirene ihren vierzigsten Geburtstag in aller Stille feiern wollen, so wie sie jeden ihrer vorangegangen Geburtstage in aller Stille gefeiert hatte, je näher dieser Tag aber rückte, umso lebendiger wurden in ihr die Erinnerungen an eine helle und unbeschwerte Kinderzeit, und so beschloss sie schließlich, Ignora einzuladen, Ignora, die letzte Zeugin dieser Zeit, die einzige Verwandte, die ihr nach dem frühen Unfalltod der Eltern geblieben war und die sie, trotz der vielen Meinungsverschiedenheiten, von Herzen lieb hatte. Man musste mit Ignora auch nachsichtig sein, denn sie war völlig in Beruf und Familie eingespannt, musste frühmorgens Isaak zur Schule bringen, hetzte von der Schule ins Büro, hetzte nachmittags wieder zur Schule, um Isaak abzuholen, hetzte nach Hause, um zu kochen, meist Tiefgekühltes, Fertiggerichte aus dem Supermarkt, dennoch, genug zu tun, kaum zu schaffen, räumte weg, was sie frühmorgens nicht mehr hatte wegräumen können, brachte Isaak zur Geigenstunde, hetzte wieder nach Hause, war mit Abwaschen beschäftigt und mit Bügeln, hetzte wieder in die Stadt, um Isaak abzuholen, dann Nachtmahl, dann, wieder Abwasch, dann Hausaufgaben kontrollieren, saß schließlich spät abends völlig erschöpft vor dem Fernsehapparat, wollte nur mehr entspannen, wollte nur mehr ausruhen von der Tageshetze. Vor ein paar Tagen bin ich in der Straßenbahn eingeschlafen, hatte ihr Ignora jüngst geklagt, einfach eingeschlafen bin ich und erst in der Endstation wieder aufgewacht. Ja, ich bin so geschafft, dass ich abends nur mehr müde ins Bett falle und nicht ein Mal mehr einen Satz mit Martin sprechen kann. Wofür all dieser Aufwand, hatte Eirene bei sich gedacht, denn Martin hatte eine gehobene Beamtenposition inne, verdiente also genug, um es Ignora zu ermöglichen, unbeschwert zu Hause bei Isaak bleiben zu können, wofür all dieser Aufwand hatte Eirene also gedacht, hütete sich aber, ihre Gedanken laut auszusprechen. Ein Mal hatte sie es gewagt, Ignoras zermürbenden Lebensalltag zu kritisieren, was ihr Ignora sehr übel genommen hatte. Ich liebe meinen Beruf, hatte sie gefaucht (Ignora saß stundenlang vor ihrem Computerbildschirm in einem Großraumbüro), und ich bin eine emanzipierte Frau, die sich nicht ausschließlich der Familie widmen will. Ich brauche beides, Job und Kind. Ihr Hausfrauen wollt uns ständig unsere Freiheit rauben und unsere lang erkämpften Rechte. So schwieg Eirene also und übte sich in Nachsicht mit Ignora, von der man nicht erwarten konnte, dass sie sich, völlig eingespannt in Beruf und Familie, in ihrer schmal bemessenen Freizeit, auch noch mit Politik und Umweltproblemen auseinandersetzte und nach anderen Informationen suchte als jenen, die ihr das Fernsehen bot. Nun war es also beschlossene Sache, und Eirene lud die ältere Schwester zu sich ein, und als der Geburtstag da war, kochte und buk Eirene, deckte abends den Tisch mit einem weißen Spitzentischtuch, mit dem kostbaren Sonntagsgeschirr, mit hübschen Servietten und bunten Blumen und konnte es kaum mehr erwarten, die Schwester zu umarmen und zu küssen. Ignora kam, ihrer korrekten Art entsprechend, mit den Ihren pünktlich zum Essen. Sie umarmten und küssten einander, sie aßen und tranken miteinander, sie lachten viel und erzählten dies und jenes von damals, weißt du noch, ach ja, kannst du dich noch erinnern, nein, wirklich, dass hätte ich beinahe schon vergessen, und es wäre gewiss bei den harmlosen Damalsgeschichten geblieben, hätte Sebastian, von Martin darauf angesprochen, nicht damit begonnen, von seinem Vorhaben zu erzählen, an der Blockade eines Zuges, der Atommüll in ein grenznahes Zwischenlager bringen sollte, teilzunehmen, um auf die Gefahren der Atomkraft hinzuweisen. Sofort brach das heitere Gespräch der Frauen ab. Immerzu biederst du dich mit diesem Mob an, empörte sich Ignora, für die Lösung unserer Probleme sind schließlich die Politiker zuständig. Sebastian lachte bitter auf, die Politiker, liebe Schwägerin, sind doch nur mehr Marionetten der großen Konzerne, und die großen Konzerne haben wahrlich kein Interesse, Leben zu schützen. Was für sie zählt, ist einzig und alleine der Profit, wen kümmert schon die Zukunft unserer Kinder. Die Gier hat die Herzen der Herrscher dieser Welt blind gemacht. Das stimmt nicht, warf Martin ein, sie machen sich sehr wohl Gedanken um die Zukunft unserer Kinder. Nimm beispielsweise die Erderwärmung, Sebastian, erst neulich las ich in einer Tageszeitung von den Bemühungen der

Forscher, die Erde vor dem dramatischen Klimawandel zu retten. Davon las ich auch, lieber Martin, unterbrach ihn Sebastian, sie überlegen, unseren Planeten mit der Kraft von fünfzehn Billiarden Wasserstoffbomben aus seiner derzeitigen Umlaufbahn zu katapultieren, damit wir nicht mehr so intensiv der Sonneneinstrahlung ausgesetzt sind, sie überlegen, die Erde mit fünfundfünfzigtausend Mega-Spiegeln von jeweils hundert Quadratkilometern Größe, welche die Sonnenstrahlen zurückwerfen, bevor sie unseren Planeten erreichen, zu verdunkeln, und sie überlegen, Raketen mit Schwefelteilchen in die Atmosphäre zu schießen, um das Sonnenlicht abzudimmen, was eine Zerstörung der Ozonschicht zur Folge haben würde. Halt ein, halt ein, rief Ignora, du siehst immer alles so negativ, du musst doch ein bisschen Vertrauen in die moderne Technologie haben. Vertrauen in die moderne Technologie, entrüstete sich Sebastian, das Vertrauen in die moderne Technologie habe ich spätestens nach der Reaktorkatastrophe von Wermut, die tausenden Menschen das Leben gekostet hat und noch tausenden Menschen das Leben kosten wird, verloren. Das stimmt nicht, was du sagst, fiel Martin ihm ins Wort, erst jüngst las ich von einer Studie, wonach es nur neunundfünfzig Todesfälle gäbe, die mit der Reaktorkatastrophe in Zusammenhang stünden. Sebastian nahm gelassen einen Schluck Tee. Kennst du auch den Auftraggeber der Studie, mein lieber Martin, fragte er leichthin und blickte den Schwager forschend über den Brillenrand hinweg an. Martin erwiderte seinen Blick, wusste aber keine Antwort. Es ist höchste Zeit, Martin, dass du auch auf Details zu achten beginnst, sagte Sebastian dann und setzte fort, mir ist der Auftraggeber der Studie bekannt, es handelt sich um die Globale Atomkontroll –und Weiterverbreitungskommission, deren Lügen du aufgesessen bist. Eierene warf einen verstohlenen Blick auf Martin und sah, wie sich sein Gesicht verhärtete. Im gleichen Augenblick kam Ignora ihrem Mann zu Hilfe, wer auch immer der Auftraggeber gewesen sein mag, warf sie ein, ich habe gehört, dass überhaupt keine mit Strahlung zusammenhängenden Gesundheitsschäden gibt, abgesehen von ein paar gut behandelbaren Schilddrüsenkrebsfällen, und diese Aussage stammt von niemandem geringerem, als dem Globalen Gesundheitsrat. Und dieser wiederum, konterte Sebastian, dieser wiederum arbeitet eng mit der Globalen Atomkontroll –und Weiterverbreitungskommission zusammen. Pah, sagte Martin, das sind widerliche

Weltverschwörungstheorien, denen du aufsitzt. Wie du meinst, erwiderte Sebastian, aber vielleicht interessiert es dich, dass Vera uns schrieb, dass die Zahl der Krebskranken in Wermut rasant angestiegen ist und es kaum mehr gesunde Kinder in den kontaminierten Gebieten gibt. Das ist subjektives Empfinden, meinte Ignora, rein subjektives Empfinden ist das, dafür gibt es keine Beweise. Ich denke, es wird in diesen Regionen einfach mehr untersucht und daher auch mehr gefunden und Schilddrüsenkrebs ist, wie bereits gesagt, auch noch gut behandelbar und daher nicht unbedingt tödlich. Eirene, die bisher geschwiegen hatte, war nun aber außer sich. Mehr untersucht sagst du, Schwester, und verhöhnst die Kinder, die vor Schmerzen schreien, und, gut behandelbar sagst du, Schwester, ja, gut behandelbar vielleicht für jene, die sich eine Behandlung leisten können, in Wermut sind es aber nur wenige, denen dies möglich ist. Außerdem möchte ich auch nicht, dass irgendein Mensch auf dieser Welt an gut behandelbarem Krebs leiden muss, alle Menschen haben ein Recht auf Gesundheit, alle Menschen haben ein Recht auf Leben! Wie kann man der Menschheit eine Technologie antun, die so lebensbedrohend ist. Ignora ergriff nun mütterlich Eirenes Hand. Beruhige dich, Schwesterlein, beruhige dich, ich bin ja auch nicht unbedingt eine Atomkraftbefürworterin, aber wir sind ganz einfach auf diese Energieform angewiesen, oder möchtest du, dass in unseren Häusern und Büros die Lichter ausgehen und aller Fortschritt zu Ende ist? Sebastian lachte bitter auf, ach, Ignora, sagte er, schenke doch dieser Panikmache der Atomlobby keinen Glauben, Atomkraft deckt doch nur drei Prozent des weltweiten Energiebedarfes. Wenn alternative Energiequellen so gefördert würden, wie die Kernenergie, wäre die Energiewende längst vollzogen und wir könnten in einer Welt ohne atomare Bedrohung leben. Und was ist, wenn kein Wind geht, fragte Ignora ängstlich, … und das Wasser ausgeht und die Sonne ausgeschaltet wird, fiel ihr Sebastian ätzend ins Wort … Mach dich über mich nicht lustig, sagte Ignora beleidigt, ich kann mir aber wirklich nicht vorstellen, dass wir auf Kernenergie verzichten können. Wir können. Es gibt Energie in Fülle, versicherte Sebastian, alleine die Sonne strahlt täglich mehrere tausend Mal so viel Energie auf die Erde, wie weltweit verbraucht wird. Das Gebot der Stunde aber ist natürlich der sparsame und behutsame Umgang mit den Ressourcen dieser Erde und der Einsatz effizienter Technologien. Das klingt ja alles sehr einleuchtend, Sebastian, meldete sich nun wieder Martin zu Wort, aber wer soll sich das leisten können, bekanntlich ist Strom aus Atomkraft am billigsten. Das ist ein übles Gerücht, erwiderte Sebastian, Atomstrom ist weder sauber, noch billig, denn in die Nuklearindustrie wird mehr als in jede andere Technologie investiert und sie kann nur mit enormen Fördergeldern existieren, außerdem werden, während bei den alternativen Energiequellen unentwegt von den betriebswirtschaftlichen Kosten gesprochen wird, obwohl sie Geld bringen und Arbeitsplätze schaffen, die tatsächlichen Kosten der Atomenergie bei der Preiserstellung nicht berücksichtigt, die Kosten welche bei der Planung, beim Bau und bei der Abwrackung von Atomkraftwerken entstehen, die Kosten für die Lagerung der hochradioaktiven, hunderttausende Jahre strahlenden Giftmüllberge, die ständig bewacht werden müssen und für die es auf der ganzen Erde noch keine geeignetes Endlager gibt, die daher ins Meer versenkt werden und in den Bergen versteckt als Erbe, als todbringendes Erbe für die kommenden Generationen, dann, die gesundheitlichen Kosten, denn schon beim Normalbetrieb geben Atomkraftwerke stetig radioaktive Strahlen und Partikel ab, sodass es in ihrem Umkreis zu einer Zunahme der Krebsfälle kommt, zu erhöhter Kindersterblichkeit und zu einem Anstieg der Missbildungen, ganz zu schweigen von den Folgekosten eines Unfalles, wie er sich in Wermut ereignete, der das absolute Grauen war und ist und dennoch nicht das Schlimmste, was uns Mensche geschehen kann, denn eine Atomkatastrophe noch größeren Ausmaßes, und das ist jederzeit denkbar, würde nicht nur eine Rückkehr in die Steinzeit bedeuten, sondern die Auslöschung, die totale Auslöschung des Lebens, dies alles betrachtend, meine Lieben, ist Atomkraft unleistbar. Nichts, gar nichts, rechtfertigt es, die Menschheit einer derartigen tödlichen Bedrohung auszusetzen, sie der Profitgier einiger weniger als Ganzbrandopfer darzubringen. Du wirst unappetitlich, Sebastian, was in Wermut geschehen ist, ist bei uns undenkbar, warf Martin ein, unsere Reaktoren sind absolut sicher. So, so, meinst du wohl, sagte Sebastian und wiegte bedächtig seinen Kopf, Wermut war zwar der schlimmste, aber doch nur einer von vielen Störfällen weltweit, zudem können Flugzeuge abstürzen oder abgestürzt werden und Terrorangriffe stattfinden, ganz zu schweigen von der Bedrohung durch Erdbeben und andere Naturkatastrophen. Es gibt keine absolut sichere Technologie und Menschen machen Fehler und sind unberechenbar in ihrer Bosheit. Aber wir haben doch ein Frühwarnsystem, bemerkte Ignora. Ein Frühwarnsystem, rief Eirene erbost und mischte sich so wieder in die Diskussion ein, was nützt ein Frühwarnsystem? Alle Minister werden zusammentreten, die Sirenen werden heulen und über die Radiogeräte wird man uns informieren, dass das Schreckliche geschehen ist, das Grauenvolle, der Oberste Staatslenker wird eine Rede halten und dazu aufrufen, Ruhe zu bewahren, wir werden die Wohnungen nicht verlassen dürfen, wir werden Hunger haben und Durst, schrecklichen Durst, aber Essen und Trinken werden vergiftet sein, man wird uns empfehlen, Schutzräume aufzusuchen, nie geplante, nie errichtete Schutzräume, oder doch, für die Eliten werden Schutzräume da sein, aber auch ihre Vorräte werden eines Tages zur Neige gehen, sie werden Hunger und Durst haben wie wir, wenn auch später, werden aus ihren strahlensicheren Verschlägen kriechen müssen, wie wir schon zuvor aus unseren Verschlägen hatten kriechen müssen, und der Tod wird auch zu den Eliten kommen, die den Untergang der Menschheit mit ihrer Profitgier herbeigeführt haben, leise, geruchlos, unsichtbar und grausam wird der Tod kommen ohne jegliche Standesdünkel. Hör' auf, unterbrach Ignora. Hör' auf, ich kann dieses pessimistische Gerede nicht mehr hören, so wird es nicht kommen, und wenn, dann werden sie uns eben evakuieren. Evakuieren, erwiderte Eirene, wohin sollen sie uns denn evakuieren, nicht ein Mal eine Stadt mit fünfzigtausend Einwohnern kann man evakuieren, Menschen, die nackt sind, weil sie ihre verstrahlte Habe zurücklassen müssen, Menschen, die Hunger haben und Durst, nicht ein Mal eine Stadt mit fünfzigtausend Einwohnern kann man evakuieren. Auf unseren Erdteil aber leben sechs Milliarden Menschen, sechs Milliarden Menschen leben auf unserem Erdteil …! Und wer sind „sie", die das alles leisten sollen, meinst du die verantwortlichen Politiker, die Kraftwerkbetreiber und Experten? Sei doch nicht kindisch, Ignora., sie werden damit beschäftigt sein, sich selbst zu retten, so wie sie immer beschäftigt waren, auf ihren eigenen Vorteil zu schauen, sie werden in ihren Schutzräumen sitzen oder auf einen anderen Kontinent entfliehen, wenn es noch einen unverstrahlten geben sollte, sie werden uns alleine lassen, Schwesterherz, so wie die Menschen in Wermut alleine gelassen worden sind, sie werden ihre Kinder ausfliegen lassen, so wie sie es auch bei uns nach Wermut taten, vielleicht versuchen sie, auf dem Mond weiterzuleben, vielleicht, wer weiß, ich jedenfalls möchte hier auf dieser wunderschönen Erde weiterleben. Werden wir auch, werden wir auch, beschwichtigte Martin, dank ausgefeilter Technologien wird keine Atomkatastrophe mehr geschehen, ganz im Gegenteil, die Welt wird durch die Kernenergie gerettet werden, so hörte ich jedenfalls jüngst im Fernsehen einen Experten sagen, dass das Weltklima gerettet werden könnte, wenn bis Ende unseres Jahrhunderts weitere fünftausend Kernkraftwerke gebaut würden, da ja Kernkraftwerke bekanntlich kein Kohlenstoffdioxid emittieren. Martin blickte Sebastian erwartungsvoll an, doch der lachte nur bitter auf, Weltrettung durch fünftausend Atomkraftwerke, welcher Hohn, wo doch eines schon genügen kann, das Leben zu vernichten welche Hybris und welche Dummheit, rief er dann aus, welche Hybris, und welche Dummheit, nein, welcher Wahnsinn hat unsere Welt überschwemmt, welche Menschenverachtung und welche Lüge! Schon beim Uranabbau entsteht durch die Verwendung fossiler Energie mehr Kohlenstoffdioxid, als bei der Nutzung erneuerbarer Energien, abgesehen davon, braucht es für Planung und Bau bis zur Inbetriebnahme eines Atomkraftwerkes mindestens zehn Jahre und in diesem Zeitraum dreht sich das Klimakarussell unaufhörlich weiter. Zudem gehen die Uranvorräte zur Neige. Wir werden bis dahin neue Uranvorkommen entdecken, erwiderte Martin, es soll ja auch Uranvorkommen im Meer geben und auch Thorium verwertbar sein … und wir werden neue Kriege darum führen, ergänzte Sebastian, mit Atomwaffen natürlich, denn jedes Atomkraftwerk ist ein schlafendes Waffenarsenal. Atomkraft ist nie sauber, niemals, weder vom moralischen Standpunkt aus betrachtet, noch aus Sicht des Umweltschutzes, lieber Martin. Weißt du eigentlich, dass hoch giftige Chemikalien aus den Bäuchen der Atomkraftwerke in die Flüsse abgeleitet werden und das Kühlwasser der Atomkraftwerke Flüsse und Atmosphäre aufgeheizt? Kernkraft ist nie sauber, in keinem Moment ist Kernkraft sauber, vom Abbau des Urans, bei dem bereits Radioaktivität frei wird und das Trinkwasser verseucht, bis hin zu den strahlenden Müllbergen, ist Kernkraft schmutzig und lebensfeindlich. Und die Kernfusion, sagte Martin, ist sie nicht eine wunderbare Möglichkeit, in eine energiesichere und angstfreie Zukunft zu gehen? Wieder ein Lügenmärchen, Martin, die Kernfusion ist gleichfalls extrem teuer und gefährlich, es entsteht zwar weniger hochaktiver Müll, dafür aber fallen weit größere Mengen an mittelaktivem Abfall an. Außerdem ist es sehr unsicher, ob Kernfusion jemals funktionieren wird und kommerziell Strom liefern kann. Vergiss die Kernkraft, lieber Martin, hör' nicht mehr auf die Lügen der Atomlobby, die sich die drohende Klimakatastrophe zunutze machen will, um sich die fetten Gewinne aus der Atomkraft nicht entgehen zu lassen. Die Atomenergie als umweltfreundlichen Klimaretter darzustellen und die Gefahren der Radioaktivität zu verschleiern ist ungeheuerlich, ist verbrecherisch, ist menschenverachtend.

Es ist natürlich bequemer, auf Atomkraftwerke zu setzen, als Autofahrten und Flugreisen einzusparen, nur ja kein Komfortverzicht, es ist natürlich bequemer, auf Atomkraftwerke zu setzen als auf die eigene Kraft der Veränderung. Aber, wer Atomkraft will, ist thanatophil. Wermut war eine allerletzte Warnung vor dem wirklichen Super-GAU, und doch will niemand der für diese Welt Verantwortlichen die Zeichen der Zeit deuten. Einen Aufschrei müsste es geben, weltweit müsste es einen Aufschrei geben, einen Aufschrei für den Ausstieg aus der Atomenergie, aber selbst die Religionsführer, die sich Vertreter Gottes auf Erden nennen, schweigen und lassen uns alleine. Welchen Gott vertreten sie? Psst, unterbrach Eirene Sebastians Redefluss, die Kinder. Tatsächlich waren die Kinder, die sich zum Spielen ins Kinderzimmer zurückgezogen hatten, ins Wohnzimmer gekommen. Ich bin schon so müde, gähnte Isaak und rieb sich die Augen. Ignora warf einen raschen Blick auf ihre Armbanduhr. Ui je, rief sie, es ist schon spät, du gehörst ja längst ins Bett. Husch, husch, zieh dich schnell an, mein Mäuschen! Eines muss ich dir aber schon noch sagen, lieber Sebastian, meinte Ignora, während sie Isaak die Haube überstülpte, diese Windräder sind grundhässlich. Wie ästhetisch ist hingegen ein Atomkraftwerk, ätzte Sebastian, und wie ästhetisch sind hingegen die Autobahnen, die durchs Felderbraun und Wiesengrün schneiden, ergänzte Eirene. Na ja, über Geschmack lässt sich eben streiten, sagte Ignora. Über Geschmack lässt sich vielleicht streiten, meinte Sebastian, nicht aber über die Gefährlichkeit der Atomenergie. Seid nicht böse, sagte Martin schon an der Türe und schlug die Enden seines Schales sorgfältig auf der Brust übereinander, seid nicht böse, aber ihr könnt uns einfach nicht überzeugen, wir sind moderne Menschen, wir glauben an den Fortschritt und an die friedliche Nutzung der Atomenergie. Friedliche Nutzung der Atomenergie, stöhnte Sebastian, Atomenergie ist nicht friedlich. Das in den Atomreaktoren entstehende Plutonium ist bestens für Atomwaffen geeignet. Ach, lassen wir das Thema, Sebastian, sagte Martin, du willst ja doch immer alles besser wissen. Aber, nichts für ungut, danke, dass ihr uns eingeladen habt, man muss ja nicht immer einer Meinung sein und ein bisschen Streit erhält die Freundschaft. Das Essen war jedenfalls hervorragend, Eirene, Kompliment. Ja, Kompliment, Schwesterherz, und herzlichen Dank für die viele Mühe, die du dir gemacht hast, flötete Ignora und drückte Eirene ein Küsschen auf die Wange und, nochmals alles Gute zu deinem Geburtstag. So, aber jetzt müssen wir wirklich gehen, lebt wohl und gute Nacht, ihr Lieben. Sprach es und buxierte Isaak zur Türe hinaus. Ermüdend, seufzte Sebastian, während er den sich Entfernenden nachblickte, ermüdend und uneinsichtig sind die beiden. Sie sind, wie sie sind, sagte Eirene und winkte noch ein Mal ins Nachtdunkle hinaus, wir hätten eben bei den Damalsgeschichten bleiben sollen. Aber ich konnte nicht anders, erwiderte Sebastian, es ist mein innerer Auftrag, aufzuklären und zu informieren, aufklären und informieren muss ich bis zu meinem letzten Atemzug, damit die Menschen nicht sagen können, sie hätten von der tödlichen Bedrohung nichts gewusst, damit Menschen aufstehen und Widerstand leisten, Widerstand gegen die Lüge von den sauberen und friedlichen Atomkraftwerken, diesen Krebsgeschwüren, diesen schlummernden Waffenarsenalen. Ich bin es den Kindern schuldig, ich bin es der Zukunft schuldig, ich bin es dem Leben schuldig. Ich weiß, Sebastian, erwiderte Eirene, und dafür liebe ich dich. Und euch liebe ich auch, sagte sie zu Adrian und Ilie, die sich an sie drückten. Aber jetzt ist es wirklich höchste Zeit, schlafen zu gehen, auch wenn morgen ein Feiertag ist, und ihr nicht zur Schule müsst, meine Schätze, ist es wirklich höchste Zeit, schlafen zu gehen. Adrian und Ilie maulten, trödelten aber schließlich doch zum gewohnten Abendritual ins Badezimmer. Lass' das Geschirrabwaschen und das Aufräumen, sagte Sebastian, als sich Eirene gerade ihre Schürze umbinden und an die Arbeit machen wollte, du hast ja schließlich Geburtstag. Du wirst sehen, mein Täubchen, morgen, wenn du in die Küche kommst, ist alle Arbeit getan. Ah, wie gut, dass es Heinzelmännchen gibt, scherzte Eirene. Ja, erwiderte Sebastian, das ist wirklich sehr gut, nun haben wir ganz viel Zeit für uns. Sprach's, nahm sie liebevoll in die Arme und küsste sie zärtlich.

9

Vorregenstimmung. Wolken begannen sich wie Milch über den Himmel auszugießen, stockten schließlich zu einem dicken Brei, der dunkler wurde und dunkler, Wind riss an den Ästen und beugte die Bäume, dann, Stille, Stille …

In der Nacht vor der Kundgebung gegen den Atommülltransport flehte Eirene, sich eines bösen Traumes entsinnend, der ihr Nächte zuvor gewesen war, Sebastian an, nicht hin zu gehen. Von dem Apfelbaum habe ich geträumt, erzählte sie, von dem Apfelbaum, den deine Eltern dir am Tage deiner Geburt gepflanzt haben, von deinem Lebensbaum, dürr war er geworden und seine Äpfel schwarz. Eirene, mein Täubchen, sagte Sebastian und streichelte zärtlich ihre Wange, es ist ein Traum, es ist doch nur ein Traum. Es wird mir bestimmt nichts geschehen. Wenn sie aber das neue Gesetz anwenden, Sebastian, das neue Gesetz, das der Oberste Staatslenker erlassen hat, das neue Gesetz, das die Todesstrafe bei rechtmäßiger Niederschlagung eines Volksaufstandes erlaubt, was auch immer unter rechtmäßig verstanden sein will, was auch immer unter einem Volksaufstand verstanden sein will, drang Eirene ängstlich weiter auf ihn ein. Aber, aber, mein Liebes, versuchte Sebastian sie zu beruhigen, eine friedliche Demonstration ist doch kein Volksaufstand und es wäre gewiss nicht rechtmäßig, sie gewaltsam aufzulösen. Also, hab' keine Angst um mich, wir werden morgen Abend einander in die Arme schließen, so wie wir jetzt einander in die Arme schließen. Und sie liebten einander in dieser Nacht mit der Leidenschaft der ersten Nacht, mit der Leidenschaft der ersten Nacht, die um die letzte weiß, und als sie am nächsten Morgen erwachten, lagen sie noch immer eng umschlungen, küssten einander, küssten einander noch ein Mal, Körper an Körper, Seele an Seele, Brandmal der Liebe in sich, dann begannen sie den Tag, wie sie jeden Tag begannen, nahmen Abschied voneinander, wie sie jeden Tag voneinander Abschied nahmen, doch, als Sebastian sich am Gartentor noch

ein Mal zu ihr und den Kindern fröhlich winkend umwandte, war's ihr plötzlich wie ein Abschied auf immer. Nachdem kurz danach auch die Kinder das Haus verlassen hatten, wandte sich Eirene ihrer gewohnten Hausarbeit zu, doch die ängstliche Unruhe wollte sie nicht mehr loslassen und nachmittags, gleich nach Beginn der Kundgebung, drehte sie das Radiogerät an und ließ es laufen, um sich zu vergewissern, dass für Sebastian keine Gefahr bestand. Eirene aber sollte das Schreckliche nicht den Radiomeldungen entnehmen, denn es war den Medienverantwortlichen keine Radiomeldung wert, lediglich die Zeitungen des darauf folgenden Tages sollten mit knappen Worten melden, dass Sebastian P., ein zweiundvierzigjähriger Gymnasiallehrer aus der Hauptstadt, bei dem Versuch der Sicherheitskräfte, ihn von seinem unerlaubten Vorhaben abzuhalten, einen sechshundertsechsundsechzig Meter langen Zug mit hochradioaktiven Abfällen zu stoppen, angefahren und getötet worden war, Eirene erfuhr also das Schreckliche nicht aus den Medien, sondern von dem Apfelbaum vor dem Fenster, den Sebastians Eltern am Tage seiner Geburt gepflanzt hatten, seinem Lebensbaum, denn er war dürr geworden und die letzten noch verbliebenen Äpfel, hingen schwarz auf seinen müden Zweigen.
Gegen siebzehn Uhr läuteten zwei Polizisten an der Haustüre und brachten sie und die Kinder ins nahe Krankenhaus zum sterbenden Sebastian. Er war nicht sofort tot gewesen, sollte aber auch nicht mehr das Bewusstsein erlangen. Sein Antlitz war von einer wächsernen Blässe überzogen und völlig unversehrt, unter der Bettdecke aber lagen die Tod bringenden Wunden verborgen. Eirene hörte nicht auf, ihn zu streicheln und den geliebten Namen zu rufen, so als könne sie ihn noch ein Mal zurückrufen, doch es war zu wenig von diesem wunderschönen Körper geblieben, diesem wunderschönen Körper, den sie so liebte, zu wenig war geblieben, das noch hätte Leben bergen können. Sebastians Seele musste fortfliegen, fortfliegen … Ich liebe dich, hauchte sie in sein Ohr, und immerzu hauchte sie, ich liebe dich, und plötzlich war's ihr, als spielte ein scheues Lächeln um seinen Lippen. Da drückte sie ihren Mund auf den seinen, um es festzuhalten, um dieses sein letztes Lächeln auf ihrem Mund festzuhalten, ewiges Brandmal der Liebe. Er ist tot, sagte die Krankenschwester, die ins Zimmer trat, er ist tot, bestätigte auch der von ihr herbei gerufene Arzt. Sebastian aber lag wie ein Träumender und

die Güte, die sein Leben durchwoben hatte, lag wie ein sanfter Schimmer auf seinen Gesichtszügen. Seht, wie schön euer Papa ist, sagte Eirene zu den Buben, die sich ängstlich an ihr festgekrallt hatten, vergesst nicht, wie schön er ist. So sieht die Liebe aus. Und als die Buben zu weinen begannen, sagte sie, schaut, er lächelt, es geht ihm gut, es geht ihm ganz gewiss gut, seine Seele ist in den Himmel geflogen. Noch ein Mal legte sie ihre Hand auf seine kalte Stirn, noch ein Mal legte sie ihre Lippen an sein Ohr, ich danke dir für all die Stunden, die du mir geschenkt hast, Sebastian, flüsterte sie, ich danke dir für deine Zärtlichkeiten, ich danke dir für deine Liebe. Ein Bibelvers kam ihr in den Sinn, „wie eine Blume sprießt der Mensch auf und wird gebrochen." Weinend sank Eirene über dem toten Geliebten zusammen. Das Schreckliche am Tode ist der Abschied ins Ungewisse hinein und die Angst, dass die Liebe aufhören und ihre letzte Vollendung nicht finden könnte.

Die nächsten Tage waren wie ein böser Traum, aus dem sie zu erwachen hoffte, und in dem sie doch wie in einem dunklen Netz gefangen blieb. Stark musste sie sein, stark für die Kinder und war doch so unendlich schwach, die richtigen Worte musste sie finden und war doch so leer, Halt musste sie geben und hatte doch selbst keinen Boden mehr unter den Füßen. In diesen Tagen war ihr Ignora eine unentbehrliche Stütze, ja, Ignora nahm sich sogar Urlaub und erledigte mit größter Selbstverständlichkeit für die jüngere Schwester all das, was zu erledigen war, vom Bestellen, Schreiben und Versenden der Traueranzeigen, bis hin zum Kauf einer geeigneten Grabstätte, und Eirene konnte ihr nur danken, immer wieder danken. Am Tage von Sebastians Beerdigung waren sich die Schwestern allerdings uneinig, denn Eirene kleidete sich nicht schwarz, sondern zog das frühlingsbunte Blumenkleid an, das Sebastian zu seinen Lebzeiten so sehr gefallen hatte, darüber einen hellen Mantel, er hätte es nicht ertragen, sie in Schwarz zu sehen, Eirene, sein Täubchen, sein Licht. Die Menschen werden entrüstet sein, sagte Ignora, aber Eirene erwiderte, mögen sie denken, was sie wollen, für mich zählt nur er. Grauenvolle Stunden des Abschiednehmens, Hände schütteln müssen, ungezählte Hände schütteln müssen, und doch alleine sein wollen, mit ihm noch ein Mal, ein letztes Mal alleine sein wollen, aufrecht gehen müssen und doch nur niedersinken wollen, er, im Sarg vor ihr, unerreichbar hinter dem schweren Holz verborgen, nie mehr ihn anschauen, nie mehr ihn berühren, nie mehr ihn küssen können, nie mehr, nie mehr, an den schmerzstarren Händen, die Kinder, hinter ihr, die schluchzende Ignora, sowie Martin und Isaak, dann, die Anteilnehmenden, die vielen Anteilnehmenden und Neugierigen, helles Schlagen des Zinnglöckleins, dann, nur knirschender Kies, dann, Stille. Am Grabe, die großen Er-war-Sätze, die durch Eirenes abgrundtiefe Traurigkeit und ihren namenlosen Schmerz hindurch in ihr Herz sickerten … Er war eine außergewöhnliche Erscheinung, lobte der Schuldirektor, wir alle hatten ihn gerne, er trat ins Zimmer, und wir freuten uns, ihn zu sehen. Er war respektvoll, sanft und freundlich, aber kraftvoll und bestimmt, wenn es darum ging, für Wahrheit, Gerechtigkeit und Frieden einzustehen. Lebe wohl, Sebastian, wir werden dich sehr vermissen. Stille, dann, zerschnittene Stille, vom Dröhnen der Motoren eines überfliegenden Flugzeuges zerschnittene Stille, dann, wieder ungebrochene Stille. Er war ein gerechter Lehrer, hob nun der Schülervertreter zu sprechen an, ein gerechter und herzenswarmer Lehrer war er, der immer für uns da war, der uns ernst nahm, uns zuhörte und verstand. Er lehrte uns die Kostbarkeit und die Einmaligkeit des Lebens, das in allem und allen wohnt, in den Menschen und Tieren, in den Blumen und Bäumen, in den Steinen und in den Sternen, im Wasser und im Wind. Er hielt uns stets dazu an, dieses Leben zu wählen und zu bewahren. Wir verlieren in ihm einen gütigen und liebenswerten Lehrmeister. Stille, manchmal zerschnitten vom heiseren Aufschrei einer Krähe, dann wieder, ungebrochene Stille. Schließlich, der Pfarrer, er war ein lebensfroher Mensch, sprach er, und er ist gestorben wofür wir alle, die wir uns Christen nennen, uns mit allen Fasern unseres Herzens einsetzen sollten, für die Bewahrung der Schöpfung ist er gestorben, für die Bewahrung des Lebens, denn, Atomkraft ist der totale Anschlag auf die Schöpfung Gottes, ist der totale Anschlag auf das Leben. Jetzt ist Sebastian in das Reich Gottes gegangen, in das Reich der Gewaltlosigkeit, des Friedens und der Liebe, in das Reich Gottes ist er gegangen, für dessen Anbruch auf Erden er alles gegeben hat, sein Leben gegeben hat. Gott aber wird die Tränen von seinen Augen wischen und ihm ein neues Leben schenken. Wortgewaltiges, lautes, tragisches Erinnern, dachte Eirene bitter, bald wohl stummes Erinnern, dann, schleichendes Vergessen. Krähen rollen Nüsse über Laub bedeckte Wege, werden immer Nüsse über Laub bedeckte Wege rollen … Er war … er war …? Nein, pochte Eirenes Herz, er ist, Sebastian ist. Ringsum aber Gräber, nichts als Gräber … Eirene schauderte, Sebastian, dieser Lebensmensch, gehörte nicht hierher … und dennoch senkte man seinen Sarg tiefer und immer tiefer in die Erde, die dunkle, dunkle Erde. Eirene stand wie erstarrt. Du musst nun die Rose auf den Sarg werfen, flüsterte ihr Ignora zu. Da löste sich Eirene aus der Erstarrung und folgte, einer willenlosen Puppe gleich, den Worten der Schwester, hörte die Rose dumpf aufschlagen, dumpf und verzweifelt auf dem Sarg aufschlagen, weil auch sie nicht hierher gehörte, so wie Sebastian nicht hierher gehörte, und Eirene spürte plötzlich das Bedürfnis, den Sargdeckel aufzureißen, ihn aufzukrallen, mit den Fingernägeln aufzukrallen, dieses schwere Holz aufzukrallen, um den Geliebten zu befreien, und doch krallten sich ihre Finger nur in die Buntheit des Gewandes über ihrer Brust, die Brust aufkrallen, dachte sie, mit den Fingernägeln aufkrallen und sterben, sterben, um den unermesslichen Schmerz nicht mehr ertragen zu müssen und zu versinken, im fühllosen Nichts versinken. Tränen brannten über ihre Wangen, oder, waren es Nebel, beißende Nebel, die aus dem Grabe quollen und wie Fledermausflügel über ihr zusammenschlugen, oder, war's der Tod … ja, der Tod war's, aber er packte nicht zu, der Tod, zuweilen ließ er sich überreden und packte dann doch nicht zu. Ilie und Adrian hatten ihn überreden können, hatten Eirene überreden können, zu bleiben. Mama, Mama, riefen sie am Grab des Vaters, riefen sie am Krankenbett der Mutter, siegten – Sieg der Liebe … und Eirene richtete sich auf und umarmte ihre Kinder und wollte den Schmerz ertragen um ihretwillen, um ihretwillen wollte sie den Schmerz ertragen, dem Schmerz entgegen lieben, entgegen leben.

10

Es waren sonnenleere Tage ohne Sebastian. Eirene musste lernen, den neuen Alltag ohne ihn zu meistern, musste lernen, zu tragen, was sie bisher gemeinsam getragen hatten, fror ständig ohne seine Wärme, ja, meinte, an der Kälte der Welt erfrieren zu müssen, weinte viel und machte sich immer wieder neue Vorwürfe, ihn von seinem gefährlichen Vorhaben nicht nachdrücklich genug abgehalten zu haben. Abends hüllte sie sich in seinen Schlafmantel, verkroch sich unter seiner Bettdecke und hielt sich an seinem Bild fest, bis erlösender Schlaf sie überfiel, morgens schlüpfte sie in seine Hausschuhe und richtete auch für ihn ein Gedeck am vereinsamten Esstisch. Immer noch hing eine seiner Mützen an der Garderobe und immer noch tauchten Wäschestücke von ihm in der Bügelwäsche auf. Da strich sie dann zärtlich mit ihren Händen über den Stoff, geradewegs so, als streichelte sie seinen Körper, und sie dachte an die Wärme und an den Duft seiner Haut, sie dachte an den Klang seiner Stimme und an das milde Leuchten seiner Augen, sie dachte an seinen federnden, jugendlichen Gang, dachte, ewiges Brandmal der Liebe in sich, an ihn, an ihn und immer wieder an ihn und vergoss bittere Tränen. Es gibt keinen Trost, schrieb Vera, nachdem ihr Eirene von ihrer Trauer und ihrem Schmerz um Sebastian berichtet hatte, es gibt keinen wirklichen Trost. Sie hatte, Monate zuvor, auch den geliebten Mann begraben lassen müssen. Er kränkelte, schrieb sie, seit der Katastrophe von Wermut kränkelte er, starb schließlich an Herzversagen, so wie tausende Menschen hier an Herzversagen sterben, an Herzversagen und an Krebs, und letztlich doch nur an dem einen Übel sterben, an den Folgen der Atomkraft, dieser Mörderin. Nun hat sie auch deinen Mann getötet, liebste Freundin. Man sagt mir jetzt oft, die Zeit werde alle Wunden heilen. Mag sein, dass sie eines Tages zu bluten aufhören, diese Wunden, aber sie sind da, bleiben wetterfühlig. Welch ein Schmerz, welch ein unerträglicher Schmerz! Das Atomkraftwerk aber, das so viel Leid über uns alle gebracht hat, steht immer noch aufrecht, dieses Todeszeichen, diese strahlende Ruine, gehüllt in einen Sarg aus dreihunderttausend Tonnen Stahl, ringsum, tonnenweise, strahlender Staub und radioaktive Lava, verseuchte Luft, verseuchter Boden, verseuchtes Wasser, immer noch steht es aufrecht, dieses Todeszeichen, diese strahlende Ruine, gehüllt in das kalte Schweigen der Verharmloser, der Bestechlichen, der Unersättlichen, Geheimakte Sechshundertsechsundsechzig, der Name enthüllt das Geheimnis, das Geheimnis um jenen Gott, dem sie verfallen sind, Plutos, dem Höllengott. Bis vor kurzem noch lebten fünf Millionen Menschen in den verseuchten Gebieten, sorglos, ahnungslos, sammelten Pilze, sammelten Beeren, pflanzten und aßen selbst angebautes Gemüse, unschuldige Opfer des Atommonstrums, unschuldige Opfer der Dummheit und Gier verantwortungsloser Eliten. Ich sollte diesem Lande den Rücken kehren, aber ich bin es Viktor schuldig, zu bleiben, bin es seinen Eltern schuldig und Gregori, meinem geliebten Gregori, der hier aufgewachsen ist und hier sein Zuhause hat und seine Freunde. Nach der Reaktorkatastrophe von Wermut hatte ich gehofft, dass sie den Anfang vom Ende des Atomzeitalters bedeuten werde, aber heute, nach so vielen Jahren, muss ich erkennen, dass neue Allianzen geschmiedet wurden, neue Allianzen weltweit zwischen den Eliten der Atomwirtschaft, muss ich erleben, dass die alten, schrottreifen Reaktoren nun durch neue ersetzt werden sollen. Darum bitte ich Dich, geliebte Eirene, wenn Dir das Andenken unserer Männer heilig ist, wenn Dir das Andenken der ungezählten Opfer der mörderischen Atomkraft heilig ist, arbeite und bete weiter für eine atomkraftfreie Zukunft. Es gibt keine sicheren Atomkraftwerke, denn es gibt weder eine Sicherheit gegen technisches Versagen, noch gegen menschliches Fehlverhalten oder kriegerische Angriffe. Atomkraft hat das Potential, alles Leben auf dieser Erde auszulöschen. Möge Gott die Kinder dieser Welt vor der Dummheit und Gier verantwortungsloser Eliten schützen. Sei umarmt, geliebte Herzensschwester, ich bin in Gedanken bei Dir, immer, Deine Vera. Eirene spürte, wie Tränen heiß über ihre Wangen brannten, drückte Veras Brief an ihre Brust und wusste, dass sie Sebastians Werk fortsetzen musste, für ihn, für Viktor, für die ungezählten Strahlenopfer, für die Kinder dieser Welt, für die Zukunft dieser wunderschönen Erde.

11

Es mag wohl sechs Monate nach Sebastians Tod gewesen sein, als Eirene träumte, in einem kleinen italienischen Dorf zu sein. Es war Winter, und doch standen ringsum die Bäume und Blumen in voller Blüte. An der Stadtmauer, die sich um das kleine Dorf rundete, entdeckte Eirene ein kleines Geschäft mit Hochzeitsbekleidung. Innerhalb der Stadtmauer aber befand sich ein prächtiges Schloss, dessen Marmorhaut sich strahlend weiß vom tiefen Blau des Himmels abhob. Eine bunte Festgesellschaft zog den Schlossberg hinan, und Eirene meinte immer wieder, vertraute Gesichter lieber Verstorbener zu entdecken, kaum aber frohlockte ihr Herz erkennend, es ist diese, es ist jener, sie ist es, er ist es gewiss, verflossen sie mit dem Blau des Himmels und kristallisierten sich zu Vögeln, die fröhlich tirilierend himmelwärts schwebten, während ihre

Schwingen in einem samtig goldenen Licht aufschimmerten. Am Ende einer sich empor windenden Treppe aber, an der Schwelle zum Schloss, saß, in einen weißen Hochzeitsanzug gekleidet, Sebastian. Er sah sie mit seinen gütigen, grauen Augen still an, so wie er sie auch zu seinen Lebzeiten oft angesehen hatte, und sprach sanft, weine nicht länger, Eirene, mein Täubchen, mein Licht, deine Tränen verschleiern die Herrlichkeit des Himmels. Da erwachte Eirene und wusste, dass der Mensch sich in seinem Jammer nicht erschöpfen darf. Sie ging an Sebastians Grab, kniete davor mit aufgelöstem Haar, legte einen Kranz nieder, Sinnbild des ewigen Lebens, Sinnbild der ewigen Liebe, und entzündete eine Kerze. Das Schreckliche am Tod war der Abschied ins Ungewisse hinein, aber, und dessen war sich Eirene nun gewiss, die Liebe war stärker als der Tod, und würde ihre letzte Vollendung im Lichte Gottes finden. Eirene wandte ihre Augen zum Himmel und sah ungezählte Vögel fröhlich tirilierend himmelwärts schweben, während ihre Schwingen in einem samtig goldenen Licht aufschimmerten. Es war Frühling geworden. Es war endlich wieder Frühling geworden.

12

Kleine Schritte waren es, die Eirene in das Leben ohne Sebastian wagte, kleine, zögernde Schritte, die nur allmählich an Festigkeit gewannen. Da die schmale Rente, die sie nach Sebastians Tod erhielt, nicht ausreichte, um das finanzielle Auslangen zu finden, begann sie, auf Vermittlung des Direktors von Sebastians Schule hin, Nachhilfestunden in jenen beiden Sprachen zu erteilen, die sie in ihrer Jugend studiert hatte und noch immer sehr gut beherrschte. Dies bedeutete finanzielle Sicherheit einerseits und neuen Anschluss an das bunt gefärbte Leben andererseits. Auch Ilie und Adrian schienen nach und nach über den Tod des geliebten Vaters hinwegzukommen. Immer öfter war wieder ihr Lachen zu hören und ihre Schritte klangen nicht mehr so verhalten, als hätte es gegolten, einen Schlummernden nicht zu wecken, sondern waren ausholend und laut, ja, ausholend und laut waren ihre Schritte, so wie die Schritte der meisten heranwachsenden Knaben ausholend und laut sind. Sie begannen wieder Freunde einzuladen, und Eirene buk mit Freude Kuchen, mischte Limonaden und kochte Kakao für sie. In ihrer spärlichen Freizeit aber bemühte sich Eirene, Sebastians Wirken für eine friedliche und atomkraftfreie Welt fortzusetzen. Sie eröffnete mit einigen gleich gesinnten Frauen und Männern einen kleinen Informationsstand in einer der belebten Einkaufsstraßen der großen Stadt, verteilte selbst entworfene und vervielfältigte Flugblätter, sammelte Unterschriften und versuchte, die Menschen davon zu überzeugen, dass eine atomkraftfreie Zukunft nicht nur möglich war, sondern auch überlebensnotwendig. Diese Überzeugungsarbeit war wichtiger denn je geworden, da mehr und mehr Menschen, vergesslich und informationsüberflutet wie sie waren, die Lüge von der sauberen und friedlichen Kernenergie glaubten, weil die Nimmersatten, denen in ihrer Immoralität und Habgier nichts heilig war, nicht das eigene Leben und schon gar nicht das der anderen, ihnen weismachten, dass ohne Atomkraftwerke der Klimakollaps drohte und die Rückkehr in die Steinzeit. Dabei war es gerade die Kernenergie, die zum Klimakollaps beitrug und zur Rückkehr in die Steinzeit, durch ein katastrophales Reaktorunglück oder durch den Einsatz von Atomwaffen denn, wer ein Atomkraftwerk besaß, hatte auch die Möglichkeit, Atomwaffen herzustellen, aber das schien in diesen Tagen kaum jemanden zu stören, ja, es war sogar salonfähig geworden, die Abschreckung durch Atomwaffen als Beitrag zum Weltfrieden zu betrachten. Auch Martin, zeitgeistig wie immer, vertrat nun diese Meinung, als er eines Tages wieder mit Ignora und Isaak zu Besuch bei Eirene war. Eirene erblasste. Aber Martin, widersprach sie mit bebender Stimme, das ist doch kein Friede, wenn die Völker einander mit dem Einsatz von Atomwaffen drohen, sondern Dummheit, denn niemals noch in der Geschichte der Menschheit hat die Grausamkeit der Waffen die Staatenlenker davor zurückschrecken lassen, Kriege zu führen, immer haben sie an die eigene Allmacht und Unverwundbarkeit geglaubt. Wer Atombomben hat, wird sie auch einsetzen und somit den Bestand der Menschheit aufs Spiel setzen. Du musst dir keine Sorgen um den Bestand der Menschheit machen, entgegnete Martin, seit geraumer Zeit gibt es Atombomben, die so zielgerichtet einsetzbar sind , dass sie eine winzige Hütte treffen und in ihrem Inneren eine Atombombenexplosion auslösen können und somit keine Opfer beim eigenen Volk fordern. Wirklich phantastisch, ätzte Eirene, genau das meinte ich mit dem Glauben an die eigene Allmacht und Unverwundbarkeit, der Tod soll niemals uns ereilen, sondern stets die anderen, genau jene nämlich, die zuvor von unseren Staatenlenkern zu unseren Feinden erklärt werden. Welche Menschenverachtung, lieber Martin! Aber der Tod wird sich in der kleinen Hütte nicht einsperren lassen, dieser Tod heißt Plutos und er wird sich mit den Wassertröpfchen und den Staubteilchen der Atmosphäre verbinden und auf den Flügeln des Hasses reisen, weltweit. Im atomaren Krieg, lieber Schwager, wird es keine Sieger geben. Das Gebot der Stunde ist nicht die militärische Aufrüstung der Völker und schon gar nicht die atomare, sondern die schrittweise Abrüstung, die Abrüstung der Hassgedanken, die Abrüstung der Hassworte, die Abrüstung der Waffen. Ach, Eirene, sagte Martin und blickte sie dabei mit einem gönnerhaften Guteonkelblick an, am liebsten würde ich dir die idealistischen Vorstellungen vom Frieden aus dem Herzen operieren, du bist einfach weltfremd. Oh nein, wehrte sich Eirene leidenschaftlich, ich bin nicht weltfremd, ganz und gar nicht bin ich weltfremd, ich bin Realistin durch und durch und habe aus der Vergangenheit gelernt, dass waffengesicherter Friede stets Gewalt zeugt. Krieg kann doch nur verhindert werden, wenn man die Gründe dafür beseitigt. Die Staatenlenker müssen endlich respektvoll und ehrlich miteinander sprechen, gemeinsam nach friedlichen Lösungen suchen und jenes Geld, das sie bei ihren Rüstungsausgaben einsparen, den Armen dieser Welt zugute kommen lassen. Nur wenn die Gerechtigkeit auf dieser Welt wieder hergestellt ist, kann Frieden werden. Gemach, gemach, unterbrach Martin Eirenes hitzige Rede, du phantasierst, und Ignora strich ihr beruhigend über die Wange, du warst schon immer eine Träumerin, Schwesterherz, sagte sie in mütterlichem Tonfall, alleine kannst du ja doch nichts ausrichten, schade um deine kostbare Zeit. Wenn jeder so denkt, liebe Ignora, erwiderte Eirene und ihre Wangen röteten sich im Eifer, wenn jeder so denkt wie du, wird sich freilich nie etwas zum Guten wenden, denn, wenn man das Gute nicht in die Welt setzt, dann kann es auch nicht wachsen. Schon gut, schon gut, besänftigte Ignora, ich habe verstanden, Abrüstung der Waffen und Aufrüstung der Gefühle. Aufrüstung der liebevollen Gefühle, verbesserte Eirene, denn Gerechtigkeit ist Liebe.

Spät abends, als sie wieder alleine war und die Buben schon schliefen, setzte sich Eirene, wie so oft seit Sebastians Tod, an den Schreibtisch und schrieb in ihr Tagebuch, schrieb von ihrer Angst und ihrer Verzweiflung, schrieb von ihrem Unverstandensein und von ihrer Einsamkeit. Plötzlich meinte sie, nicht mehr weiteratmen, nicht mehr mitatmen zu können in dieser Zeit. Sie barg den Kopf in ihren Händen und weinte bitterlich. Doch dann dachte sie an Sebastian und an alle Wunder dieser Welt, an die Kinder und Tiere, an die herrlichen Berge und Täler, die duftenden Blumen und Gräser, die ziehenden Wolken, den singenden Wind und an springende Regenbögen über schäumenden Wasserfällen, allesamt das Wunder dieser Welt, genannt Leben … und sie straffte ihren Rücken und wischte sich die Tränen von den Wangen. Nein, sie würde nicht zu träumen aufhören, niemals würde sie zu träumen aufhören von einer Welt, in der letztlich die Liebe siegte.

13

Wieder hat ein Kind in einer Schule ein Blutbad angerichtet, rief Ignora eines Tages aufgebracht und platzte zur Türe hinein. Sieh an, entrüstete sie sich und deutete auf einen Zeitungsbericht, den sie Eirene hinhielt, gerade erst zwölf Jahre alt ist der Junge, der mit dem Jagdgewehr seines Vaters vier seiner Mitschüler erschossen hat. Kaum eine Woche verstreicht, ohne dass nicht irgendwo auf unserem Kontinent ein Kind zum Mörder wird. Man muss ja schon Angst haben, wenn das eigene Kind morgens zur Schule geht. Jetzt setze dich erst ein Mal nieder, sagte Eirene, und beruhige dich. Findest du nicht, meinte Ignora, als sie auf dem gemütlichen Sofa im Wohnzimmer Platz genommen hatte, findest du nicht, dass die Gewalt bei Kindern und Jugendlichen zugenommen hat? Natürlich, erwiderte Eirene, und setzte sich zur Schwester, natürlich hat die Gewalt bei Kindern und Jugendlichen zugenommen, denn es hat ja auch die Gewalt in den Medien zugenommen. Isaak sieht aber auch fern und ist davon nicht gewalttätig geworden, widersprach Ignora. Nicht alle Menschen sind gleich, entgegnete Eirene, zudem steht Isaak nicht unter Dauerberieselung dieser schrecklichen Flimmerkiste. Stimmt, gab Ignora stolz zu, Isaak spielt in seiner Freizeit am liebsten auf seiner Geige. Und du, liebe Schwester, sprach Eirene weiter, schenkst ihm dafür liebevolle Aufmerksamkeit und Lob. Isaak ist also in diesem Fall nicht beispielgebend. Ich spreche von jenen Kindern, die täglich stundenlang vor den Computern oder Fernsehapparaten sitzen, von den abgeschobenen, alleine gelassenen Kindern spreche ich, die auf diese maschinelle Zuwendung angewiesen sind, weil niemand für sie Zeit hat. Tageintagaus werden sie in ihren Kinderzimmern von Mordundtotschlagbildern überflutet und so immer tiefer in die Spirale der Gewalt hineingezogen, bis sie keinerlei Hemmung mehr haben, selbst Gewalt anzuwenden als Lösung all ihrer Konflikte, als Rundumschlag gegen ihre Hilflosigkeit und Angst. Dann heult die Medienwelt, dieser Tonbildundwortträger der Gewalt, heuchlerisch auf, und die Gesellschaft schreit nach Vergeltung. Aber diese Kinder sind nicht die wahren Schuldigen, die wahren Schuldigen sitzen hinter ihren Schreibmaschinen, sitzen in den Redaktionen, sitzen gemütlich in ihren Lehnsesseln, essen Kartoffelscheiben und trinken Bier, während die Kinder an ihrer Angst und Ohnmacht zu ersticken drohen. Wenn ich ehrlich sein soll, liebes Schwesterherz, sagte Ignora nachdenklich, wenn ich ehrlich sein soll, so habe auch ich in der vergangenen Tagen oft über den Zusammenhang zwischen der Gewalt bei Kindern und der Gewalt in den Medien nachgedacht. Auslösend dafür war ein Bericht in einer Tageszeitung über ein neues Computerspiel, dessen Schöpfer den Spielern im Kindesalter den „Kick" der absoluten Zerstörung versprach, explodierende Mauern, berstende Fenster, zerfetzte Menschen, die verheerendsten Feuergefechte und vernichtendsten Schusswechsel aller Zeiten. Das ist krank, sagte ich mir und fragte mich gleichzeitig, wem solches nützen sollte und welche Auswirkungen es auf unsere Gesellschaft haben wird, wenn Kinder auf Knopfdruck töten lernen. Die Gesellschaft wird zunehmend verrohen, antwortete Eirene, und nützen wird diese Verrohung den Kriegstreibern dieser Welt, die Menschen brauchen, welche keine Achtung vor dem Leben des anderen haben und die spüren, dass Gewalt ihnen Macht verleiht, Macht über andere Menschen, Macht, die sie brauchen, um den Schmerz des eigenen Ohnmächtigseins zu ertragen, des Ohnmächtigseins gegenüber dem Diebstahl, den man an ihnen begangen hat, denn diese Generation ist völlig ins Leere geworfen, man hat ihr alles genommen, die Unschuld, die Kindheit, die Geborgenheit in der Familie, den Duft der Blumen und die Wohltat der Stille, die Klarheit der Luft und die Reinheit des Wassers, die Zeit hat man ihnen genommen und die Phantasie, die Schönheit der Kunst und das Vertrauen in die Zukunft, vor allem aber hat man ihnen Gott genommen, den liebenden Gott, und was hat man ihnen dafür gegeben, Ignora, sag an, Konsumtempel und Drogen, Hass und Fanatismus, neurotische Idole, Hässlichkeiten in allen Lebensbereichen und Angstbilder, die sich in Gewalt auflösen. Ja, Gewalt ist ein Rundumschlag gegenüber dem Diebstahl, den man an ihnen begangen hat, ein Rundumschlag gegen die Angst. Eirene, halt ein, unterbrach nun Ignora die Schwester, selbst wenn alles so wäre, wie du es sagst, was können wir schon daran ändern. Im Großen und Ganzen sind wir gewiss machtlos, entgegnete Eirene, in unserem kleinen Lebenskreis aber können wir anlieben gegen jedes gewalttätige Wort, gegen jedes gewalttätige Bild und jeden gewalttätigen Gedanken, wir müssen immerzu Frieden träumen, Frieden denken, Frieden sprechen, Frieden handeln. Eirenchen, Eirenchen, seufzte Ignora, was nützt diese kleine und friedliche Welt, wenn ringsum Gewalt wütet. Sie kann auf andere kleine Welten überstrahlen, erwiderte Eirene, und trägt so dazu bei, die große Welt lichter und friedlicher zu machen. Ich fürchte, dazu ist es schon viel zu spät, entgegnete Ignora matt. Dennoch müssen wir beginnen, widersprach Eirene, allem Wahnsinn zum Trotz.

Und die Zeit floss und floss, floss gleich einem gewaltigen Strom unaufhaltsam einer unbekannten Mündung entgegen …

14

Bomben explodierten über der Hauptstadt der Unverwundbaren, und sogleich zuckten weltweit Angstbilder über die Fernsehapparate, Bilder von zusammenstürzenden Gebäuden, Bilder von verstümmelten Menschen, von Sterbenden und von Toten. Es war zwar unbekannt, wer die Bomben gezündet haben mochte, aber die Schuldtragenden standen von Anfang an fest: sie mussten von jenseits des Ural stammen, von jenseits des Kaukasus. Hatte man sie nicht Fäuste ballen sehen, Fahnen verbrennen und Ferienparadiese anzünden? Dies ist der Tag X, schrie der Staatslenker der Unverwundbaren vor laufenden Fernsehkameras und hielt dabei einen verletzten Säugling im Arm. Der Weltgeschick entscheidende Tag X ist dies schrie, der durch seine thanatophile Politik selbst tausende Säuglinge am Gewissen hatte, wir müssen jetzt robust handeln (und verstand unter robustem Handeln den Einsatz von Atomwaffen), um unsere Wertegesellschaft und unseren Gott vor diesen Barbaren zu schützen, ja, Barbaren sind sie und keine Menschern, der Frieden unserer Welt ist durch sie bedroht und unser aller Leben. Sofort wurde der Mechanismus der Bündnisse ausgelöst und alle Obersten Staatenlenker der selbsternannten zivilisierten Welt, die sich, wenn überhaupt, nur durch perfektere Massenvernichtungswaffen auszeichneten, die sie über Jahrzehnte hinweg in ihren Atomkraftwerken herangezüchtet hatten und endlich ausprobieren wollten, riefen gleichfalls zu robustem Handeln auf. Endlich war das den Krieg rechtfertigende Böse erfunden und begann in die Köpfe und Herzen der Menschen zu träufeln. Dies ist der Tag X, riefen natürlich auch die Staatenlenker jenseits des Ural und jenseits des Kaukasus, der Weltgeschick entscheidende Tag X ist dies, riefen sie, um unsere Glaubensgemeinschaft und unseren Gott vor diesen schamlosen Ungläubigen zu schützen, und hielten dabei hautundknochendünne Säuglinge vor laufenden Fernsehkameras im Arm. Der Weltgeschick entscheidende Tag X ist dies, schrieen, die durch ihre Ausbeutungspolitik selbst tausende hautundknochendünne Säuglinge am Gewissen hatten. Sie konnten ebenfalls mit dem Einsatz robuster Waffen drohen, denn auch sie hatten Atomkraftwerke. Nichts kam ihnen gelegener als dieser so genannte Tag X. Doch es war nicht der Tag X, der Weltgeschick entscheidende Tag X, es wäre noch genug Raum gewesen für Worte des Friedens und der Versöhnung, er wurde nur von den nimmersatten Führungseliten beider Interessensblöcke dazu erklärt. Falke und Adler hatten lange genug schon nach einem Vorwand gesucht, um aufeinander loshacken zu können, nun war endlich die Feindlüge geschaffen, die Zündschnur gelegt und bald sollten wieder die Völker der Erde für den Reichtum einiger weniger ausbluten, für den Reichtum einiger weniger, die am Krieg verdienen wollten und danach am Wiederaufbau des Zerstörten, oder, vielmehr, am Krieg zu verdienen glaubten und am Wiederaufbau, denn an diesem Krieg würde niemand verdienen und kein Aufbau mehr möglich sein – im atomaren Krieg würde es nur Verlierer geben. Krieg war ein todverliebtes Spiel kranker Menschen, krank nach noch mehr Ruhm, und Geld und Macht, der atomare Krieg aber war der absolute Wahnsinn und er würde die Menschheit in den endgültigen Abgrund stürzen. Every generation must wage war for freedom. Pray for our soldiers, rief der Oberste Staatslenker der Unverwundbaren den ihm verbündeten Völkern zu, den Konsumbetäubten und Verängstigten, den Daseinskampfmüden und den Gehetzten. Gott ist mit uns, riefen die Obersten Staatenlenker jenseits von Ural und Kaukasus ihren Völkern zu, den Religionsverblendeten und Zukurzgekommenen, den Daseinskampfmüden und den Erniedrigten und, wie schon so oft in der Geschichte, würden die Menschen, propagandageflutet und aufgehasst, die Lügen kranker, fanatischer, nimmersatter Eliten, deren Glück das Ganzbrandopfer der Menschheit war, aus dessen Asche neuer Reichtum emporsteigen sollte, wieder ein Mal nicht durchschauen, würden glauben, was sie hörten und sahen, obwohl sie in ihrem tiefsten Inneren ahnten, dass man nichts glauben durfte, was man hörte und sah, weil alles verfälscht sein konnte, Bilderlügen, Ohrlügen, aber es würde keinerlei Zeit bleiben, um nachzudenken und in Frage zu stellen, denn alle Zeit würde von Daseinskampf aufgesogen werden und vom Hass. Wie schon so oft in der Geschichte der Menschheit würden um die Wahrheit betrogene Völker gegeneinander kämpfen … für ihre Werte, ihren Glauben, ihren Gott, doch, welcher Werte, welcher Glauben, welcher Gott …? Alle Werte, aller Glaube und Gott erschöpften sich in ein und demselben Götzen diesseits und jenseits von Ural und Kaukasus, im Tod bringenden Mammon, diesem Sohn des Höllengottes Plutos, für ihn, diesen Vater aller Kriege, würden die nimmersatten Eliten, diese Heuchler und Blender, das Leben der Menschen aufs Spiel setzen und den Fortbestand der Welt, doch alles Geld der Welt und alles Blut der Erde würde nicht ausreichen, um die Leere ihrer Herzen zu füllen. Pray for the presidents …

Pray for our presidents, schrieb Vera in ihrem letzten Brief an Eirene, beten wir für die Staatenlenker, die in ihrer maßlosen Gier so viel Leid über uns Menschen bringen wollen. Wäre ich nicht in deinem Land geboren worden, würde vielleicht auch ich die von den Medien über euch verbreiteten, tödlichen Lügen glauben: sie nennen euch ein schamloses, gottloses Volk, Barbaren, unzivilisierte Tiere, die uns in unserer Existenz bedrohen, oh, Zauberkraft Angst, Räuber und Mörder nennen sie euch und sind doch selbst Räuber und Mörder, die mit allen Räubern und Mördern dieser Welt ein abgekartetes Spiel treiben, Nimmersattenpolitik. Nimmersattenpolitik ist Politik nach Art des Chamäleons – abends in Frack und Abendkleid Mozartklängen lauschen, morgens in Nadelstreif und Kostüm Kriegsverträge unterzeichnen, g-moll. Bald werden sie wieder Trauer tragen auf den Fahnen und Mitgefühl auf schwarzen, viel zu eng geknüpften Krawatten. Gestern ist mein Gregori bei der Musterung gewesen, musste sich von blutgeilen Militärs entkleiden und betrachten lassen, ob er zum Morden taugt und zum Gemordetwerden. Wahnsinnige Haifischwelt! Man hat befunden, dass er zu beidem taugt, natürlich. Er, der wie durch ein Wunder die Katastrophe von Wermut überlebt hat (wenngleich er ständig unter Kopfschmerzen leidet, aber das hindert ihn ja nicht daran, ein Gewehr zu halten), soll jetzt für die letalen vitalen Interessen der ewig Unerfüllten, die ihre Herzensleere durch äußere Besitzanhäufung wettzumachen versuchen, in den Krieg ziehen. Jetzt ist er kein Rechtshänder mehr, sondern Schütze rechts, der einer Ansammlung schießender Männer zugeordnet wird; dabei kann er nicht ein Mal Blut sehen, mein Gregori und leidet mit dem kleinsten, verletzten Käfer. Es ist ein Skandal, dass die Staatenlenker uns Müttern die Kinder rauben! Die Wehrpflicht ist eine grobe Menschenrechtsverletzung. Niemand hat das Recht, über das Leben anderer Menschen zu entscheiden und sie zum Töten zu zwingen. Krieg ist Mord. Sie sprechen davon, wie sehr sie Gott lieben, dass alles Morden IHM zuliebe geschehen soll, aber alles Morden geschieht aus unermesslicher Gier. Gott ist die Liebe, und wer IHN wirklich liebt, tötet und mordet nicht. Es wäre jetzt höchste Zeit, das verbindend Menschliche zu suchen und endlich auf jene zu hören, die Frieden stiften wollen und das Wagnis der Abrüstung einfordern. Die Bevölkerung müsste jetzt Widerstand leisten mit Streiken, Blockaden und Kundgebungen und ist doch wie gelähmt von den Lügen der Meinungsbildner, der Angstmacher und Kriegstreiber, die den einen abscheulichen Inhalt, nämlich Völkermord, hinter beschönigenden Wortverpackungen wie Missionen und Frieden erzwingende Maßnahmen (als ob man Frieden erzwingen könnte!) zu verbergen suchen. Viktor sagte ein Mal, das Volk hat jene Führer, die es verdient … Möchte mit meinem Jungen, dem man die Zukunft rauben möchte, davonlaufen – aber, wohin? Erinnerst du dich noch an unseren Ausflug zu der Höhle nahe jenem See, der auf dich immer schon eine seltsame Faszination ausgeübt hatte? Es war wenige Monate vor meiner Abfahrt nach Wermut. Es regnete immer wieder und im Schatten jagender Wolken schimmerte die Haut des Sees wie flüssiger Topas. Wir aber ließen uns von dem nasskalten Wetter nicht abhalten, zogen unsere Regenmäntel über und marschierten durch regennasse Wiesen und Wälder, jeder Schritt ein Pfützchen, zur Höhle. Beim Höhleneingang aber entdeckten wir eine hölzerne Gedenktafel, deren Wortlaut ich damals auf einen kleinen Zettel notierte, den ich heute noch in meinem Tagebuch aufbewahre: „Zur Erinnerung an Franz Engel", war da zu lesen, „der anno 1776 als flüchtiger Deserteur in dieser Höhle Versteck suchte und auf Fürbitte des Hochwürdigen Herrn Pfarrers hier begnadigt wurde." Eine abblätternde Malerei zeigte den Deserteur, der für seine Heimat nicht hatte töten wollen, mit demütig gesenktem Kopf vor dem Pfarrer knien. Hinsetzen hätte ich mich damals können und weinen über die verirrten Menschenherzen – der Leben schonte, musste Abbitte leisten … Danach spazierten wir durch die Höhle, atmeten die feuchte Luft, lauschten den tosenden Wassern im uralten Fels, betrachteten die bizarren Plastiken, die das Wasser in Jahrtausendarbeit gebildet hatte, Riesenfinger, Zwergenfinger, Drachenköpfe, immer wieder Steinmulden gefüllt mit glasklarem Wasser, dann, der Spiegelsee am Ausgang der Höhle; nichts blieb seinen Wasserspiegelungen verborgen, nur der in der Höhle verborgene Betrachter blieb ungespiegelt, Geschenk Gottes wohl an den Friedfertigen, den Engel. Liebste Eirene, aus dieser Hoffnung, dass letztlich die Friedfertigen triumphieren werden, lebe ich. Sei inniglichst umarmt, Deine Herzensschwester auf immer, Vera.

Noch sollte tatsächlich nicht der Hass das letzte Wort haben, denn weltweit verbündeten sich, dem Kriegsgeheul zum Trotz, die Friedfertigen und riefen zu Kundgebungen auf, organisierten Streiks und organisierten Blockaden, um dem Hass entgegenzusteuern und mehrere Millionen Menschen folgten weltweit ihrem Aufruf, ließen bunte Drachen mit Friedensparolen steigen und Friedenstauben. Nie wieder Krieg, riefen sie den Aufgehassten zu, vergesst nicht die Millionen von Toten des letzten Krieges, die Verwundeten und Verkrüppelten, die Millionen der an Hunger und Seuchen Verstorbenen. Glaubt nicht den Lügen der Mörder. Wir müssen jetzt zusammenhalten, es gibt keine Feinde, nur Menschen, die leben und lieben wollen. Nie wieder Krieg, riefen sie den thanatophilen Eliten zu, wir wollen nicht hassen, sondern leben und lieben. Nie wieder Krieg, riefen die Friedengesinnten und nannten die Verbrechen des Krieges beim Namen, die zerstörten Städte, die verwüsteten Felder, ausströmendes Blut, abgerissene Gliedmaßen, aufgerissene Bäuche und zerstampfte Gesichter, Tote, ungezählte Tote, Leichenberge, auf den Schlachtfeldern, auf den Straßen, in den Wäldern und unter den Trümmern niedergebrannter Häuser, verschreckte Kinder, verkrüppelte Kinder, verwaiste Kinder, tote Kinder, geschändete Frauen, tote Frauen, all diese Verbrechen des Krieges und unzählige mehr nannten sie beim Namen, verdichteten sie zu einem Text, der zwar nie an die Medienöffentlichkeit gelangte und nur auf Flugblättern verbreitet wurde, aber die Menschen rührte und noch mehr dazu bewog, auf die Straße zu gehen und für das Leben zu marschieren, einen Text über des trojanischen Helden Hektors kleinen Sohn, Astyanax, der von den rauschhaft mordenden Griechen von den Stadtmauern Trojas gestoßen worden war, einen Text, über alle im Krieg verblutenden Menschenkinder:

ASTYANAX

Mein Kind, mein Herzlieb, Astyanax,
du Kind Trojas, Bethlehems und Hiroshimas,
du, du, du
Kind an meiner Brust,
Wie süß ist dein Atem,
milchsüß,
liebesüß.
Über dir der Himmel
Zartblau,
darauf hingehaucht:
zerbrechliches Rosa, verzitterndes Weiß,
Möwen darüber hinwegtanzend,
hunderte. Hunderte Möwen,
ihre Schwingen silbern aufglänzend
im hellen Sonnenlicht.
Doch sieh, vom Ida her
brennt ein blutiger Stern auf.
Wird's Abend mitten am Morgen?
Abend wird's mitten am Morgen:
Ares ist's.
Ares, der Schwarzherzige,
der Lügner,
der Lebenzerstörer,
der Liebezerstörer.
Von Anfang an.
Der Menschenfeind.
Von Anfang an.
Ares, der Todesengel.
Mit seinem trockenen Atem
Wälder und Felder entzündend,
Bäume entlaubend,
Erdschollen aufreißend,
Quellen aussengend,
nun, stöhnende, ausgedörrte Münder.

Ares ist's, der naht,
naht mit dem Heer
der verblendeten Schlächter,
verblendet von
kranken Worten kranker Menschen,
krank nach
noch mehr Ruhm und Geld und Macht.
Die Schlächter nah'n,
ferngesteuerte Marionetten,
dürstend nach Blut.
Sie nah'n, sie nah'n, sind da.
Männer, Väter, mordend,
hingemordet.
Überall:
Geschundene Leiber,
aufgerissene Leiber.
Trümmer,
Asche, nichts als Asche,
Blut, Blut, Blut,
Abschiedsschreie,
Schmerzensschreie.
Todesschreie.
Ares, gesättigt vom Blut der Unschuldigen,
entflieht,
Phobos und Deimos regieren.
Kassandra,
ihr Haar über dem dunklen Abgrund lösend,
ruft, dass fliehen muss den Krieg,
wer recht bei Sinnen ist,
doch es gibt kein Entfliehen mehr,
mein Kind, mein Herzlieb, Astyanax,
Kind Trojas, Bethlehems und Hiroshimas,
du, du, du,
schon reißt man dich von meiner Brust,
dein süßer Mund,
Milch triefend,

Liebe triefend.
Über dir der Himmel
blutrot,
Krähen darüber hinweg taumelnd.
Tausende. Abertausende Krähen,
ihre Schwingen schwarz auftränend
im weinenden Sonnenlicht.
Wird's Nacht mitten am Tage?
Nacht wird's mitten am Tage.
Astyanax, Astyanax, Astyanax,
mein Kind, mein Herzlieb, Astyanax,
du, du, du,
schon seh' ich dich in den Abgrund stürzen,
zerschellen seh' ich dich,
sterben,
sterben,
in Troja, Bethlehem und Hiroshima.
Oh, wo ist ein Gott?
Wo bist Du, Gott?
Wo bist Du, Liebe?
Meine Seele, meine Seele, meine Seele,
ich bin in euren Schmerzen,
euren Tränen,
eurem Blut
in Troja, Bethlehem und Hiroshima.

Dieser Text, der die Menschen rührte und bewog, noch mehr auf die Straßen zu gehen und dem Hass entgegenzuwirken, konnte nur auf Flugblättern verbreitet werden, gelangte niemals an die Medienöffentlichkeit, so wie auch die Kundgebungen, Streiks und Blockaden keinen Widerhall in den Medien fanden, denn längst schon waren die Schlüsselpositionen im Staat, die Schlüsselpositionen in den Redaktionen, Ministerien, Banken und Industriebetrieben, in den Schulen und Universitäten mit Gefolgsleuten der nimmersatten Eliten besetzt, die kein Interesse daran hatten, das allgemeine Kriegsgeheul zu stören, weil sie hofften, im Windschatten des Krieges zu gewinnen. So wurden letztlich die Warnrufe der Friedengesinnten von den stets medienpräsenten Lügen und Hassworten der Nimmersatten überspült und bald galten die Friedengesinnten als Ewiggestrige, als Feiglinge und Volksschädlinge. Schließlich zermürbten die meisten Friedengesinnten am Schweigen und an den Lügen der Mächtigen und an den Repressalien, denen man sie aussetzte, und schließlich gaben sie auf. So siegten letztendlich die Todeskräfte. Der apokalyptische Reiter hatte sein feuerrotes Pferd gesattelt. Das große Schlachten konnte beginnen.

15

Operation Thanatos. Der Mobilmachungsbefehl war ausgesprochen und weltweit wurden Millionen von Menschen in den Sog der allgemeinen Wehrpflicht gerissen. Väter, Söhne, Brüder wurden einberufen, bewaffnet, uniformiert, u n i f o r m i e r t, gleich gemacht, waren nicht mehr Menschen, sondern Menschenmaterial, wurden Waffengattungen zugeteilt, waren Teil der Waffengattung, waren Artillerie, waren Luftwaffe, wurden zu Dingen, die man nach Belieben verwendete, auswechselte, verschickte, vergeudete für jene, die ohnehin schon mehr besaßen, als sie je ausgeben konnten, Väter, Söhne, Brüder ohne Zukunft, auseinander gerissene Familien für jene, die nie genug haben würden, niemals. In den Zeitungen und auf den Bildschirmen der Fernsehapparate tauchten, wie Schimären aus bösen alten Zeiten, stattliche, junge Männer auf, die von ihren Müttern umarmt und von schönen, jungen Mädchen geküsst und mit Blumen bekränzt wurden. In ihren schicken Uniformen und blank geputzten Stiefeln glichen sie schon jetzt strahlenden, unverwundbaren Helden. Ja, weltweit mussten die Völker zum großen Töten und Getötetwerden antreten und die Staatenlenker riefen den Segen des Himmels herab. Gott ist mit uns, grölten sie vor laufenden Fernsehkameras und eingeschalteten Mikrophonen. Zu wem aber würde ER halten, dieser Gott, dieser unteilbare Eine? Würden ihn die perfekteren Waffensysteme überzeugen? Oder die glühenderen Reden?

16

Die Schergen des Staates kamen am späten Nachmittag. Ich weiß, dass dein Sohn im Haus ist, sagte der, welcher sichtlich, weil als einziger abzeichengeschönt, ihr Anführer war. Ich weiß, dass er im Haus ist, wiederholte er mit Nachdruck, und es nützt dir nichts, Frau, wenn du ihn versteckst, denn wir werden ihn finden, und wenn er nicht freiwillig mit uns geht, so werden wir ihn töten, auch dich werden wir töten, dann ist dieser hier, und er deutete mit seiner gedrungen, fleischigen Hand auf Adrian, dann ist dieser hier nicht nur ohne Bruder, sondern auch ohne Mutter. Also, überlege dir gut, überlege dir sehr gut, was zu tun ist. Morgen früh kommen wir wieder. Als die Schergen polternden Schritts das Haus verlassen hatten, kam Ilie zögernd aus seinem Versteck. Er hatte alles mitangehört und er war blass, sehr blass war er. Mama, sagte er mit bebender Stimme, Mama, ich werde morgen mit ihnen gehen, ich möchte nicht, dass Adrian auch noch dich verliert. Dann verließ er die Stube, sperrte sich im Kinderzimmer ein und saß dort wohl auf dem kleinen Sofa mit starrem, tränenleeren Blick, Eirene spürte, dass er dort auf dem kleinen Sofa saß mit starrem, tränenleerem Blick. In der Nacht aber kroch er zu ihr ins Bett, so wie er es als kleiner Junge immer getan hatte, doch er lag nicht auf dem Rücken, um Herzgeschichten anzuschauen, sie waren alle fort geflogen, sondern rollte sich seitlich zusammen und ließ sich halten, immerzu von Eirene halten, und als er endlich in ihren Armen in einen traumleeren Schlaf gesunken war, lag sie noch immer wach, lag wach mit brennenden Augen und brennendem Herzen, versuchte zu beten und fühlte doch nur Leere, kalte Leere. Durch die halb zugezogenen Vorhänge sickerte das blasse Mondenlicht und sie wartete auf die Sterne, dass sie kommen und vom Himmel fallen würden, dann, in der Erde zerplatzten und alles erhellten. Doch es geschah nichts dergleichen, nur blasses Mondenlicht sickerte vom Wolken verhangenen Himmel herab, sickerte durch die halb zugezognen Vorhänge und beleuchtete Ilies knabenhaftes Antlitz.
Frühmorgens holten sie Ilie ab. Noch eine flüchtige Umarmung, ich liebe dich, mein Junge, mein lieber, lieber Junge, flüsterte sie in sein Ohr. Dann drückte sie ihm noch einen kleinen Ranzen in die Hand, einen kleinen Ranzen, in den sie ein Butterbrot gepackt hatte und einen Apfel, so wie sie ihm immer ein Butterbrot und einen Apfel in die Schultasche

gepackt hatte. Ich werde ungehorsam sein, flüsterte er zurück, ich werde ungehorsam sein und nicht töten. Dann stieß man ihn von ihr. Keine Sentimentalitäten, donnerte der Abzeichengeschönte vom Vortag, der Junge gehört jetzt dem Staat. Immer weiter stieß man Ilie nun von ihr, in einen großen Lastwagen stieß man ihn, in dem schon andere junge Burschen saßen, Burschen mit knabenhaftem Antlitz, aneinander gekauert, wie Küken, von denen man die schützenden Fittiche genommen hatte. Noch ein Mal wandte Ilie ihr seine Augen zu, seine Angst geweiteten Kinderaugen, Kinderaugen, aus denen alle Hoffnung ausgelöscht war, alle Hoffnung dieser Welt. Der Motor heulte auf, Staub stob unter den Rädern hoch und hüllte den davonbrausenden Lastwagen in einen Gespenstermantel, der den Blick auf die kostbare Fracht vernebelte, Gotteskinder, für die Liebe geboren und nun in den Tod getrieben von den Nimmersatten, von den ewig Nimmersatten dieser Welt. Eirene hatte keine Kraft mehr, um die Hand zu heben und zu winken. Sie konnte auch nicht weinen, denn sie hatte alle Tränen in der Nacht geweint. Er wird wieder kommen, er wird gewiss wiederkommen, sagte sie sich, was sonst hätte sie sich sagen sollen. Sie wandte sich um und sah Adrian, Adrian, dieses stille Kind, weinte all die Tränen, die aus ihren vertrockneten Augen nicht mehr fließen konnten. Da nahm sie ihn in den Arm und wiegte ihn, wiegte ihn, letzte Insel der Geborgenheit, wiegte ihn, wiegte ihn.

Mittags kamen Ignora und Martin vorbei. Isaak war schon Tage zuvor eingezogen worden. Weißt du, Tante, hatte er Eirene am Nachmittag vor seiner Einberufung anvertraut, dir kann ich es ja sagen, ich bin Pazifist, eigentlich bin ich Pazifist. Sie sah ihn noch vor sich, konnte das schmale, blasse Bubengesicht nicht vergessen und die helle Haarsträhne, die in seine Stirn gefallen war. Er war an dem großen Küchentisch gesessen, hatte Kuchen gegessen und dazu Kakao getrunken. Mit den Kuchenkrümeln in den Mundwinkeln und dem Kakaoschaum auf dem zarten Bartflaum hatte er wie ein kleiner Junge ausgesehen. Dir kann ich es ja sagen, wiederholte er noch ein Mal, dass ich Pazifist bin, mein Vater würde das nicht verstehen, er will, dass ich tapfer bin, und Mama wagt es nicht zuzugeben, dass sie anders denkt als er. Es ist an der Zeit, hat mein Vater, der selber vom Kriegsdienst befreit ist, weil er Plattfüße hat, es ist an der Zeit, hat er also gesagt, dass du endlich ein richtiger Mann wirst,

Frieden, so sprach schon der große Dichter Lenau, Frieden verweichlicht. Der Krieg, mein Junge, wird dir also gut tun. Aber ich möchte nicht tapfer sein und stark, Tante Eirene, und schon gar nicht möchte ich in den Krieg ziehen, um ein Mann nach seinem Geschmack zu werden, ich möchte mein Musikstudium beenden und Geiger werden. Da war Eirene zu ihm hingetreten und hatte ihn an sich gedrückt. Wie recht du hast, Isaak, es geht nicht darum, ein tapferer und starker Mann zu werden, sondern ein Mensch, ein liebender Mensch. Da hatte Isaak in ihren Armen zu weinen begonnen. Ich habe Angst, Tantchen, ich habe solche Angst, hatte er geschluchzt. Und jetzt war er im Feld, wie auch Ilie im Feld war, wie jetzt Millionen von Buben im Feld waren vor und hinter dem Ural, bis zum Kaukasus, bis ans Ende der Welt, Buben, die mit ihren kindlichen Gesichtern und Angst geweiteten Augen unter kalten Stahlhelmen hervorguckten, Augen, aus denen die Zukunft gelöscht war, die Zukunft dieser Welt, weltweit waren jetzt Buben im Feld, die bluten mussten, ausbluten, für die Nimmersatten, die ewig Nimmersatten. Mittags kamen also Ignora und Martin vorbei. Martin hatte eine Flasche Rotwein mitgenommen und Kuchen und stellte jetzt das Mitgebrachte auf den Küchentisch. Wir wollen unsere Kinder feiern, unsere jungen Helden, die unser Vaterland verteidigen, unsere Werte und unseren Gott, sagte er. Nicht unser Vaterland werden sie verteidigen, rief Eirene aufgebracht und schon gar nicht irgendwelche Werte oder Gott, sondern für den Reichtum der Nimmersatten, der ewig Nimmersatten, werden unsere Kinder ihr Leben geben, nur das Blut unserer Kinder wird sie sättigen. Kaum hatte Eirene so gesprochen, brach Ignora in Tränen aus. Eirene aber wischte mit einer wilden Handbewegung Kuchen und Wein vom Tisch, dass die Flasche zersprang und rot wie Blut der Wein sich mit dem Kuchen vermischte. Bis zum Ural, bis zum Kaukasus, bis ans Ende der Welt, bis zum Untergang der Welt, schrie sie, bis zum Untergang der Welt werden unsere Kinder bluten müssen, ausbluten müssen für die Nimmersatten, die ewig Nimmersatten und die Dummen, die ewig Dummen, die dazu noch applaudieren., und jetzt geh, Martin, bitte, geh!

17

Krieg tobte bis zum Ural, bis zum Kaukasus, bis in die Wohnzimmer der Menschen hinein, wo er auf großen Bildschirmen fortzuckte. Menschen waren zu sehen, tötende Menschen, getötete Menschen, Menschen, denen man ihr Menschsein nicht mehr ansah, in ihrer Wut, in ihrem Schmerz, kein Grauen, kein Entsetzen bei den meisten derer, die, dies alles betrachtend, auf ihren gemütlichen Fauteuils saßen, denn sie waren von klein auf durch Fernsehfilme und Computerspiele an das Menschenmorden gewöhnt worden, hatten immer schon einer feindlichen und bedrohlichen Welt ins Auge gesehen, hatten immer schon das Angst erzeugende Wissen in sich getragen, hatten immer schon das Angst erzeugende Wissen in sich getragen und doch nichts ändern können an dem Unheil. Jetzt geschah endlich etwas, gegen den Feind, der sie bedrohte, gegen diese schreckliche Angst, die sie zu zerstören drohte und sie waren jederzeit bereit, mitzutöten und mitzumorden.
In den Medien aber hatten mittlerweile Diskussionen begonnen, keine Diskussionen über die Beendigung des Krieges, natürlich nicht, sondern völlig ungenierte Diskussionen über seine wirtschaftlichen Folgen, denn, nur was man zerstörte, konnte man wieder aufbauen … Wenn es einen Teufel gab, und er eine Erfindung für sich verbuchen konnte, dann war es der Krieg

und die Zeit floss und floss, floss gleich einem gewaltigen Strom unaufhaltsam ihrer Mündung entgegen

18

Es war wieder Frühling geworden. Mit der Selbstverständlichkeit des Lebens brachen die Blumen aus der noch winterdunklen Erde und sprangen die Knospen aus ihren braunen Mäntelchen zu voller Blüte auf. Eirene hatte mit Adrian einen kleinen Spaziergang unternommen und saß nun mit ihm auf einem Baumstamm, der sonnenbeglänzt in der Wiese lag. Wie friedlich war es hier, die Vögel zwitscherten und Schmetterlinge, Bienen und Hummeln schwebten zwischen den sanft im Frühlingsatem bebenden Gräsern. Sie wussten nichts vom Krieg und von der Bosheit der Menschen. Adrian hatte seinen Kopf an Eirenes Schulter gelegt und sah wie ein Träumender zum Himmel empor. Im Frühling feiern die Blumen ein Fest, sagte er jetzt, nur muss man ganz genau hinhören, um ihr Lachen zu hören und ihr Singen, denn sie haben feine Stimmen, ganz feine Stimmen haben sie. Ilie hat sie immer gehört. Ilie, ach, Ilie, auch Eirene hatte wieder an Ilie gedacht. Aber, wann dachte sie nicht an Ilie … Welch ein Schmerz, nichts zu wissen von ihm, den sie so liebte. Nie hatte sie einen Brief bekommen, nie einen Telefonanruf. Wo war er, wie erging es ihm. Sie spürte, wie sich ihr Herz in Tränen aufzulösen begann, Ilie, schrie es, Ilie, mein geliebter Ilie …

Sie dachte an eine Zeitungsmeldung des Vortages, wonach jenseits des Ural bereits Atomwaffen zum Einsatz gekommen waren. Wo war Ilie, wie erging es ihm, war er im Zentrum des Grauens … und wie lange würde es dauern, bis der apokalyptische Reiter Tod auf seinem fahlen Pferd, nein, auf seiner fahlen Wolke, die Unterwelt hinter sich herziehend, auch die letzten Paradieseswinkel der Welt erreicht haben würde …? Adrian griff nach ihrer Hand. Lächle wieder, bettelte er, lächle wieder, Mama, es ist so schön, wenn du mich anlächelst. Aber Eirene konnte jetzt nicht lächeln. Auch nicht für Adrian, aber sie drückte ihn an sich, ganz fest drückte sie ihn an sich. Noch war der Himmel blau, keine Wolke zeigte sich am Horizont, wenn man von den Schmutzstreifen der Flugzeuge absah.

Auf dem Nachhauseweg begegnete ihnen eine Katze, eine rotweiß gescheckte Katze begegnete ihnen, und Adrian bückte sich zu ihr nieder, um sie zu streicheln. Pepi sagte er zu ihr, so wie er alle Tiere, die er lieb hatte Pepi nannte, Pepi sagte er und strich über ihr Fell, du bist ein liebes Tierlein, und die Katze schmiegte sich behaglich schnurrend an seine Beine. Mit einem Male waren die Tränen der Mutter vergessen und auch der eigene Schmerz, denn Adrian hatte sich die Gabe der Kindheit bewahrt, ganz in die Glückseligkeit des Augenblickes einzutauchen, und als die Katze, satt an Streicheleinheiten, wieder davon gelaufen war, sah er ihr noch lange gedankenverloren nach. Plötzlich begann er wie ein kleiner Junge zu hüpfen, oder, vielmehr, zu tanzen, tanzte mit nach oben gewandten Handflächen, geradewegs so, als wollte er das Licht

einfangen, tanzte mit geschlossenen Augen, als folge er einer inneren Melodie, tanzte rundumrundumrundum, war pure Lebenslust. Adrian, du Kindskopf, sagte Eirene zärtlich, und konnte mit einem Male wieder lächeln. Sie wusste, er hatte Waldatem im Haar und Wiesenatem.
Als sie zu Hause ankamen, sahen sie im Schatten der Zeder einen kleinen, zartblauen Vogel liegen, einen kleinen, zartblauen Vogel mit verdrehtem Köpfchen, Opfer einer nimmersatten, raubgierigen Katze.

Es ist eine seltsame Stimmung, die sich abends über die Stadt ausbreitet; die Sonne rollt wie eine riesige Blutorange über den Horizont, scheint zu zerplatzen, verschmiert sich dann am Himmel, bis das Nachtschwarze kommt und alles aufsaugt. Eirene und Adrian nehmen still das Abendessen ein. Milch hat Eirene auf den Tisch gestellt, Milch, Brot und Honig, und Adrian gräbt hungrig seine kleinen, weißen Zähne in die dunkle Brotschmolle. Wenn er doch immer nur zu essen hat und zu trinken, denkt Eirene, und einen Menschen, der ihn umarmt und lieb hat, und während sie ihren Blick zärtlich auf Adrian ruhen lässt, ist es ihr plötzlich, als säße Sebastian neben dem Buben, ja, dort wo Ilie immer gesessen hatte, dort, neben Adrian, sitzt jetzt Sebastian und sieht sie mit großen, traurigen Augen an doch, ehe sie etwas sagen kann, ist der Platz wieder leer, und sie sieht nur noch Adrian, Adrian, der hungrig seine kleinen, weißen Zähne in die dunkle Brotschmolle gräbt. Nachts hat Adrian Angst, Angst vor dem Nachtschwarzen und schlüpft zu Eirene ins Bett. Mitten in der Nacht aber schreckt Eirene hoch. Es ist ihr, als hörte sie Ilie schreien, Mama, mein Mamaschein … im selben Augenblick fährt auch Adrian aus dem Schlafe hoch. Seine Augen sind Angst geweitet. Ich habe Ilie schreien gehört, sagt er mit versagender Stimme, ich habe ihn gesucht, aber ich habe ihn nicht mehr finden können. Es sind Adrians letzte Worte an diese Welt. Die Kälte des Bahnhofes hat Adrian überlebt, nicht aber die Kälte dieser Welt. Adrians Seele ist an der Kälte dieser Welt zerbrochen. Niemand kann ihn mehr trösten, kein Geschöpf dieser Welt, weil er es jederzeit verlieren könnte, so wie er seinen Vater verloren hat und Ilie. Er zieht sich aus dieser Welt zurück, geht den umgekehrten Weg des Schmetterlings, fällt aus dem Tanz in die Starrheit der Puppe, zieht sich in den allerletzten Schutzraum zurück, in den Schutzraum seines Herzens. Dort bleibt er. Adrian spricht nicht mehr und Adrian tanzt nicht mehr.

19

Eirene birgt das Gesicht in ihren bebenden Händen und weint um Adrian, weint um Ilie, weint um Isaak, weint um die Kinder dieser Welt. Für das Leben, für das myriadengestaltig bedrohte Leben von Adrian und Ilie, von Isaak und von allen Kindern dieser Welt, war sie, das Spiel der Nimmersatten durchschauend und die Trägheit der Menschen, durch die Straßen getaumelt und durch die Gassen, hatte um Atemraum gefleht und um klares Wasser, hatte um Stille gefleht und um Frieden, um Frieden. Hatte er nun endgültig gesiegt, Plutos, Mammon, dieses blinde Unterweltwesen, dieses Selbst, dieser Gott der Nimmersatten, der Verblendeten und Betrogenen, dieser Vater aller verdrehten Werte …? Eirene weint und ihr Haar schimmert silbern, silbern wie der Wald nach kalten, feuchten Nächten. Gib nicht auf, Eirene, mein Herzlieb, mein Licht, sagt plötzlich eine Stimme in ihr, ich habe meinen Bogen in die Wolken gesetzt. Die Zeit ist nicht in ihrer Mündung angekommen. Gib nicht auf, sagt die Stimme, die Stimme der Liebe.

Stumm sitzt die weiße Taube am Fenstersims, lange schon sitzt die weiße Taube stumm am Fenstersims. Hier, meine Botschaft, spricht Eirene und küsst das glänzende Gefieder. Da schlägt die Taube lautlos mit den Flügeln, rotgolden das Auge im Widerschein der aufblühenden Sonne. Flieg, spricht Eirene, flieg mein Täubchen, flieg nur zu und bring uns noch ein Mal einen grünen Zweig …

Wien, am 17. März 2007, am Jahrestag des Ausbruches des zweiten Irak-Krieges.

ANHANG

Biblische Querverbindungen:
Mt 13,31-32
1 Joh 4,16b
Off 6,4.7-8; 21,1.3b; 24,1
Gen 9,13
Hiob 14,2
Jes 2,4
Jes 66,22
Jona 4,11
1 Sam 17,49
Ps 144

Querverbindung in die Antike:
P. Ovidius Naso, Metamorphosen 4,464-465.

Querverbindung zur Musik:
g-moll ist die Todestonart bei Mozart

Sämtliche Nimmersattenzitate sind den Tageszeitungen entnommen.

R.

Zum ersten Mal in meinem Leben werde ich geliebt, stöhnte R. am Höhepunkt der Lust und bekam einen Weinkrampf. Ja, zum ersten Mal in seinem Leben wurde er geliebt, nicht mit der Oberflächlichkeit der Kokotten, die nicht ihn sahen, sondern seinen hohen gesellschaftlichen Rang, vielmehr mit der Leidenschaftlichkeit eines jungen Mädchens, das aus ihrer eigenen Verletztheit heraus die seine verstand, und alles für ihn zu geben bereit war, auch ihr Leben. Er atmete den betörenden Duft ihres langen, prächtigen Haares, spürte die Geschmeidigkeit ihrer Haut und die Wärme ihres wohlgeformten Körpers, der sich innig an ihn schmiegte und es überwogte ihn eine neuerliche Welle der Lust, wie er sie noch nie zuvor verspürt hatte, und als er aus all der Wonne wieder auftauchte, hielt sie ihn immer noch fest an sich gedrückt und streichelte ihn über und über. Ich liebe dich, Herzallerliebster hauchten ihre vollen, roten Lippen, und immer wieder formten sie, ich liebe dich, und er trank diese Worte wie ein Verdurstender von ihrem Mund und sank schließlich in wonnetrunkenen Schlummer. Sie aber blieb wach und blickte hinaus in die schwarze Nacht. Lange schon war das Feuer im Kamin erloschen und fröstelnd zog sie die Decke hoch, um sich und den an ihrem Herzen ruhenden, nackten Geliebten zu wärmen. Jetzt zuckte ein flüchtiger Mondenstreif über seine Gesichtszüge, und zärtlich zeichnete sie mit den Fingerspitzen die Konturen seines schönen Antlitzes nach. Nun gehörst du mir, flüsterte sie, ganz alleine mir gehörst du nun, und mit ein wenig Schadenfreude dachte sie an seine ahnungslose Frau, die in einem gar nicht weit entfernten Schlosse weilte. Leer ist sein Platz, sprach sie halblaut weiter, leer ist sein Platz jetzt in eurem prächtigen Bett und die zarten Linnen tragen lediglich den Abdruck deines großen und reizlosen Körpers. Ja, seine Frau war eine unschöne Person mit stumpfem, lichtblondem Haar und kleinen, hellen Augen ohne jede Tiefe. Aber sie war seine Frau. Er hatte sie geheiratet, weil er im Interesse des Reiches hatte heiraten müssen, unter den wenigen standesgemäßen Bräuten hatte er sie gewählt, weil er des Wählens müde geworden war, aber auch, weil ihn an ihrer Erscheinung etwas gerührt hatte, etwas, das er mit Worten nicht auszudrücken vermochte, vielleicht war es ihre kindliche Unbeholfenheit gewesen, vielleicht ihr porzellanweißer Teint, wahrscheinlich hatte er sie sogar geliebt, damals, in den ersten Jahren ihrer Ehe, ja, wahrscheinlich hatte er sie sogar geliebt. Sie aber, von der er Herzenswärme erhofft hatte, Herzenswärme und Verständnis, teilte keine seiner Ansichten, teilte keine seiner Interessen, weder an Musik und Poesie, noch an Wissenschaft und Politik, gab sich lieber dem Lauten hin und dem Vergnüglichen, liebte Prunk und Pracht, die er verabscheute, war launenhaft, trotzig und eifersüchtig, über alle Maßen eifersüchtig, sandte Spitzel hinter ihm her und durchwühlte seine Taschen und machte ihm Szenen, schreckliche, zermürbende Szenen, obwohl sie ihn nicht liebte, wohl niemals wirkliche liebte. Wir sind einander Fremde, hatte er der Geliebten geklagt, sind einander immer Fremde gewesen. Da sie nun dieser seiner Worte gedachte, war ihr erneut bewusst, wie sehr sie ihn liebte, immer schon geliebt hatte. Als kleines Mädchen bereits hatte sie Photographien von ihm aus Zeitungen ausgeschnitten (eine davon, die ihn als kleinen Jungen von etwa drei Jahren zeigte, bewahrte sie immer noch als unsagbare Kostbarkeit in ihrer Schmuckkassette auf), später hatte sie dann keine Gelegenheit verabsäumt, ihn zu sehen, wenn vielleicht auch nur von weitem, bei Festen, an denen er teilnahm und auf Bällen, in der Oper und im Prater, schließlich hatte sie ihm geschrieben und ihre Liebe gestanden – und er, er hatte geantwortet und ihr ein erstes Treffen vorgeschlagen. Von da an trafen sie einander wieder und wieder an geheimen Orten, über geheime Treppen, in geheimen Gemächern. Auch hierher, in dieses Schloss im Wienerwald, in sein Lieblingsschloss, war sie unbemerkt durch den Privateingang gelangt, nur seine beiden treuesten Diener wussten um ihre Anwesenheit. Am Anfang ihrer Beziehung hatte sie davon geträumt, mit ihm zu fliehen, an die Riviera, oder, gar nach Übersee, wo sie bar jeglicher Geheimniskrämerei ihre Liebe hätten genießen können, doch er dachte an eine andere Flucht (und sie war längst durchdacht und vorbereitet), und da sie ohne ihn nicht leben konnte, hatte sie sich entschieden, ihm zu folgen. Ihr Blick fiel nun auf den dünnen, eisernen Ring am Zeigefinger ihrer linken Hand, und sie spürte die Kühle des eisernen Reifes, der ihren Oberarm umschloss; der Geliebte hatte ihr diese seltsamen Schmuckstücke geschenkt. Er trug dieselben. Sie bedeuten Treue bis in den Tod, hatte er ihr erklärt. Treue bis in den Tod, wiederholte sie nun seine Worte leise, Treue bis in den Tod. Schwarze Wolken jagten über den Mond, schwarz wie Rappen, die in eiligem Galopp einen dunklen Wagen zogen.

Sie hatte plötzlich Angst, schreckliche Angst vor allem, was da kommen würde, doch als sie Schutz suchend die Arme um ihn schlang und er, kurz aus seinem Schlafe erwachend, ihre Umarmung zärtlich erwiderte, war wieder all ihre Angst verflogen und alsbald umfing auch sie wohliger Schlummer.

Am nächsten Morgen standen sie eng umschlungen am Fenster und blickten durch Eisblumen hindurch hinaus in den Park, der sich in einen dunklen Wald hinein verlor. Hier wäre ich an einem Frühlingstag gerne Hand in Hand mit dir spaziert, sagte sie, gemeinsam wären wir durch das Walddunkel gegangen, Herz an Herz, der Sonne entgegen, immer der Sonne entgegen, bis hin zu den bunten Blumenwiesen, ich wäre deine Blumenprinzessin gewesen, und du hättest mir einen Kranz geflochten, einen Kranz aus Efeu und Maßliebchen, und hättest ihn auf mein Haar gelegt. Immer dein, hättest du zu mir gesagt, immer dein, hätte ich dir erwidert, und dann hätten wir einander geküsst. Da löste er sich aus der Umarmung und lächelte sie zärtlich an. Warte ein Weilchen, sagte er, gleich bin ich wieder bei dir, und er verließ das Zimmer, um gleich darauf mit einem Strauß roter Rosen wiederzukehren. Für jedes deiner Lebensjahre eine, sagte er und küsste sie, dann brach er eine der siebzehn Rosen und steckte sie ihr ins Haar. Immer dein, kleine Blumenprinzessin, sprach er und, immer dein, mein Herzensprinz, hauchte sie zurück, und ihre Lippen fanden sich zu einem langen, innigen Kuss. Unten im Schlosshof aber war plötzlich Pferdegewieher zu hören, lautes Stimmengewirr und aufgeregtes Hundegebell – seine Freunde waren gekommen, seine Freunde, die er zur Jagd geladen hatte. Sie warteten auf ihn. Er aber winkte ab, an diesem Tag wollte er nicht töten, sondern lieben, lieben und immer wieder lieben, jene lieben, die liebeleer wie er aufgewachsen war und lieben wollte, lieben und immer wieder lieben wollte, ihn lieben wollte, als hätte es gegolten, alle Liebe nachzuholen, die ihnen in ihrem bisherigen Leben versagt geblieben war, und als die Nacht kam, lagen sie noch immer eng umschlungen. Die Zeit hatte aufgehört zu sein, und dennoch drängte sie – noch vor dem Morgengrauen musste geschehen, was sie lange schon durchdacht und vorbereitet hatten. Bist du bereit zur Flucht, fragten seine Augen, und sie erwiderte leise, ich bin bereit, dir zu folgen. Da füllte er zwei Gläser mit köstlichem, roten Wein, und sie tranken einander zu, für immer dein, rief er, und, treu bis in den Tod, gab sie zurück, und sie tranken ihre Gläser leer bis an den Grund. Sie aber war es nicht gewöhnt, Alkohol zu trinken, und alsbald fühlte sie die Schwere des Weines in ihren Adern und in all ihren Sinnen, fühlte sich müde, so müde werden und rollte sich wie ein kleines Kätzchen an seiner Seite ein. Bis bald, hauchte sie noch, bis bald in der Liebesewigkeit, und bevor die langen, dunklen Wimpern wie zarte Nachtfalter ermattet auf ihre rosigen Wangen sanken, tauchte er ein letztes Mal mit seinen Blicken in ihre verträumten, blauen Augensterne, in denen ihre innige Liebe zu ihm aufglänzte. Bis bald, sagte auch er und küsste noch ein Mal ihren kleinen, vollen Mund, bis bald sagte er, und log, denn er glaubte an kein Danach. Armes, betrogenes Mädchen … Wie ein schlafender Engel ruhte sie nun neben ihm, und er meinte, nie zuvor ein liebreizenderes Wesen gesehen zu haben, ein kindliches Gesicht mit zartem Teint, mit fein geschwungenen, dunklen Brauen über großen Augen, ein kindliches Gesicht, mit einer niedlichen, etwas keck vorspringenden Nase, einem runden, wohl geformten Kinn und kleinen, weißen Zähnen, die aus dem leicht geöffneten, roten Mund hervor blitzten, ein wunderschönes Mädchen mit dunkelbraunem Haar, das ihren kleinen, zarten Körper bis weit über die schmale Taille hinab umwogte , ein wunderschönes Mädchen, schier geschaffen dafür, angebetet und geliebt zu werden. Aber er, liebte er sie denn wirklich, liebte er sie mit der Aufrichtigkeit seines ganzen Herzens, liebte er sie durch ihre äußere Schönheit hindurch, sie, die verletzliche Blumenprinzessin, das einsame, frierende Kind, das all seine Liebe an ihn verschwendete und alle Hoffnung auf ihn setzte, auf ihn, den Hoffnungslosen, den Entmutigten, den Verfluchten … den Verfluchten? Ja, er war ein Verfluchter, ein von Anfang seines Lebens an Verfluchter, weil von seiner Mutter Verfluchter, die es nicht ertragen konnte dass er ihr das Allerähnlichste ihrer Kinder war, die es nicht ertragen konnte, das eigene Scheitern an ihm zu schauen, das Scheitern, jene zu sein, die sie in der Tiefe ihres Herzens war. Sie habe Verbindungen zum Jenseits, hatte sie erst jüngst zu ihm gesprochen, sie könne ihm Glück oder Verderben bringen; aber diese Macht war ihr nicht aus dem Jenseits gegeben, sondern entfesselte sich aus ihrem enttäuschten, einsamen Herzen an ihm, dem Sohn, dieser Fleisch gewordenen Lebenslüge. Ja, er war ein Hoffnungsloser, ein Entmutigter, ein Verfluchter. Die Welt hatte er verbessern wollen, und es mangelte ihm dazu gewiss nicht an Ideen und Kreativität, an Wissen und Intelligenz, aber es mangelte ihm an Kraft und Mut, an Kraft und Mut, sich durchzusetzen. Er war am Tiefpunkt seines Lebens angekommen, und vor ihm tat sich ein namenloser Abgrund auf. Er griff nach der Cognacflasche, goss sich erneut ein Glas ein und trank es in einem Zuge leer. Er war an Alkohol und Drogen gewöhnt, und es würde wohl noch vieler Gläser bedürfen, bis auch ihn die wohlige Schwere des Alkohols erlösen würde. Wieder blickte er auf die schlafende Geliebte. Viel zu früh musste sie die bunte Blumenwiese des Lebens verlassen, war mit ihm an den Abgrund getaumelt, weil sie ihn liebte, weil sie ihn liebte, war sie bereit, sich mit ihm ins Namenlose zu stürzen, hätte andernfalls wohl alles verloren, ihre gesellschaftliche Stellung, ihre Familie und ihre Freunde und ihn, vor allem ihn, weil sie also nicht ohne ihn leben konnte, war sie bereit, mit ihm zu sterben, dieses törichte Kind. Noch immer lag sie zusammengerollt wie ein kleines Kätzchen, und hell wie Elfenbein schimmerte ihre Schläfe unter dem dunklen Haar, das dem Haar seiner Mutter glich, ja, seine Mutter hatte ebensolch dunkles, prachtvolles Haar wie sie. Er warf einen Blick auf die Uhr, bald wollte ein neuer Tag heraufdämmern, die Zeit drängte. Von unten dröhnte Gelächter, Gläser klirrten, man würde den Tod nicht hören, der kommen wollte. Jetzt, jetzt, tu es jetzt, drängte eine Stimme in ihm, du hast es versprochen, alles ist doch längst durchdacht und vorbereitet, und die Nacht versponnen Tannen vor dem Fenster rauschten ebenfalls, jetzt, jetzt, tu es jetzt, da griff er nach dem Revolver unter seinem Kopfkissen, und schoss auf diese ihre wie Elfenbein schimmernde Schläfe unter dem dunklen Haar, dann fiel er in tiefe Ohnmacht. Als er daraus erwachte, hielt seine Hand noch immer den Revolver fest, die Geliebte aber schwamm in einer Lache von Blut. Da ward ihm erneut übel, und er wandte sich entsetzt ab. Was hatte er getan, was hatte er nur getan …! Der Revolver fiel zu Boden, und er griff mit bebenden Händen nach dem Cognacglas. Auf einem Sessel hingen fein säuberlich ihre seidenen Strümpfe und das hübsche, olivengrüne Kleid, das gestern noch so reizend ihren zarten Mädchenkörper umspielt hatte, und vor dem Bett standen ihre zierlichen Stiefelchen, die schier darauf zu warten schienen, dass ihre niedlichen, kleinen Füße mit ihnen davon gingen. Niemals aber, niemals wieder würden ihre niedlichen, kleinen Füße irgendwohin gehen. Sie war tot. Von ihm gemordet. Von ihm geopfert. Geopfert? Er stöhnte auf. Liebte er sie denn wirklich, mit der Aufrichtigkeit seines ganzen Herzens, oder hatte er sie nur benutzt, weil er nicht alleine sein wollte, wenigstens im Tode nicht alleine sein wollte, Feigling, der er war, Versager, der er war, ein Feigling und Versager, der die Welt hatte verbessern wollen, und dem es an Kraft und Mut gefehlt hatte, aus dem Schatten des Vaters zu treten, aus dem Schatten dieses alten, eigensinnigen Mannes, der sich von seinem Sohn nichts anderes erwartete, als tapfer und fleißig zu sein, der seine Macht nicht teilen wollte, mit niemandem teilen wollte, aus dem Schatten dieses Mannes, den er hasste und zugleich liebte … Erneut griff er zum Cognacglas und trank es leer, dann fasste er den letzten Mut, den er besaß, wandte sich zu der toten Geliebten um, hob ihr Haupt vom Polster hoch, zog das Blut durchtränkte Kissen darunter hervor, warf es zu Boden, schob ihr sein sauberes Kopfkissen unter, drehte ihren Körper zur anderen Seite, sodass der verheerte Teil ihres Antlitzes nicht mehr zu sehen war, bedeckte die Blöße ihres wunderschönen Körpers zuerst mit dem herrlichen, langen Haar, dann noch, mit der wärmenden, seidenen Decke, und streckte die rote Rose, die aus ihrem Haar gefallen war, wieder darin fest. Immer dein, kleine Blumenprinzessin, sage er leise und brach in heftiges Schluchzen aus. Was hatte er getan, was hatte er nur getan …! Dieses süße Geschöpf hatte er ausgelöscht, dieses süße Geschöpf, das man einfach lieb haben musste, hatte er getötet, hatte er geopfert. Hatte es denn wirklich keinen anderen Ausweg für sie beide gegeben? Er hätte die Geliebte in ein fernes Land schicken sollen, Abwechslung hätte ihr gewiss gut getan, sie hätten abgewartet, bis die gesellschaftlichen Wogen um diesen Skandal sich wieder geglättet haben würden, dann wieder, nach ihrer Rückkehr, hätten sie einander wieder treffen können, an geheimen Orten, über geheime Treppen, in geheimen Gemächern, Geliebte auf immer, nein, sie hätte es ja doch abgelehnt, dieses Lieben im Verborgenen, ihre Liebe drängte an die Helle des Tages, vielleicht hätte er den Vater doch noch überreden können, in eine Scheidung einzuwilligen, er wusste ja, wie sehr die Ehe des Sohnes zerrüttet war, verloren war, nein, niemals hätte der alte, eigensinnige Mann in eine Scheidung eingewilligt, auch die Ehefrau nicht, ganz gewiss die Ehefrau nicht, und auch nicht die Mutter, es blieb nur die Flucht, vielleicht hätten sie wirklich an die Riviera fliehen sollen, oder, nach Übersee, doch nein, er war zu kraftlos, zu mutlos, zu krank, früher vielleicht, früher, als er noch an seine Ideen geglaubt hatte und an die Zukunft, früher vielleicht, als er noch ein Hoffender gewesen war, hätte das Leben gelingen können, das neue Leben mit ihr. Es war nur dieser Ausweg geblieben, der Sprung in den Abgrund, der Sprung ins namenlose Nichts. Wieder nahm er einen Schluck aus dem Cognacglas und fühlte, wie er aus der Wirklichkeit herauszutreten begann und es ihn wie leichte Fieberträume überschwemmte. Er setzte sich an den Schreibtisch und schrieb mit Blut befleckten Händen, verdeckte Liebe, verdeckter Hass, verdeckte Anklagen, schrieb an die Schwester, schrieb an die Ehefrau, schrieb an eine Freundin und an die Mutter, braver Sohn, der sch die Aufsässigkeit des Todes erlaubte, aber er schrieb nicht an seinen Vater. Draußen begann es nun langsam hell zu werden, die Zeit drängte, bald würde der Kammerdiener kommen, um ihn zu wecken. Er öffnete weit das Fenster, sodass die kalte Winterluft zu ihm hereinströmte und legte sich zu der toten Geliebten. Es gab kein Entrinnen mehr, der Tod war nahe, ganz nahe. Er dachte an eine der letzten Jagden zurück, er hatte einen weißen Zehnender erlegt, und in Gedanken sah er wieder den riesigen, hellen Tierkörper dampfend auf dem dunklen Waldboden in seinem Blute verenden. Der Jäger, der den weißen Zehnender tötet, sprach eine Stimme in ihm, ist dem Tode verfallen, und ein anderer rief, ein Wildschein kommt, nimm dich in Acht, nimm dich in Acht, da schrie er entsetzt auf und begrub das Gesicht in seinen zitternden Händen, Träume, Träume, Fieberträume, man hatte ihn in den Lainzer Tiergarten gesperrt, zur Abhärtung hatte man ihn in den Lainzer Tiergarten gesperrt, ihn, den kleinen, furchtsamen, verletzlichen Jungen, und er lief, lief, lief um sein Leben, aber überall lauerte nur der Tod, und auch er war der Tod, er selber war der Tod, hatte nach dem jungen Leben der Geliebten gegriffen …hatte er sie getötet, weil er die nicht töten konnte, die ihn nicht liebten, hatte er sie getötet, damit sie ihm mit ihrem Tode den letzten Liebesbeweis erbrachte, hatte er sie geliebt, mit der Aufrichtigkeit seines ganzen Herzens geliebt, oder hatte er sie nur opfern wollen, zweifach betrogenes Mädchen … er stöhnte auf, würde Einer aus dem Dunkel des Nichts ihn ergreifen und Rache nehmen? Er tastete nach dem Revolver und nach dem Spiegel, alles lange durchdacht und vorbereitet, das Ziel durfte nicht verfehlt werden. Er legte die Mündung seiner Waffe punktgenau an die Schläfe, blickte noch einmal auf die Geliebte, ach, er liebte sie, ganz gewiss liebte er sie, und drückte ab, ja, er liebte sie, mit der Aufrichtigkeit seines ganzen Herzens liebte er sie, immer dein, kleine Blumenprinzessin, immer dein. Vielleicht würde Einer aus dem Dunkel des Nichts seine Hand zu ihm ausstrecken und ihm verzeihen …

Erwache, mein Schatz, rief Paul und küsste ihre Stirn, erwache, es ist nur ein Traum! Da richtete sie sich auf und strich mit bebenden Händen eine lange Haarsträhne aus dem angstfeuchten Gesicht. Es war kein Traum, widersprach sie mit beinahe versagender Stimme, und meinte die kalten Bretter des ungefütterten Sarges zu spüren, in den man R.'s kleine Geliebte gelegt hatte, es war kein Traum, immer und immer wieder müssen sie diese ihre letzten Erdenstunden in mir leben und sterben. Es ist grausam, Paul, unsagbar grausam. Ein Mal, setzte sie mit Tränen erstickter Stimme fort, ein Mal hörte ich R. sagen, er trage das Kainszeichen der Sünden seiner Ahnen in sich, wahnsinnig werden oder unglücklich sein und sterben. Da nahm Paul sie in die Arme, R. hat eine wesentliche Lebensmöglichkeit nicht in Betracht gezogen, sagte er zärtlich und küsste ihren Mund, lieben und genesen.

ANHANG

LITERATURNACHWEIS

E.Crankshaw: Der Niedergang des Hauses Habsburg. Econ Verlag, Wien und Düsseldorf, 1. Auflage 1967,

John T. Salvendy: Rudolf. Psychogramm eines Kronprinzen. Amalthea Verlag Ges.m.b.H., Wien-München, 1987,

Maria Freiin von Wallersee: Meine Vergangenheit. Wahrheit über Kaiser Franz Josef/Schratt, Kaiserin Elisabeth/Andrassy, Kronprinz Rudolf/ Vetschera. Verlag Es werde Licht G.m.b.H., Berlin, 11. bis 60. Tausend,

Comte de Saint-Aulaire: Franz Joseph. Mandus-Verlag, Wien, 1949.

DIE SÜNDE

Elsie erwachte, als es noch dunkel war. Neben sich hörte sie, wie Roberts Atem im Schlafe ruhig kam und ging. Müde tastete sie nach dem Wecker, der gemütlich vor sich hin tickend auf dem Nachtkästchen stand, holte ihn zu sich und versuchte, die Zeit am Leuchtziffernblatt abzulesen ... es war kurz nach fünf. Elsie stellte den Wecker erleichtert auf das Nachtkästchen zurück – sie hatte also noch eine Stunde Zeit, um sich ins Bett zu kuscheln. So drehte sie sich auf den Bauch, zog die Decke über den Kopf und war alsbald wieder eingeschlafen. Es war ein traumseliger Schlummer, in den sie sank, und als sie daraus wieder auftauchte (weil der Wecker unbarmherzig rasselte), wagte sie kaum zu atmen, um die flüchtigen Traumbilder, die noch immer in ihrem Herzen bebten, zu bewahren. Da aber hörte sie Robert (der natürlich ebenfalls vom Wecker wachgerüttelt worden war) tief seufzen und spürte, wie er (noch schlaftrunken) seinen Körper an den ihren drängte. Elsie zuckte unwillkürlich vor ihm zurück, denn ... es war nicht er gewesen, mit dem sie ihre Traumseligkeit geteilt hatte ... Psst, flüsterte Elsie und rückte von ihm weg an den äußersten Bettrand, psst, es ist für dich noch zu früh, du kannst noch im Bett bleiben, ich weck' dich später ... Robert blinzelte aus schlafschweren Augenlidern, dann rollte er sich zur Seite und kurz darauf schon konnte sie ihn im Schlafe ruhig atmen hören. Elsie jedoch schlug die Tuchent zurück, setzte sich auf die Bettkante, ließ die nackten Beine baumeln und schloss die Augen, um noch ein Mal diesem Morgendämmertraum (der sie so glückselig gemacht und gleichzeitig so verwirrt hatte) nachzuhängen. Am Nachtkästchen aber tickte ungeduldig der Wecker ... tik, Elsie, es ist schon spät ... tak, Elsie, aufstehen ... Elsie rieb sich die Augen – gleichsam um weg zu wischen, was nicht sein durfte. Im Atem des Windes, der durch das weit geöffnete Fenster hauchte, blähte sich sanft der Vorhang, und das junge Morgenlicht, das durch den zarten Stoff sickerte, zauberte fröhlich tanzende Schatten auf den Boden. Elsie spürte, wie ihre Seele erbebte und sehnte sich danach, mit den Schatten zu tanzen. Am Nachtkästchen aber drängte der Wecker ... tik, Elsie, es ist schon spät, tak, Elsie, aufstehen ... Pah, Träume, sprach Elsie verächtlich, löste die schweren Flechten ihrer Zöpfe, straffte (während sie sich mit beiden Händen an der Bettkante abstützte) den Rücken, schlüpfte in ihre Hausschuhe und erhob sich. Auf dem Weg zur Küche kam sie durch das Zimmer ihrer Kinder und Elsie verweilte kurz vor dem Stockbett, um die schlafenden Zwillinge zu betrachten; wie hübsch sie doch waren mit ihren feinen, sommersprossigen Gesichtchen, um die sich kurze, lichte Locken frech kringelten, und Elsie fühlte sich versucht, einen Kuss auf die rosigen Mädchenwangen zu hauchen. Da huschte ein flüchtiges Lächeln über Annes leicht geöffnete Lippen und Elsie wich unwillkürlich zurück, denn es war ein fremdes Lächeln gewesen, ein Lächeln, das nicht mehr aus dem Urgrund einer hellen Kinderwelt strahlte, sondern Widerschein einer Ahnung der Fülle einer anderen Welt war, einer Welt, vor der Elsie ihre Kinder immer hatte bewahren wollen, weil sie so kalt sein konnte und voller Gefahren, einer Welt, die ihr selbst immer fremd gewesen war, die sie fürchtete und vor der sie in die Arme ihres Mannes, in den wärmenden Schoß der Familie geflohen war. Ja, Anne und Liese begannen nun, diesem wärmenden Schoß der Familie zu entwachsen. Seit geraumer Zeit schon hatten sie ihre kleinen Geheimnisse, von denen sie, Elsie, die Mutter, ausgeschlossen war. Seit geraumer Zeit schon hatte das Fremde von ihnen Besitz ergriffen, sich gleich einem schwarzen Schatten zwischen sie geschoben, war gewachsen, kalter Atemring um kalten Atemring. Schon seit geraumer Zeit war es so geworden zwischen ihnen, aber Elsie hatte es nicht wahrhaben wollen, spürte erst jetzt, wie sie die Einsamkeit in ihren eisigen Mantel hüllen wollte ... und je mehr sie die Hände nach den Kindern ausstreckte, umso weiter entfernten sie sich von ihr ... und dabei, war's nicht wie gestern, dass man ihr Anne und Liese zum ersten Mal in den Arm gelegt hatte und die Mädchen zufrieden an ihrer Brust sogen ...? Elsie trug noch den hellen Klang ihrer Kinderstimmen im Herzen und sah sie mit ihren kleinen Füßchen die ersten, unsicheren Schrittchen wagen. Ja, all das schien ihr wie gestern, und doch war's ihr gleichzeitig Ewigkeit, ein langer, betörender Atemzug inmitten der Ewigkeit... Das Leben schien Elsie plötzlich unwirklich, ein Traum in immer wechselnden, zerfließenden Formen. Doch, was war denn schon Wirklichkeit ... unwirsch wischte sie sich eine Haarsträhne aus der Stirn. Pah, sagte sie sich, Wirklichkeit ist, dass es schon spät ist und das Frühstück gerichtet werden muss, damit Robert rechtzeitig ins Büro kommt und die Kinder pünktlich in der Schule sind. Ja, die Zeit trieb sie weiter ... tik, pochte ihr Herz, es ist schon spät ... tak, Elsie, es ist schon sehr spät. Sie verließ (um die Kinder nicht zu wecken) auf Zehenspitzen das Zimmer und begab sich in die Küche. Im Abwaschbecken türmte sich noch das Geschirr vom Vorabend, denn Robert war spät nach Hause gekommen und sie, Elsie, war dann zu müde gewesen, es noch abzuspülen. Sie seufzte und erinnerte sich einen Atemzug lang an den Morgendämmertraum und an die tanzenden Schatten, einen Atemzug später aber begann sie das Frühstück zu richten, schnitt sie Brote, bestrich sie mit Butter, kochte Tee und Kaffee, deckte den Tisch und weckte Robert und die Kinder. Als alle dann das Haus verlassen hatten, räumte Elsie die Unordnung weg, die sie hinterlassen hatten; Pyjama und Nachthemden auf Sofa und Sesseln, Schulhefte auf dem Boden, Zeitschriften auf dem Tisch ... sie tat es mit der Selbstverständlichkeit, die sie von ihr erwarteten. Nachdem sie die Spuren des Chaos, die sich durch das ganze Haus zogen, einigermaßen beseitigt hatte, fand sie endlich für sich selber Zeit. Sie ging ins Badezimmer, wusch ihr Gesicht abwechselnd mit kaltem und heißem Wasser (was angeblich die Haut jung erhalten sollte) und trocknete sich danach wieder ab. Als sie in den Spiegel blickte, suchte sie vergeblich nach der jungen, blühenden Frau, die sie ein Mal gewesen war. Zwar war ihre Haut noch zart und glatt und strahlten ihre Augen in jugendlicher Lebendigkeit, aber zwischen den Augenbrauen begann sich bereits ein feiner Strich hinab zur Nasenwurzel zu ziehen und erste Silberfäden durchwoben ihr goldblondes Haar. Die Zeit war grausam über sie hinweg gewälzt und Elsies Seele war zu langsam gewesen, hatte nicht mitwachsen können. Versonnen bürstete sie ihr Haar mit langen, kräftigen Strichen, drehte es zu einem Zopf und steckte es danach im Nacken zu einem Knoten fest. Ja, das Leben war gleich einem flüchtigen Traum in einem flüchtigen Traum ... Doch, wenn sie wirklich träumte, wie würde das Erwachen sein...? – Elsie erinnerte sich mit einem Male wieder ihrer Morgenseligkeit und der fröhlich tanzenden Schatten...

Sie legte die Bürste in den Schrank zurück, wandte sich von ihrem Spiegelbild ab und verließ das Badezimmer. Sie wollte in die Küche, um das Mittagessen für die Familie zu bereiten, doch ihr Herz pochte so heftig gegen die Rippen, dass sie sich im Wohnzimmer erschrocken in das Sofa sinken ließ. Tik, pochte ihr Herz, Elsie, es ist schon so spät, tak, Elsie, ist es schon zu spät ...? – War es schon zu spät geworden, um zu erwachen?

War das alles gewesen, war das Leben vorbei...? Bebend presste Elsie ihre Hand gegen das Brustbein...
Auf dem Boden aber tanzten fröhliche Schatten ...da begann Elsie, mit ihnen zu tanzen, tanzte mit ihnen den traumvertrauten Weg mitten in ihr Herz hinein und noch viel, viel tiefer.
Nun bist du also doch gekommen, sagte Er, der die Erfüllung all ihrer Hoffnungen und Sehnsüchte war. Ja, hauchte Elsie und sehnte sich nach dem Verbotenen. Er aber fühlte ihr Sehnen (weil es auch das seine war) und nahm zärtlich ihre Hand. Da war's Elsie, als durchglühte sie ein verzehrendes Feuer. Aber, konnte sie nur noch stammeln, wir hatten einander doch versprochen, uns niemals zu berühren ... das ist doch Sünde, Liebe...

FRÜHLING 1899

Frühling 1899. Die Stube ist nur matt vom Schein der müde flackernden Kerze erhellt; längst schon ist das Feuer im Ofen erloschen, und beißend kriecht die Kälte in alle Ecken und Winkel. Aus der Schlafkammer dringt das sanfte Atmen der Kinder, Ferdinand aber sitzt auf der Bank neben dem Fenster, sitzt immer noch auf der Bank neben dem Fenster, starrt hinaus ins Nachtdunkel, Nachtdunkel, lauscht hinaus ins Nachtstille, Nachtstille, streckt seine Hand ins Nachtleere, Nachtleere. Nachtdunkel, Nachtstille, Nachtleere ist. Um ihn. In ihm. Plötzlich ist's ihm, als riefe es aus dem Dunkel, der Leere, der Stille ... Ferdinands nach vorne gesunkene Schultern straffen sich, und seine tränentrüben Augen beginnen zu schimmern. Ist's sie, Katharina, seine Gattin, seine Liebe ... doch nein, es ist wohl nur der Wind, der aufgekommen ist, über den Wald rollt, das feine Haar der Pappel vor dem Haus zaust und pfeifend über das Dach davon jagt; Durst hat er, Durst nach den Pfützen und Tümpeln, welche das große Wasser zurück gelassen hat, will sie mit gierigen Lippen austrinken, mit gieriger Zunge weglecken. Morgen wird die Sonne scheinen, denkt Ferdinand, morgen wird wieder die Sonne scheinen, man wird den Schlamm von den Mauern schaben und die Brücke wieder errichten, und alles wird sein wie früher: der Fluss wird sich schmalbrüstig und freundlich durch unser Tal winden, die Kinder werden fröhlich lachend zur Schule gehen, die Frauen ihre Einkäufe erledigen, und die Männer in die Fabrik eilen. Es wird Sommer werden und Herbst und Winter. Und es wird wieder Frühling werden. Ja, alles wird sein wie früher, und alles wird vergessen sein: der Schlamm, das braune, nach Tod und Verderbnis stinkende Wasser, die Trümmer, die Angst. Alles wird vergessen sein. Und doch wird nichts vergessen sein, und nie mehr wird's wie früher, stöhnt Ferdinand und ballt verzweifelt seine mageren Fäuste, nie wieder werde ich zum Himmel blicken, ohne mich der dunklen Wolke zu erinnern, nie wieder eine Rose betrachten, ohne an den Tod zu denken, den Tod meiner Liebe ... Ferdinand sinkt in sich zusammen, starrt hinaus ins Nachtdunkle, Nachtstille, Nachtleere, sieht die Wolke wie eine riesige, rauchschwarze Spinne über den Himmel kriechen, ins angstbebende Tal kriechen, sich blähen und schwellen, schwellen und sich blähen, dann, zerplatzen und bersten, wie ein böses Eitergeschwür zerplatzen und bersten, sich mit unsäglicher Wucht über dem Tal entprasseln, mit dem braunen Schmelzwasser des Flusses vermischt alles ertränken wollend, alles, wirklich alles ... in wilden Fontänen schießt das Wasser aus den Dachrinnen, der Weg wird zum reißenden Bach, ringsum Wände, Wasserwände. Welch ein Tosen und Rauschen! Die Kinder in der Stube, eng an die Mutter geschmiegt, eng an den Vater, dann, schlafen auf dem Dachboden, nein, finden keinen Schlaf, warten, warten, bis es aufhört, das Tosen und Rauschen, das aber währt, währt viel zu lange, währt Stunden, währt die ganze Nacht hindurch und noch weit, weit in den Morgen hinein, dann, Stille. Allmählich beginnt sich das Dunkel auszudünnen, Licht sickert durch, in immer satteren Garben sickert es zur Erde, vorbei ist das regentosende Schauspiel. Aufatmen. Aufatmen! Die Brücke aber ist weggerissen, weggerissen vom tobenden Fluss, kein Steg mehr führt ans andere Ufer, kein Steg mehr führt ins Dorf. Nur an einer Stelle, nur an einer Stelle fließt das Wasser ruhig, kann man den Fluss überqueren, barfuss, mit hochgekrempelten Beinkleidern, um in die Fabrik zu gelangen, mit geschürztem Rock, um Milch und Brot aus dem Dorf zu holen. Ja, Katharina schürzt den Rock und quert den Fluss, diesen braunen, nach Tod und Verderbnis stinkenden Fluss, bis an die Hüften reicht das Wasser, doch sie hat keine Angst, bringt Brot und Milch heim für ihren Mann, bringt Brot und Milch heim für fünf hungrige Kinder. Abends fühlt sie sich elend, legt sich zu Bett. Ferdinand hält ihre kleine, heiße Hand, blickt in ihre hellen, fieberglänzenden Augen. Es ist nichts, beschwichtigt sie mit schwacher Stimme, mach' dir keine Sorgen. Katharina liegt, steht nicht mehr auf, steht nie mehr auf. Licht und gelöst wellt sich das flaumige Haar um ihr bleiches Antlitz, licht, gelöst und flaumig wie am Tag ihrer Hochzeit. Sie lachte und küsste ihn. Damals. Er weint und küsst sie. An diesem Abend. An diesem Abend. Schwer liegen die Augenlider auf ihren Wangen, dunkle Nachtfalter, die nicht mehr fliegen können. Der Arzt ist da, viel zu spät ist er da. Es ist zu spät. Katharina ist tot. Mit achtundzwanzig Jahren gestorben. Vom Fluss getötet, diesem braunen, Tod und Verderbnis bringenden Wasser. Nachtdunkel ist, Nachtstille, Nachtleere ... Schmal und kalt der Sarg, Erde, Erde, schwarze Erde, dann, Rosen, Rosen, ungezählte Rosen, weiße Rosen, schöne Rosen, sterbend duftend, so duftend --- Ferdinand stöhnt, starrt ins Nachtdunkel, lauscht ins Nachtstille, greift ins Nachtleere. Um ihn. In ihm. Horch, ruft es nicht aus dem Dunkel, der Stille, der Leere ... doch nein, es ist wohl nur der Wind, der aufgekommen ist, über den Wald rollt, das feine Haar der Pappel vor dem Hause zaust und pfeifend über das Dach davon jagt ... es ist wohl nur der Wind ... ist's nur der Wind ...? – Rüttelt jetzt am Fenster, dann, an der Tür, reißt sie auf, fegt über die Schwelle, Schwelle, schsch ----, bläst die Kerze aus, Nachtdunkel ist's. Nachtstill. Doch inmitten der Leere ruht die Rose, weiß, schön und duftend...

IN JENER NACHT

Irgendwann
hast du mich verloren
in den Nebeln des Lebens,
im Labyrinth der Zeit,
im Menschenstrom,
unbemerkt.
Irgendwann
wirst du
nach Träumen suchen
vergebens,
vergebens.

Als Harry H. in jener Nacht ans Krankenbett der Patientin auf Zimmer Nummer einundzwanzig gerufen wurde, wusste er, der erfahrene Arzt, da er ihren jagenden Puls fühlte, dass der Kampf gegen den Tod verloren war. Es gab für ihn nichts mehr zu tun. Noch tropfte die Infusionsflüssigkeit durch ihre wunde Haut, doch es war wie Regen, der die Wurzeln der welkenden Blume nicht erreichen, nicht mehr wirklich erreichen konnte. Die kleine, schmale Hand noch immer umfassend, ließ Harry H. sich auf die Bettkante sinken und betrachtete die Sterbende, betrachtete ihr bleiches Antlitz, das sich in ihr helles, langes Haar hinein aufzulösen schien, betrachtete sie völlig unbefangen, denn, nie wieder würde sie ihre Augen aufschlagen und ihn erkennen können, nie wieder.
Sie war nicht lange krank gewesen und hatte nicht viel leiden müssen. Er aber hatte viel gelitten, damals. Harry H. erschrak … war er ihr denn immer noch gram, jetzt noch, nach all den Jahren, nach all den langen Jahren der Trennung, jetzt noch, im Angesicht des Todes … Er schloss die Augen und fühlte diesen jagenden Puls, der schier dem Tode davon rasen wollte und ihm dabei doch nur mitten in die Arme lief.
Ein Mal, ein Mal vor langer, langer Zeit, hatte er diese kleine, schmale Hand an seine Lippen geführt, ihre Finger geküsst, die Handfläche, das zarte Handgelenk. Ein Mal, ein Mal hatte er unter seinen Lippen das

kräftige und ruhige Pulsieren ihres Blutes gefühlt, jedes Pochen Leben, Leben, Leben. Ein Mal. Ein Mal hatte er sie geliebt.

Sie waren miteinander über ein Heiratsvermittlungsbüro bekannt geworden. Er, schon Mitte dreißig und etablierter Arzt, diesen Weg wählend, weil er eine Familie hatte gründen wollen und viel zu scheu gewesen war, eine Frau anzusprechen, sie, weil sie nach Geborgenheit suchte und wohl ebenso scheu gewesen war wie er. Als er dann ihre Fotographie in seinen Händen gehalten hatte, war er von dem kindlichen Liebreiz ihres Antlitzes so entzückt gewesen, dass er sie sofort hatte kennen lernen wollen. Und dann war es soweit. Verlegen in die Sitzecke eines lauten Studentencafés gedrückt, den kleinen Gänseblumenstrauß (als Erkennungszeichen) neben sich auf dem Tisch liegend, erwartete sie ihn. Sie hatte ihre langen, hellen Locken zu einem Pferdeschwanz hoch gebunden und trug ein zartblaues, lose über ihre zierliche Gestalt fließendes Kleid mit einem weißen Spitzenkragen, der ihr kindliches Aussehen noch betonte. Während er ihr gegenüber Platz nahm, musterte sie ihn mit ihren großen, blaugrauen Augen neugierig und ängstlich zugleich. Sie tranken gemeinsam Kakao und sprachen nur wenig, und dennoch fühlte er in ihrer Gegenwart eine wohlige Vertrautheit. Als sie schließlich voneinander Abschied nahmen, vereinbarten sie ein neuerliches Treffen. Er hatte ihr Geheimnis nicht ahnen können, an diesem Abend, wenngleich sie ihm wie ein Vögelchen erschien, ein Vögelchen, stets bereit, davonzufliegen und gleichzeitig bereit, zu bleiben. Harry H. öffnete die Augen und legte ihre Hand zurück auf die Bettdecke. So leicht war ihre Hand, so leicht, bereit, davonzufliegen. Es war erschütternd für ihn, sie in dieser Reglosigkeit zu sehen, die der nahende Tod über sie ausgebreitet hatte, denn es war ihr erfrischendes, lebendiges Wesen gewesen, das er einst so sehr an ihr geliebt hatte, das er so sehr gebraucht hatte nach den anstrengenden Stunden im Krankenhaus, diesem ständigen (so oft vergeblichen) Kampf gegen den Tod. Sie war für ihn wie ein wärmender Sonnenstrahl nach kalten, dunklen Wintertagen gewesen. Später, als er erkannte, wie viel Traurigkeit hinter ihrem frohen Lachen verborgen lag, konnte er dies nur schwer ertragen. Ja, sie hatte wohl viel mehr Wärme gebraucht, als er (der Frierende) ihr damals hatte schenken können. Harry H. fragte sich, ob ihr diese Wärme in ihrem späteren Leben, in diesem Leben ohne ihn, zuteil geworden war, oder ob sie gefroren hatte, ihr Leben lang gefroren hatte. Ein Mal hatte er sie (von ihr unbemerkt) auf der gegenüberliegenden Straßenseite mit einem kleinen Mädchen an der Hand gesehen, ein anderes Mal (als er gerade mit dem Auto in eine enge Seitengasse einbog), mit einem Mann, der seinen Arm um ihre Schultern gelegt hatte. Er hatte sich sofort gefragt, ob er es gewesen war, mit dem er einst seine Liebe hatte teilen müssen … Bei diesem Gedanken spürte Harry H. erneut den alten Groll, spürte ihn gleich einer nasskalten Hand nach seinem Herzen greifen, es drücken, drücken … Es war wahrscheinlich gerade dies, dass sie sich so lange nicht entscheiden hatte können zwischen ihm und dem anderen, was er ihr nie hatte verzeihen wollen, nicht wirklich hatte verzeihen wollen, und was ihn letztlich so verletzbar für die Angriffe seiner Familie machte; hatte er denn nicht alles für sie getan, ihr jeden Wunsch von den Augen abgelesen, ihr ein Leben an seiner Seite geboten, wie sie es sich in ihren schönsten Träumen wohl ersehnt hatte … dass sie sich so lange nicht hatte entscheiden können zwischen ihm und dem anderen, dies hatte er ihr nie verzeihen wollen, nicht wirklich verzeihen wollen. Ihr Geständnis kam bereits bei einem der ersten Treffen. Sie hatten einen wunderbaren Tag miteinander verbracht, waren lange durch frühlingatmende Wiesen und Wälder gegangen. Scheue Blicke, Worte, mit denen sie einander zu berühren suchten, ein behutsames Abtasten mit Worten, wer bist du, wer bist du denn wirklich, dann, die erste Berührung der Hände, ein Zurückschrecken, erneutes Berühren der Hände, die Hände blieben zusammen, er hielt die ihre ganz fest, sie, ließ ihn gewähren. So gingen sie lange durch frühlingatmende Wiesen und Wälder. Er war glücklich. Er war so glücklich. Dann, das Geständnis. Sie, neben ihm im Auto, die Augen niedergeschlagen, um jedes Wort ringend … es gäbe noch einen anderen Mann in ihrem Leben, immer wieder tauche er auf, wie aus dunklen Wasserfluten, jetzt wieder, jetzt sei er wieder aufgetaucht … ob sie ihn liebe … konnte sie denn überhaupt lieben … sie wusste es nicht, wusste nur, dass sie sich nach einem Kind sehnte, nach der Geborgenheit einer Familie, er aber, der andere Mann in ihrem Leben, er hatte sich nie binden wollen. Nie habe er ihre Einsamkeit verstanden und ihre Sehnsucht nach Wärme. Darum die Heiratsanzeige. Worin das Problem nun bestünde, wollte er wissen … da blickte sie ihn verzweifelt an und stieß schließlich hervor, dass er, der andere, sie nun heiraten wollte, dass er mich nun heiraten will, Harry, darin liegt das Problem, stieß sie hervor. Plötzlich warf sie trotzig den Kopf in den Nacken, jetzt sei die Wahrheit ausgesprochen, sagte sie, und er, Harry, konnte sie ja nun verlassen, wenn er wollte. Er spürte, wie sich seine Hände um das Lenkrad krampften. Dann sah er sie an, sah ihr kindliches Profil, die kleine Stupsnase, die dunklen Wimpern auf den rundlichen Wangen, das helle Haar, das in verspielten Locken über ihre Schultern floss. Er konnte sie nicht verlassen, er konnte sie nicht mehr verlassen, er, Harry, hatte sich in sie verliebt. Ich sehe das Problem noch immer nicht, hatte er dann gesagt, du musst dich eben entscheiden … Da brach sie in Tränen aus. Ich kann nicht, Harry, schluchzte sie, ich kann noch nicht, gib mir Zeit, ich flehe dich an, gib mir Zeit. Und er gab ihr Zeit. Er hatte ihr gewiss viel Zeit gegeben.

Harry H. atmete schwer. Die Luft im Krankenzimmer war stickig und er erhob sich, um das Fenster zu öffnen. Kühl floss sogleich die Nachtluft in den kleinen Raum. Sterne und Mond waren verschleiert von ungezählten Wolkenstreifchen und im Park schwiegen die Bäume still mit dem Schweigen der Nacht. Du verstehst die Nacht nicht, hatte sie gesagt, ein Mal, als er nach Dienstschluss zu ihr kam, zu ihr in das winzige Hotelzimmer am Rande der Stadt kam, in das winzige Hotelzimmer am Rande der Stadt, in dem sie einander im Verborgenen trafen, treffen mussten, damit seine Familie von ihrem Zusammensein nicht erfuhr. Sie hatte auf dem Fensterbrett gesessen, die ganze Nacht über hatte sie auf dem Fensterbrett gesessen, wie sie ihm gestand. Sie friere nicht, nein, sie friere ganz gewiss nicht, sie sitze gerne am Fenster, schon viele Nächte habe sie am geöffneten Fensterbrett verbracht … Fühlst du nicht auch, Harry, wie dich die Unendlichkeit berührt … nein? Nein … warum, warum nur verstehst du die Nacht nicht, fragte sie. Da hob er sie herab vom Fensterbrett (leicht, ganz leicht war sie in den letzten Wochen geworden, viel zu leicht), legte sie ins Bett und deckte sie zu. Sie fror, sie fror ja doch, er fühlte, wie sie bebte. Wieder wandte sie ihren Kopf zum Fenster. Harry, schau, rief sie entsetzt aus, die Sterne haben sich hinter dem Regen versteckt, alle Sterne haben sich hinter dem Regen versteckt. Ja, es hatte tatsächlich zu regnen begonnen. Er nahm sie in den Arm und wiegte sie wie ein Kind. Über ihre Wangen glänzten Tränen und er hatte geglaubt, sie wegküssen zu können. Er küsste sie über und über in dieser Regennacht und dennoch glänzten über ihre Wangen Tränen. Irgendwann musste er sie wieder zurücklassen, zurücklassen in dem winzigen Hotelzimmer am Rande der Stadt, in dem sie einander im Verborgenen trafen, treffen mussten, damit seine Familie von ihrem Zusammensein nicht erfuhr. Ja, seine Familie durfte von ihrem Zusammensein nicht erfahren, überhaupt von dem Augenblick an, da das Missgeschick mit dem Kalender geschehen war. Aber zuvor schon war sie nicht gerne gesehen gewesen, war nie gerne gesehen gewesen. Ein Mal hatte er sie mit zu sich in die Wohnung genommen. Sie hatten Musik gehört, Tschaikowski, Rachmaninow, immer wieder Rachmaninow, vor allem Rachmaninow, sie liebte ja Musik, liebte Musik über alles, und es war spät geworden, sehr spät, oder, genau genommen, früh, sehr früh ... plötzlich hatte es an der Eingangstüre geläutet – seine Mutter war es gewesen, sie wohnte ja im Haus nebenan und hatte den Lichtschimmer gesehen, da stand sie also an der Tür, seine Mutter, und schalt ihn, den erwachsenen Mann, und sein Mädchen, Hure schalt sie sein Mädchen, immer wieder, Hure, und er, er sprach kein Wort zu ihrer Verteidigung, kein einziges Wort der Verteidigung sprach er, obwohl er, gerade er, wusste, wie verletzend diese Anschuldigung war und wie ungerechtfertigt, nie war zwischen ihnen mehr gewesen, als die Berührung der Hände und Küsse, scheue Küsse, denn sie hatte sich ihm nicht vor der Ehe schenken wollen (an dieser ihrer Einstellung war ja auch die Beziehung zu dem anderen Mann immer wieder zerschellt). Ganz alleine gelassen hatte er sie damals; alle Farbe war aus ihrem Gesicht gewichen, die Augen hatte sie voller Scham zu Boden gerichtet, hatte eine Schuld auf sich genommen, eine Schuld, die nur in den Gedanken der Mutter bestand. Wie eine Verbrecherin hatte er sie dann aus der Wohnung geführt und sie zurück in ihre armselige Studentenbleibe gebracht. Nie wieder hatten sie über dieses Erlebnis gesprochen. Nie wieder. In seiner Familie aber wurde davon gesprochen. Immer wieder wurde davon gesprochen. Für die Familie war sie eine Hure. Auch wenn er Worte der Verteidigung sprechen wollte. Es war zu spät. Viel zu spät. Es war immer schon viel zu spät gewesen, sie hatte keine Chance gehabt, sie hatte wohl nie eine Chance gehabt, von der Familie anerkannt zu werden. Sie waren reich, sehr reich, seine kleine Freundin war für sie von Anfang an ein Nichts, ein Niemand. Ihr einziges Kapital war sie selber gewesen. Sie heiratet dich nur wegen deines Reichtums, zischte die Mutter, dieses Flittchen hat gewiss nur deinen Reichtum im Auge. Sie aber hatte nie seinen Reichtum im Auge gehabt, denn sie hatte um seinen Reichtum nicht gewusst, nie hatte sie um seinen Reichtum gewusst.

Es hatte zu regnen begonnen. Harry H. atmete den Duft der nassen Erde, dann schloss er das Fenster und setzte sich wieder zu der Kranken. Sie war nun wirklich sehr blass geworden und die Augen versanken schier in ihren verschatteten Höhlen. Die Sterne hatten sich hinter dem Regen versteckt, alle Sterne hatten sich hinter dem Regen versteckt. War er ihr immer noch gram, jetzt noch, nach all den Jahren, nach all den langen Jahren der Trennung, jetzt noch, im Angesicht des Todes … Ein Mal, er hatte sie schon lange verlassen gehabt, war ihm ein seltsamer Traum gewesen … er träumte von einer Gerichtsverhandlung. Ein Mädchen war angeklagt. Eine schwarz gekleidete Richterin fragte: Angeklagte, bekennen sie sich schuldig? Die Angeklagte schluchzte: Wofür, wofür, was habe ich getan? Die Richterin aber beharrte völlig ungerührt: Bekennen sie sich schuldig, Angeklagte? Da erwiderte die Angeklagte (noch mehr weinend): Nicht schuldig, nicht schuldig! Nun wollte die schwarze Richterin wissen: Und was sagen die Damen und Herren Geschworenen dazu? Da riefen die Geschworenen im Chor: Schuldig, schuldig …! Die Angeklagte jammerte erneut, nicht schuldig, nicht schuldig! Dann brach sie tot zusammen. Die schwarze Richterin aber sprach: Sie war ihm einen Tod schuldig. Er erschauderte bei der Erinnerung an diesen Traum. War sie ihm einen Tod schuldig? War sie ihm denn wirklich einen Tod schuldig …

Es waren bittere Zeiten gewesen, damals, als sie um eine Entscheidung gerungen hatte, bittere Zeiten für ihn, der meinte, mit dem Vielleicht nicht mehr leben zu können, bittere Zeiten gewiss auch für ihn, den Anderen, der hoffte und litt wie er, bittere Zeiten für sie, für sie waren es gewiss ganz bittere Zeiten gewesen. Ich will dir nicht wehtun, klagte sie, ich will niemandem wehtun, ach, wenn ich nur wüsste, wie ich aus dieser Sackgasse wieder herauskomme. Sie konnte den Zwiespalt kaum mehr ertragen, und niemand konnte ihr dabei helfen. Auch nicht ihre Eltern. Schon gar nicht ihre Eltern konnten ihr helfen. Für sie war alles klar und einfach. Konnte es denn ein glücklicheres Mädchen geben als sie, die sich zwischen zwei Männern entscheiden konnte. Wenn sie sich doch nur entschieden hätte … in diesem Unverstandensein begann sie ihnen zu entgleiten, begannen sie sich voneinander zu entfernen, begann sie auch ihnen zur Hure zu werden (was sollte sie denn sonst all die Tage, all die Nächte fern von ihnen treiben …?) Sie verließ ihr Elternhaus und zog ganz in die Stadt in ihre armselige Studentenbleibe. Er wusste um diese Zerwürfnisse. Er wusste, dass sie alleine war, ganz alleine. Ja, es waren bittere Zeiten gewesen, bittere Zeiten für alle. Damals hatte sie begonnen, Medikamente zu nehmen, Medikamente, die sie von ihm erbettelte, und die er ihr wider jedes bessere ärztliche Wissen gab, weil sie ihm Leid getan hatte. Medikamente, die ihr das Wachsein erträglich machten, und Medikamente, die sie abends einschlafen ließen … sie benötigte davon mehr und mehr, um die gewünschte Wirkung zu erzielen. Er sah ihr Elend und wusste nicht mehr, wie er sie daraus retten konnte. Wenn alles durchgestanden ist, dann wird sie das nicht mehr brauchen, sprach er sich selber Mut zu. Und dann kam die Entscheidung. Eines Tages kam die Entscheidung. Er war mit ihr für ein paar Tage aufs Land gefahren, ging mit ihr durch frühlingatmende Wälder und Wiesen. Scheue Blicke, Worte, mit denen er sie zu berühren suchte, ein behutsames Abtasten mit Worten, wer bist du, was willst du, was willst du denn wirklich, er hielt ihre Hand fest, hielt ihre Hand ganz fest, und sie ließ ihn gewähren. Sie wolle bei ihm bleiben, sagte sie plötzlich, immer wolle sie bei ihm bleiben, fühle sich bei ihm geborgen, so geborgen. Und der Andere, was war mit ihm … sie würde ihn nicht glücklich machen, meinte sie, er würde in einer Ehe nie glücklich werden, das habe sie nun erkannt, sie werde ihn nicht mehr sehen, nie mehr werde sie ihn sehen … blass war sie bei diesen Worten, blass war sie und bebte. Harry H. aber war an jenem Tag glücklich gewesen. Harry H. war an jenem Tag so glücklich gewesen. Dann aber geschah das Missgeschick mit dem Kalender. Sie hatte ihren kleinen Kalender, in dem sie all ihre Treffen mit ihm und dem Anderen in ihrer Unschuld akribisch fest gehalten hatte, in seinem Auto vergessen und sein Bruder, der später mit ihm gefahren war, hatte ihn entdeckt und schamlos darin zu blättern und zu lesen begonnen. So war der unglückselige Kalender in die Familie geraten, dieser Kalender, in dem sie alle Treffen mit ihm und dem Anderen in ihrer Unschuld akribisch festgehalten hatte. Es waren zu viele Treffen mit dem Anderen gewesen. Nicht für ihn, er hatte ja davon gewusst, aber für die Mutter, den Vater, die Brüder. Es waren zu viele Treffen mit dem Anderen gewesen, um die Gunst der Familie auf immer zu verspielen. Auf immer. Er durfte sie nicht treffen, unter keinen Umständen treffen, andernfalls wollte ihm der Vater nach Antreten des bevorstehenden Ruhestandes, die Praxis nicht übergeben. Harry H. aber wollte nicht nachgeben, seine Liebe nicht aufgeben. Dann, mein Sohn, schlug der Vater vor, dann nimm dir wenigstens Bedenkzeit, nimm dir wenigstens Bedenkzeit, bevor du einen nicht mehr gut zu machenden Fehler begehst. Harry H. willigte ein. Letztlich willigte er ein, wenngleich er wusste, dass es für ihn nichts zu bedenken gab. Er willigte ein, mit der Familie vier Wochen zu verreisen.

Sie trafen einander wieder in dem winzigen Zimmer am Stadtrand. Er, völlig erhitzt von dem bösen Gang der Gespräche, wollte sie quälen. Wo sie gewesen war, fragte er streng (und wusste doch nur zu genau, dass sie den ganzen Tag über auf ihn, nur auf ihn, gewartet hatte). Da zog sie sich verschreckt in ihr Herz zurück und jetzt bemerkte er, erst jetzt bemerkte er, dass sie wieder Medikamente genommen hatte. Da wurde er wütend und fragte sie erneut aus. Ich weiß nicht, wo ich gewesen bin, schluchzte sie, ich denke, hier in diesem Zimmer, aber, ich weiß es, ich weiß es nicht so genau, ich kann's nicht sagen, nicht sagen, alles ist an mir vorüber gezogen, wie dunkler Nebel an mir vorüber gezogen, ohne Spuren zu hinterlassen, oder, nein, schau, meine Fingernägel sind ganz schmutzig, ganz schmutzig sind meine Fingernägel, ganz schmutzig, als hätte ich Blumen ausgegraben, Blumen … vielleicht war ich im Wald spazieren, vielleicht aber hab' ich auch die ganze Zeit über in meinem Zimmer gesessen … ich weiß es nicht, ich kann mich an nichts mehr erinnern, vielleicht träume ich, vielleicht träume ich nur … Da nahm er sie in seine Arme und streichelte sie über und über, so krank also war sie, so krank nach dem künstlichen Glück, das ihr die Medikamente schenkten … vielleicht war es gut, dass er für einige Zeit weg war, er, der sich zu schwach fühlte, ihr dieses künstliche Glück zu verweigern … sie musste wieder leben lernen, ohne Medikamente leben lernen, so dachte er, als er sie in seinen Armen hielt und über und über streichelte. Im tiefsten Inneren seines Herzens aber fühlte er, dass es nur ein Vorwand war, ein Vorwand, seine Schwäche zu rechtfertigen, seine Schwäche gegenüber der Familie zu rechtfertigen. Im tiefsten Inneren seines Herzens ahnte er, dass er sie verlassen würde, um dem Willen der Familie nachzugeben. Er würde sie alleine lassen, sie, die aus der Einsamkeit zu ihm geflohen war. Niemand würde da sein in den kommenden Wochen, niemand würde da

sein, der sie festhielt, wenn sie Angst hatte vor dem Tag und in der Nacht nicht schlafen konnte. Aus der Einsamkeit war sie zu ihm geflohen und sollte nun einsamer denn je werden. Er war feige. Er war einfach feige.
In jener Nacht, als ihr Puls dem Tode davon rasen wollte und ihm dabei doch nur mitten in die Arme lief, nahm er ihre Hand in die seine. Vor langer, langer Zeit hatte er ihr einen schmalen Ring an den Finger gesteckt, ihre Finger geküsst, die Handfläche, das zarte Handgelenk. Es war der Verlobungsring gewesen; damit du weißt, dass ich dich liebe, dich liebe, auch wenn ich nicht bei dir bin. Sie aber brach in Tränen der Verzweiflung aus, was nützt mir deine Liebe, klagte sie, wenn du ferne bist … Aber, mein Liebes, ich werde doch in vier Wochen wieder bei dir sein. Was sind denn schon vier Wochen gemessen an den vielen Jahren, die noch vor uns liegen … versuchte er schwach einzuwenden … gar nichts, gar nichts, schluchzte sie, doch gemessen an meinem Leben, viel, so viel … wollt ihr mich denn in den Wahnsinn treiben, Harry, du musst bei mir bleiben, wenn du mich nicht verlieren willst … hör' nicht auf deine Eltern, hör' nicht auf deine Brüder, sie wollen unsere Liebe nicht, Harry, bitte, geh' nicht fort von mir … Du, du, hörst du den Regen, hörst du den Regen an die Scheiben der Fenster trommeln, es ist mir, als wolle er uns zum Richtplatz führen … In dieser Nacht schliefen sie eng umschlungen ein. Als der Morgen seine grelle Lichtwolke ins Zimmer spülte, löste er sich aus ihrer Umarmung (sie schlief tief und ruhig), blickte noch ein Mal auf ihr Antlitz, dessen kindlicher Liebreiz ihn aufs Neue entzückte, küsste zärtlich ihre Stirn und verließ sie auf Zehenspitzen.
Es war der Abschied gewesen. Der endgültige Abschied. Er hatte keine Chance gehabt, alleine der Familie zu widerstehen. Es hatte ihm auch die Kraft dazu gefehlt. Er hatte ja alleine kämpfen müssen und er war zu schwach gewesen. Zu viel hätte er aufgeben müssen. Für sie. Irgendwann hatte er sich gefragt, ob es sich denn überhaupt lohnte, für sie zu kämpfen. Andere Eltern haben auch ein schönes Kind, meinte seine Mutter und trieb ihn immer weiter von seiner Liebe weg. Mit der Zeit verblasste der Zauber ihres Antlitzes. Mit der Zeit begann er zu vergessen, diesen kindlichen Liebreiz zu vergessen, der ihn immer entzückt hatte … War da noch Liebe? Wo war noch Liebe … Sie schrieb einen Brief. Nach einigen Wochen schrieb sie einen Brief. Es war gewiss ein verzweifelter Brief gewesen. Er hatte ihn nicht gelesen. Er hatte ihren Brief nie gelesen,

sondern ihn in viele kleine Stückchen zerrissen. Er war zu feige gewesen, ihren Brief zu lesen. Er war einfach zu feige gewesen.

In jener Nacht blickte er wieder in dieses Antlitz, das er irgendwo im Labyrinth der Zeit verloren hatte, irgendwann, er betrachtete dieses Antlitz, das noch immer seine kindlichen Züge trug, und sich schier in das helle, lange Haar hinein aufgelöst hatte. Er hörte den Regen gegen die Fenster trommeln, als wollte er sie zum Richtplatz führen ... Die Sterne hatten sich hinter dem Regen versteckt. Alle Sterne hatten sich hinter dem Regen versteckt. Hätte sie doch noch ein Mal ihre Augen aufgeschlagen und ihn erkennen können. Ich liebe dich, Leni, hätte er ihr gerne sagen wollen, ich liebe dich immer noch, nach all den Jahren, nach all den langen Jahren der Trennung, jetzt, im Angesicht des Todes, liebe ich dich immer noch. Er führte ihre schmale, kalte Hand an seine Lippen, küsste ihre Finger, die Handfläche, das zarte Handgelenk. Nie wieder würde er unter seinen Lippen das kräftige und ruhige Pochen ihres Pulses fühlen, nie wieder. Nie wieder. Sie war endgültig fort geflogen. Leni war endgültig fort geflogen.

Harry H. spürte die Tränen heiß unter seinen Augenlidern brennen. Harry H. weinte. Endlich konnte er weinen. Um die verlorene Liebe weinen.

WILLKOMMEN, WÖLKCHEN!

Mit träumenden Augen stand Caroline am weit geöffneten Fenster und blickte hinab in den Garten, in dessen Mitte einsam im satten Grün des Rasens mit ihrem starken Fuß die Robinie stand. Sie hatte sich über und über mit weißen Blüten geschmückt und Caroline sog den süßen Duft ein, der zu ihr herüber strömte. Eben noch war Caroline durch die stickigen Straßen der Stadt geeilt, war mit dem pulsierenden Menschenstrom mitgeschwommen, eben noch hatte sie in der übervollen Straßenbahn gestanden, Menschen, Menschen, so viele Menschen, Caroline aber, alleine, so alleine mit ihrem unermesslichen Glück, mit ihrem unermesslichen Glück, das sie noch nicht hatte fassen können. Nun aber, eingehüllt in den Duft des Baumes, eingehüllt in den Duft des Lebens, begann sie zu begreifen, begann sie zu begreifen, dass wahr geworden war, was sie so lange ersehnt hatte; ja, Caroline war glücklich, Caroline war guter Hoffnung. Behutsam legte sie die Handflächen auf ihren Leib, ihren Leib, der noch nicht gerundet war, noch nicht gerundet sein konnte. In der Arztpraxis hatte sie (sich ihres Glückes noch nicht sicher) neidvoll auf die jungen Frauen mit den frischen Gesichtern und gerundeten Leibern geblickt, jetzt aber, jetzt war sie eine von ihnen. Noch konnte sie das kleine Wesen nicht spüren, das in ihr wuchs, aber sie hatte es bereits gesehen: mit einem Gerät, das Caroline an einen Telefonhörer erinnerte, war der Arzt in kreisenden Bewegungen behutsam über ihren Bauch geglitten während sie, Caroline, gleichzeitig auf einem Bildschirm in ihren eigenen Körper blicken konnte – und da war es, das Kind, leicht und kleinwinzig, ein zartes Wölkchen in einer dunklen Höhle, ihr Kind. Von einem Atemzug auf den anderen schien Caroline die Welt lichter geworden und lebendiger … Caroline war Mutter. Die Versuchung war groß gewesen, dem Arzt den „Telefonhörer“ einfach weg zu nehmen und hallo hinein zu sagen, hallo Wölkchen, wie schön ist es, dass du da bist. Sogleich aber verwarf sie das kindische Ansinnen und legte schlicht ihre Hand aufs Herz. Hallo, pochte da ihr Herz ganz still, hallo, Wölkchen, es ist so schön, dass du da bist, ich liebe dich. Ja, nun eingehüllt in den Duft des Baumes, in diesen Duft des Lebens, spürte Caroline das neue Leben, das in ihr zu wachsen begonnen hatte. Caroline war so glücklich, Caroline war bester Hoffnung. Caroline war Mutter. Wie würde sich

Markus freuen! Caroline musste lächeln, als sie daran zurückdachte, wie er (gemeinsam mit ihr) gebannt das Ergebnis des Schwangerschaftstests abgewartet hatte und dann, als sich ein goldenes Ringlein in der Flüssigkeit abzuzeichnen anfing, laut aufjubelte, den Fotoapparat holte und, wie er scherzte, das erste Babyfoto festhielt. Du bist wirklich verrückt, hatte Caroline schmunzelnd gesagt und seine leidenschaftliche Umarmung erwidert. Ja, wie würde Markus sich freuen! Sie sah ihn schon mit dem Kleinen unten im Garten Fußball spielen, in diesem Garten, der bereits darauf zu warten schien, Kinderlachen zu hören und Kinderfüße zu spüren. Die Robinie, sie würde nicht mehr so einsam sein, wenn nur erst Wölkchen in ihrem Schatten spielte. Wölkchen, mit frechen, kurzen Hosen, Grasflecke darauf, die Knie, abgeschunden, spielwund, oder, Wölkchen, ein Mädchen mit sonnenhellem, krausem Haar wie die Mutter, eine Puppe im Arm, stets ein Liedchen auf den Lippen … Träume, Träume, seufzte Caroline, aber so schön, so schön … Hallo, Wölkchen, pochte da wieder leise ihr Herz, ich freu' mich so, dass du da bist! – Hallo, spürte sie nun auch Wölkchen sagen, hallo, Mama, ich freu' mich so, dass ich bei dir bin, ich freu' mich so, dass ich bei dir bin! Aber … was ist, wenn alles anders wird, als du dir's erträumst … Caroline erbebte, doch schon im nächsten Augenblick strich sie zärtlich über ihren Leib; Caroline wollte sich nicht in ihren Träumen stören lassen. Pst, Wölkchen, sagte sie, pst, die Sonne scheint und die Robinie duftet süß, alles wird gut, alles wird gut.

Die nächsten Wochen verstrichen nur zähflüssig; das tägliche ins Büroeilen wurde Caroline von Tag zu Tag beschwerlicher und, als der letzte Arbeitstag hinter ihr lag und sie früh morgens nicht mehr außer Haus musste, genoss sie es, sich noch lange in die Tuchent zu kuscheln und die wohlige Wärme zu spüren; ja, nun würde sie endlich Zeit haben, viel Zeit für Wölkchen und seine Bedürfnisse, viel Zeit, um für seine Ankunft alles vorzubereiten. Die neu gewonnene Freiheit nutzte Caroline also anfangs dazu, Einkäufe für das Kleine zu tätigen, und es war ihr eine rechte Herzensfreude. Wenn dann alles frisch gewaschen, gebügelt und in den Kasten sortiert war, ertappte sich Caroline immer wieder dabei, diese niedlichen Hemdchen, Söckchen und Strampelhosen zu bestaunen, zu berühren und ans Herz zu drücken. Sie konnte kaum noch den Tag erwarten, da sie Wölkchen endlich im Arm würde halten dürfen.

Jetzt konnte sie es schon spüren, besonders abends, wenn sie ganz ruhig lag; zunächst war's nur ein kaum merkliches Krabbeln in ihrem Leibe, später dann schien es ihr, als schlüge ein kleines Vöglein mit seinen Flügeln sachte, so sachte. Da überschwemmte sie gleichsam eine Welle der Zärtlichkeit und sie konnte nicht aufhören, über ihren Leib zu streichen und dem Kleinen Liebesworte zu sagen. Markus aber, in der Hilflosigkeit des Außenstehenden, hatte die sonderbarsten Ideen, sich seinem Kindlein zuzuwenden ... so klemmte er Kopfhörer auf Carolines Bauch, um Wölkchen Barockmusik vorzuspielen, damit es, wie er meinte, besser schlafen könnte, oder, er kuschelte sich ganz eng an Caroline und erzählte dem kleinen Menschenwesen eine Gutenachtgeschichte. Caroline ließ ihn gewähren. In diesen Tagen schlief er (ein glückliches Lächeln auf den Lippen) meist an Carolines Herzen ein.
Die Tage flohen dahin, und schon längst hatte der Herbst begonnen, seinen Nebelmantel auszubreiten. Auch die Krähen waren zurückgekehrt und spazierten nun laut krächzend unter der bereits kahl gewordenen Robinie auf und ab. Der Winter nahte, Caroline aber lebte im hellen Sommersonnenschein. Wölkchen war mittlerweile schon sehr groß geworden und der Tag seiner Geburt nicht mehr allzu ferne.
Caroline ächzte, während sie mühselig die Schuhbänder zuschnürte und, als sie sich dann wieder aufrichtete und (hineingezwängt in den viel zu eng gewordenen Mantel) mit ihrem kugelrunden Bauch im Vorzimmerspiegel betrachtete, musste sie hellauf lachen. Wir sehen wirklich zum Verlieben aus, mein Wölkchen, ätzte sie, wandte sich von ihrem Spiegelbild wieder ab und verließ die Wohnung. Caroline war in Eile – und sie war gerne in Eile, denn ein neuerlicher „Fototermin“ beim Arzt war angesagt; Caroline konnte es kaum noch erwarten, Wölkchen wieder zu sehen. Klipp-klapp, klipp-klapp sangen fröhlich die Absätze ihrer Schuhe, da sie die Stiegen hinab eilte, und klipp-klapp, klipp-klapp sangen sie auf dem grauen Asphalt des Gehsteiges weiter. Die Straßenbahn fuhr gerade ein, als Caroline in der Station ankam. Es saßen nur wenige Fahrgäste im Wageninneren und Caroline nahm in einer ruhigen Fensternische Platz. Wölkchen war ganz aufgeregt von all der Hektik und strampelte so heftig, dass Caroline, die ein Buch mitgenommen hatte, um sich die Fahrzeit zu vertreiben, nicht zum Lesen kam und stattdessen damit beschäftigt war, ihren Bauch zu streicheln, bis sie an ihrem Ziele ankam.

Dieses Mal musste Caroline beim Arzt nicht lange warten; die kleine, zierliche Frau mit dem kummervollen Gesichtsausdruck, die vor ihr an die Reihe kam, huschte scheu ins Zimmer des Arztes und huschte schon nach kurzer Zeit wieder mit einem ebenso kummervollen Gesichtsausdruck wieder heraus. Ehe Caroline sich's versah, lag sie auf einem mit weißen Tüchern bespannten Bett, und der Arzt umrundete mit dem ihr schon vertrauten „Telefonhörer" ihren Bauch, während sie Wölkchen in seiner dunklen Höhle betrachten durfte … war das nicht eines seiner Füßchen und da – seine Hand, ja, es winkte, es winkte …! Caroline war glücklich, zu glücklich, um das sorgenvolle Gesicht des Arztes wahrzunehmen, viel zu glücklich. Da räusperte er sich und schaltete den Bildschirm ab. Caroline reinigte ihren Bauch (mit den dafür vorgesehenen Papiertüchern) von der schleimigen Flüssigkeit, die der Arzt zuvor aufgetragen hatte, und zog Pulli und Rock wieder an. Es war ihr plötzlich kalt, sehr kalt. Dennoch wagte sie es, in die Kälte hineinzufragen, ob es nun ein Bub oder ein Mädchen wäre… da räusperte sich der Arzt erneut und blickte (über die kleinen, runden, goldumfassten Brillengläser hinweg) an Caroline vorbei … äh, ich weiß es nicht … ich kann das noch nicht sagen, noch nicht mit Bestimmtheit sagen … was ich aber mit Bestimmtheit sagen kann ist … äh, tja, ein Mal muss es ja heraußen sein (das sagte er entschuldigend mehr zu sich selbst denn zu Caroline) … also … dieses Kind wird nie sprechen können, nicht gehen und nicht denken … es ist ein, wie soll ich sagen, na ja, es ist ein Unfall der Natur, kein Kind, kein richtiges jedenfalls … Caroline war's, als stürzte sie in einen gähnenden Abgrund. Sie schloss die Augen und krallte sich mit der Verzweiflung einer Ertrinkenden an der Bettkante fest. Trösten wollend legte der Arzt seine Hand auf die ihre, seine grobschlächtige, unangenehm feuchtwarme Hand legte er auf die ihre und Caroline hatte keine Kraft, sie ihm zu entziehen. Ich weiß, fuhr er fort, das mag jetzt sehr hart klingen, aber, sie sind ja noch jung, so jung, sie können noch viele Kinder zur Welt bringen, dieses aber, dieses würde ich ihnen empfehlen … äh … abzutreiben … die Gesetzeslage erlaubt es … Caroline erwachte aus ihrer Betäubung und sah in seine Augen, seine schmalen, kalten Augen, die gefährlich hinter dem Brillenglas zu flackern schienen … er umzingelte sie schier mit seinem Blick, umkreiste sie mit seinen Worten, ein mordlüsternes Raubtier war er und sie, Caroline, seine Beute. Ein eisiger Schauder durchbebte ihren Körper, und sie schüttelte angewidert seine Hand ab, diese grobschlächtige, unangenehm feuchtwarme Hand. Er aber drang immer weiter in sie ein … ich meine es ja nur gut, glauben sie mir, es wäre besser für sie und dieses … äh … Kind … Ganz eng war nun die Schlinge, die er um ihr Herz gezogen hatte, Caroline konnte kaum noch atmen, ja, sie war seine Beute, sie war seine Beute und musste fliehen, unverzüglich fliehen, wenn sie nicht getötet werden wollte. Caroline straffte ihren Rücken, sprang auf, sprang auf und lief, ohne den Arzt noch ein Mal anzusehen, hinaus. Sie können es sich ja noch überlegen, rief er ihr nach, sie können es sich ja noch bis zur Geburt überlegen …! Caroline aber war schon eilends in ihren Mantel geschlüpft und auf den Gang entflohen. Laut krachend fiel die Tür hinter ihr ins Schloss. Nie wieder wollte sie hierher zurückkommen. Nie wieder. Nie wieder! Das Klipp-klapp-klipp-klapp ihrer Schuhabsätze stöhnte im Stiegenhaus, dann aber, auf der Straße, wurde es verschluckt vom Menschenstrom, vom murmelnden, kalten Menschenstrom, von dem Caroline sich nun treiben ließ, und der sie schließlich ins Wageninnere der Straßenbahn spülte.

Wollen sie sich setzen, fragte ein sommersprossiger Junge. Er mochte wohl zwölf oder dreizehn Jahre alt sein. Unter seiner bunten Kappe guckten einige rotblonde Haarsträhnchen frech hervor, und rehbraune Augen blinkten fröhlich aus dem lieben Bubengesicht. Über seinen Schultern baumelten an langen Schuhbändern Eislaufschuhe. Caroline wusste um seine abgeschundenen, spielwunden Knie, und sie wusste um sein Kinderlachen. Da durchfuhr sie ein zuckender Schmerz. Wölkchen würde anders sein. Wölkchen würde behindert sein. Zum ersten Mal wagte ihr Herz, dieses Wort auszusprechen, behindert, behindert, behindert, Wölkchen würde behindert sein … Caroline schloss die Augen. Sie spürte Tränen heiß aufsteigen und rang um Fassung. Nicht weinen, Caroline. Nicht hier. Nicht jetzt. Dann schluckte sie, holte tief Atem und öffnete wieder die Augen. Da stand er immer noch, der kleine Junge mit seinem treuherzigen Rehaugenblick, dieser kleine Junge, lebenstrotzend und lieb, so selbstverständlich lebenstrotzend und lieb. Ganz nach dem Geschmack der Welt. Ganz nach Carolines Geschmack. Wollen sie sich setzen, fragte der Junge erneut. Da nickte sie, hauchte ein mattes Dankeschön und ließ sich erschöpft auf den Sitz gleiten. Ihr Rücken schmerzte,

und auch ihre Beine taten weh. Wölkchen aber turnte in ihrem Bauch herum, geradewegs so, als wäre die Welt in Ordnung. Die Welt war aber ganz und gar nicht in Ordnung! Von einem Augenblick auf den anderen war sie dunkel geworden, dunkel und kalt. Plötzlich war Caroline böse auf das kleine Wesen, das in ihr heranwuchs, plötzlich war sie böse auf das Leben, das ihr so übel mitspielte. Warum geschieht dies mir, haderte sie, warum geschieht dies ausgerechnet mir … Als Caroline an ihrer Ausstiegsstelle ankam, hatte sie nicht die Kraft aufzustehen, fuhr bis zur Endstation, dann, im Kreise und wieder retour. Die grauen Leiber der Häuser glitten an ihrem Auge vorbei und die dahinhetzenden Blechkörper der Autos, manchmal, selten, Bäume mit winterdunklem Geäst, dann, Kinder, Kinder, ja, an diesem Tag schien die Welt voller Kinder zu sein, voller lebenstrotzender, fröhlicher Kinder. Plötzlich war's Caroline, als sähe sie Wölkchen vor sich, Wölkchen mit großen, traurigen Augen … Mama, fragten diese Augen, Mama, was ist denn jetzt anders geworden zwischen dir und mir … Caroline schlug hilflos die Hände vors Gesicht, ja, was war denn jetzt anders geworden zwischen ihr und Wölkchen …
Als die Straßenbahn erneut in Carolines Haltestelle einfuhr, stieg sie aus. Ein eisiger Wind blies ihr entgegen, wirbelte das fahle Laub auf dem Gehsteig auf, wirbelte es hoch in die Luft und warf es wieder zu Boden, Spielball des Windes, der kam und ging, wie er wollte … Caroline fröstelte und schlug den Mantelkragen hoch. Traurigkeit fiel über sie. Traurigkeit fiel über sie, kalt, klebrig und unbarmherzig.
Weine nicht, sagte Markus, später, in der Wärme der Stube, in der Caroline noch immer fror. Weine nicht, sagte er und hielt sie tröstend im Arm, vielleicht ist ja alles nur ein Irrtum und Wölkchen kommt gesund zur Welt. Weißt du, alles dran, Ärmchen, Beinchen, zwei kleine Öhrchen … vielleicht sollten wir noch ein Foto machen lassen, noch eine Untersuchung … Und dann, fragte Caroline und löste sich heftig aus seiner Umarmung, was dann, wenn es doch kein Irrtum ist, dann soll ich es wohl abtreiben lassen, töten lassen, unser Kind, dieses unser Kind, stimmt's, komm, komm, sag' schon … Caroline hatte hysterisch zu schreien und dazwischen krampfhaft zu schluchzen begonnen, sag' schon Markus, drück' mir das Geld in die Hand für die Abtreibung, die Tötung, die Adresse kenne ich, eine noble Adresse in einem noblen Bezirk, eine noble Adresse mit einem ganz und gar unnoblen Namen … wie oft bin ich

schon daran vorüber gegangen, hab' mich immerzu gewundert, wie eine Mutter es übers Herz bringen kann, ihr Kind töten zu lassen …
Markus war ganz blass geworden, machte eine hilflose Geste, seine Frau wieder an sich zu ziehen. Sie aber wehrte ihn ab. Caroline, stieß er hervor, Caroline, wir wollen warten und … wenn's wirklich … Markus stockte, brachte das Wort nicht über die Lippen, das in seinem Herzen schmerzte … behindert, schrie aber schon Caroline, sprich's doch aus, trau' dich, unser Kind wird behindert sein, behindert, hörst du, ein Mensch letzter Klasse, ein Unfall der Natur … Nun gelang's Markus, Caroline in den Arm zu nehmen. Wenn es so sein sollte, sprach er leise und strich zärtlich über ihr Haar, dann wollen wir versuchen, Wölkchen lieb zu haben. Versuchen, schluchzte Caroline, versuchen, Markus, was ist denn jetzt anders geworden zwischen uns und Wölkchen … Caroline spürte, wie er bebte. Da umschlang auch sie ihn, und sie hielten einander im Arm, hielten einander fest, lange, unendlich lange hielten sie einander fest, spürten, dass sie einander Anker waren in dieser tosenden, tosenden Brandung des Lebens.
Abends, spät abends, war Markus, von Traurigkeiten erschöpft, an ihrem Herzen eingeschlafen. Caroline aber konnte keinen Schlaf finden. Scheu begann sie, ihren Bauch zu streicheln. Da spürte sie die sanften Bewegungen ihres Kindes, und mit einem Male wusste sie, dass nichts anders geworden war zwischen ihr und Wölkchen, es war der Angstwurm gewesen, der sich mit seinem schwarzen, kalten Leib zwischen sie gezwängt hatte, es war der Angstwurm gewesen, der auf ihr Herz gekrochen war, es drückte, drückte und ihr den Atem hatte nehmen wollen, den Lebensatem, den Liebesatem. Noch immer drückte und quälte er sie, ließ sie in den finsteren Abgrund blicken, in dem die Zukunft sich verbarg, zeigte ihr das enge Weltental, wo man Menschsein an Leistung und Aussehen maß und Normen darüber fällte, was normal, gesund, schön, lebenswert, liebenswert war … Ja. Es war nichts anders geworden zwischen ihr und Wölkchen, es war nur der Angstwurm mit seinem schwarzen, kalten Leib, der sich zwischen sie gezwängt hatte, der ihr den Atem hatte nehmen wollen, den Lebensatem, den Liebesatem. Caroline spürte die sanften Bewegungen ihres Kindes und liebte es, liebte es mehr denn je, ihr Kind, ihr Kind.
Caroline war müde, so müde, wollte schlafen, doch ihre Gedanken woll-

ten nicht zur Ruhe kommen, hetzten hin und her, über dunkle Schluchten hetzten sie und dann wieder, über sonnendurchflutete Wiesen … und schließlich, inmitten dieser Gedankenhetzjagd … ein zartes Stimmchen, ein leises Stimmchen … Mama, was ist denn behindert …
Caroline zuckte zusammen, spürte, wie dieses Wort gleich einer ätzenden Flüssigkeit ihre Kehle hoch brannte, mitten in ihren Mund hinein, wo sich's breiig ausbreitete, mit bitterem Geschmack ausbreitete, bis Caroline das Bittere nicht mehr ertragen konnte, es ausspucken musste, in die Nacht hinein ausspucken musste … behindert, behindert, behindert … wieder und immer wieder, bis die Nacht davon voll gesogen war und Caroline mit tausenden Augen aus allen Winkeln und Ecken der Stube anglühte. Caroline aber konnte die Augen der Nacht ertragen, konnte in diese tausend Augen schauen, in diese tausend Augen, die sie aus allen Ecken und Winkeln der Stube anglühten. Denn Caroline liebte.
Was ist denn behindert, pochte erneut Wölkchens Frage in ihrem Herzen … mit einem Male entdeckte Caroline, wie gewalttätig dieses Wort „behindert" war; ein gewalttätiges Wort, von den Starken, den Genormten eigens dazu erfunden, um ihren Herrschaftsanspruch über die Schwachen, die Ungenormten geltend zu machen; Menschen zogen Grenzen, fällten Urteile und hinderten dadurch andere Menschen in ihrem Menschsein. Ach, warum konnten so viele nicht von Herz zu Herz sehen, warum nur blieb ihr Blick in diesem Spinnennetz der Äußerlichkeiten hängen? Wie konnten Menschen sich erdreisten, Grenzen zu ziehen und Urteile zu fällen …
Was war denn überhaupt „normal" … Carolines Gedanken flossen zurück in den kalten Menschenstrom, von dem sie sich hatte mittreiben lassen. Gesichter tauchten auf, wie Inseln, Gesichter und Leiber. Da, der stattlicher Mann mittleren Alters, in seinem grauen Designeranzug, den Krawattenknopf eng um den Hals geschlungen, so eng um den Hals geschlungen, dass sich Caroline fragte, ob er denn überhaupt noch atmen konnte, unter seinem rechten Arm eingeklemmt, der Laptop, in der linken Hand, ein eleganter Aktenkoffer, die Augen, unstet, unstet, als kreisten sie um Aktienkurse, dort, die elegante Dame, das Gesicht hinter weißer Schminke verborgen, nur, ihre Verbitterung ließ sich nicht verstecken, lief in zwei feinen Linien von den Mundwinkeln seitlich über das Kinn hinab … Dann wieder, überspült, der stattliche Mann, die ele-

gante Frau, überspült vom kalten Menschenstrom, der Masse der Leiber, die wogte, durch die Häuserschluchten wogte, durch die Einkaufstempel und in die Straßenbahnen, auf der Jagd und auf der Flucht. Auf der Jagd nach Glück, und auf der Flucht vor sich selbst … Wenn die Leiber sich aus der Masse schälten, so vereinzelten sie sich letztlich doch nur, um in ihren Wohnungen vor den Bildschirmen ihrer Fernsehapparate und Computer wieder zu Massenleibern zu verschmelzen. Sie glaubten an die saubere Energie der Atomkraftwerke und an den sauberen Krieg. Sie glaubten an das Wachstum der Wirtschaft und an den wachsenden Wohlstand. Und, sie würden ganz gewiss lügen, betrügen, bedrohen, verletzen und töten, wenn ihre aufgeblähte Seifenblasenwelt zu zerplatzen drohte. Was war normal?

Caroline war müde, so müde von der Gedankenhetzjagd. Durch die halb zugezogenen Vorhänge blinzelten ihr die Sterne zu, die ungezählten Sterne und hoben sie zu sich … Caroline träumte, träumte … von einem wundersamen See, der saphirblau inmitten einer blumenbunten Wiese ruhte. Ringsum, kleine Kinder, spielende Kinder, mit apfelroten Bäckchen und fröhlich blinkenden Augen. Caroline spürte, dass auch Wölkchen da war, und wie sie nach ihm Ausschau hielt, fand sie es (auf einem Moospölsterchen liegend) zum Himmel lauschend, lauschend, lauschend … und plötzlich wusste Caroline, dass ihr Kind eine Botschaft für diese Welt hatte. Ihr Kind, ihr schönes Kind, ihr wunderschönes Kind, dieses Himmelskind.

Als Caroline erwachte, hatte die Morgendämmerung bereits begonnen, in die Stube zu tropfen. Markus schlief noch und Caroline begrüßte Wölkchen, indem sie wieder über ihren Leib strich. Ja, Wölkchen war ganz nach ihrem Geschmack. Sie liebte es und nie, nie würde sie, Caroline, es zulassen, dass man es hinderte, seine Himmelsbotschaft zu leben. Caroline war guter Hoffnung. Caroline war bester Hoffnung. Allerbester Hoffnung war sie, dass ihr das gelingen würde.

Sie neigte sich über Markus, küsste zärtlich seine Wangen, seine Schläfen, seinen Mund, seine Augenlider, küsste ihn wach, ihn, den Vater ihres Kindes. Sie legte seine Hand auf ihren Leib, diese schmale, feinnervige Hand legte sie auf ihren Leib. Da regte sich Wölkchen und Markus schloss die Augen, ließ seine Hand auf ihrem Leib ruhen, ruhen, ruhen, dann rollten Tränen über seine Wangen. Markus verstand. Sein Herz hatte die Schönheit seines Kindes gesehen. Markus verstand. Wölkchen war ein Geschenk des Himmels. Die Reihen der Uralten hatten sich aufgetan, damit Wölkchen sich mit der Erde verbinden konnte, und nun wuchs es unter Carolines Herzen, wuchs, im Atem der Ahnen Zukunft atmen wollend, von Tag zu Tag mehr hinaus in die Welt.

Durchschimmernd war der Himmel, als Wölkchen geboren wurde, durchschimmernd in seiner samtig blauen Tiefe. Willkommen, Wölkchen, sagte Markus und küsste es behutsam auf die Stirn. Willkommen, Wölkchen, sagte auch Caroline, als es ihr Markus in den Arm legte. Da blickte das Kleine sie an, mit den Augen der Uralten blickte es sie an, mit den Augen des Himmels. Ich segne euch, sprachen diese Augen, ich segne euch mit dem Duft der Blumen, dem Glanz der Sterne und der Liebe des Himmels. Wie schön war dieses Kind, wunderschön! Caroline reichte ihm ihre übervolle Brust, und Wölkchen begann in langen und kräftigen Zügen zu trinken.

Im Garten aber stand mit festem Fuß die Robinie. Schon atmete der Frühling in ihrem ahnenden Geäst … bald würde sie sich wieder über und über mit weißen Blüten schmücken und duften, so duften, nach Leben duften …